求的哲學理路。我們衷心盼望，本叢書將有助於讀者對此時代課題的深切關注與反思，且有助於中外哲學之間更進一步的交流與會通。

最後，我們應該強調，中國目前雖仍處於「一分為二」的政治局面，但是海峽兩岸的每一知識分子都應具有「文化中國」的共識共認，為了祖國傳統思想與文化的繼往開來承擔一分責任，這也是我們主編「世界哲學家叢書」的一大旨趣。

傅偉勳　韋政通

一九八六年五月四日

張 序

這是我國大陸第一部系統而又深入地論述高達美及其哲學思想的確有水準的學術專著。

高達美的解釋學哲學,盡管被有的西方思想家評判為維護傳統的保守主義,但有的評論家卻認為這種評判是對高達美的誤解。無論如何,高達美哲學中非保守的、激進的思想確實是不可忽視的一個方面。對於我國大陸哲學界近幾年來某些一味拜倒或變相拜倒在傳統腳下的現象來說,高達美的解釋學哲學以及他所開創的當代解釋學的激進方面和積極方面,尤其值得我們重視。歷史的現在固然不能脫離歷史的傳統與過去,但另一方面,歷史的傳統與過去也離不開現在而獨立地、孤立地存在,因為傳統與過去的內涵和意義總是要在後來和現在中展開。傳統在其相繼流傳的程序中,必然要根據新現實的參照系而接納新的詮釋。正是這種新的詮釋不斷地打破傳統原本的限制,使傳統具有新的活力而在現在人面前展開一個貼近自己的新視域、新世界。所以傳統的流傳程序本身也就是不斷突破自身、更新自身的程序,所謂傳統的繼承與發展也就是這樣的程序。那種視傳統為離開後來的詮釋而孤立存在的完全過去之物的看法,實際上是扼殺了傳統的生命力,使傳統不成其為傳統。硬要把這種死去了的「傳統」搬到今天,以達到某種維護腐朽現實的目的,

這實在是高達美所開創的當代解釋學哲學所反對的。擺在我們面前的這部論述當代解釋學哲學創始人高達美的專著，對於大陸近幾年來出現的藉繼承和發揚傳統之名，行因循守舊、反開放和多元化之實的現象，顯然可以起到積極的衝擊作用。僅此一端，就足以說明這部專著出版的現實意義。

從理論上說，這部專著對於大陸的哲學工作也有頗大的啟發意義。近半個世紀以來，我國大陸哲學界一般都被束縛於主體—客體的思維模式之中，似乎人生的最大意義和哲學的最高任務只不過是在主體與客體之間搭上認識之橋，從而認識到客體的最大、最高的普遍性或相同性而已。這種主客二分的思維模式主要來源於西方舊的傳統哲學。按照高達美的老師海德格的觀點，西方自柏拉圖以後二千多年的舊形而上學就是以主客二分的思維模式為基礎的。在海德格看來，人把握世界上事物的基本方式有二：一是把事物看成現成的、在手的東西(das Vorhadene)，實際把事物當做外在的認識對象或客體，這也就是主客二分的方式，所以海德格把西方舊形而上學稱為「現成在手的東西的存在論」。二是把事物看成使用的、上手的東西(das Zuhandene)，這是比認識更為切近事物的方式，它是一種使用中的煩忙，是深入事物、與事物打交道，在這種使用著的打交道的程序中，人與事物不是主客二分的關係，而是融為一體的關係，只有在這種關係中，事物才真正是其所是，才有整體的意義聯繫。海德格由此而提出了「事實的解釋學」。高達美遵循海德格的思路並引用海德格的「現成在手」與「使用上手」的概念來闡明他自己的解釋學哲學觀點。高達美不僅闡發了主客之間的融合，而且獨特地提出和闡發了古今之間的融合，這就更進一步發展了和深化了狄爾泰、尼采、海德格等人對主客二分式的批評。嚴平博士的這

部專著通過對高達美哲學的論述，必將對僵硬的主客二分模式起到一些消解的作用。人不僅僅是認識的主體，而且是知、情、意等的統一體，人不應當僅僅把事物當作自己的外部對象而加以認識，而且原始地是和萬物一體相通的；人在有了主客二分的自我意識之後，還能進而超越主客二分，在更高的水準上回復和進入主客融合、物我兩忘的高遠境界。我以為人生的最大意義和價值以及哲學的最高任務也就在此。每個人都有自己的境界和自己的哲學觀點，哲學家應當「尋找家園」而創作自己的哲學學說。我希望嚴平博士能在這部專著的基礎上繼續多在這方面作些理論上的闡發和加深的工作。

嚴平博士這部專著以高達美的《真理與方法》一書為核心，由此而延伸到對高氏全部思想的論述，最後以「高達美思想的當代遭遇」為題，勾畫了高氏與其他當代哲學家的爭論，以及高氏在這些爭論中對自己思想的闡發與發展，這就大有助於讀者全面和深入瞭解高氏哲學的實質及其在當代國際哲學論壇上的地位和影響。顯然，作者在本書中所提供的不是一些外在的、強加給讀者的結論，而是讓作者自行評判高達美及其哲學的寬廣空間。

古老的土地上需要新的滋養，我們的學術界需要這樣的新論新著。

是為序。

張世英

1996年3月1日於北京大學

自序：為了尋找家園

> 總之，他的思想是作為對邁斯特·艾克哈特所提的「你們為何外出」這一問題回答的全部嘗試。他對這一問題的再一次回答如同在普羅提諾、神秘主義、費希特、黑格爾那裏曾經回答過的一樣：為了尋找家園(um heimzufinden)。
>
> ——《哲學的學徒之年》

　　在二十世紀的德國哲學中有三部劃時代的巨著，即胡塞爾的《邏輯研究》(1900/01)，海德格的《存在與時間》(1927)以及高達美(Hans-Georg Gadamer)《真理與方法》(1960)。這已是學界較為公認的看法。由於高達美哲學解釋學的出現，解釋學在當今已成為「顯學」❶。

---

❶ 關於解釋學的影響，穆勒—伏爾默(Mueller-Vollmer)在其《解釋學導讀》說：「對解釋學問題的關注在近幾十年中已成為共識，解釋學這一術語及其派生物已被社會科學和人文科學中的代表人物越來越多地頻繁使用……今天，解釋學這一術語指示了這樣一種關注，這種關注為諸如哲學、社會學、歷史、神學、心理學、法學、文學批評以及最大程度上是人文學等知識領域內的成員所擁有」。見穆勒—伏爾默編, *The Hermeneutics Reader*, 序言, 頁 IX, 紐約, The Continuum

《真理與方法》(*Wahrheit und Methode*)的出版標誌著哲學解釋學作為一個哲學流派正式登上歷史舞臺，同時也向世人展示了一系列全新的思想和概念。其中，真理概念更是至關重要。對於真理(Wahrheit) 這一古老的概念，人們最早可以追溯到古希臘，其後也是一個經久不息的話題，不過它一般僅限於認識論範圍之內。但自尼采開始，就在摧毀真理在認識論上的至尊地位。海德格則從一個全新的角度展示了真理的內涵。他既釋放了作為西哲史上囚徒的存在，也釋放了真理。其真理學說成為日後高達美真理學說的直接來源。高達美亦從本體論的角度去發掘真理的內涵，也將真理與藝術、詩等聯繫起來，但與之不同的是，他從哲學解釋學的視野出發，將真理發展成一個完備的體系。這種體系並不在於他對真理是否作出完滿明晰的定義，而在於他對真理問題的徹底改造和他對真理內涵的延伸。這就使得真理大大超出以往所囿限的範圍，使真理走向了藝術、歷史和語言，使真理從封閉的科學領域走向了理解、生活世界，也走向了他後期所發展的新的概念：理性和實踐。嚴格地說，其真理學說還不局限於他學術生涯中期所著的《真理與方法》。實際上，他後期對真理的關注仍不減於前期。(西方學者一般將高達美的學術生涯劃分為三個時期：1922–1949 年為其學術思想的早期，這段時期也可被稱之為前解釋學階段或「政治的解釋學」階段；1949–1960年之間的11年為中期，即構思醞釀《真理與方法》的孕育期，也可以說是哲學解釋學的創立階段；1960年至現在是其學術生涯的晚期，是其哲學解釋學理論的運用階段，也被稱之為實踐哲學階段。) 在這一時期，他把哲學解釋學的一系列基本觀點用來探討了許多社會倫理問題，如理性、實踐、實踐智慧、善、科學與哲

Publishing Company出版，1989年。

學的關係等。❷ 不過，後期已從理論的真理進入到運用的真理，他的哲學已從理論的解釋學走向了實踐的解釋學，即價值倫理學。但無論何時，其真理觀都是他一以貫之的主題。從高達美出版的著述來看，《真理與方法》被列為《全集》十卷中的第一卷，這不能不說有一種奠基性的意義。在《真理與方法》出版前後，高達美圍繞這一論題寫了一系列的文章，後收錄在《全集》第二卷中，作為《真理與方法》的補充和索引本出版。其中的重要文章如〈現象學與辯證法——一個自我批判的嘗試〉和〈高達美自述〉，論述了其方法來源、理論基礎和思想發展。專論真理的文章有〈何謂真理〉和〈人文科學中的真理〉。其餘諸篇也與真理有或多或少的關係。《全集》第三卷和第四卷均題為《新哲學》。第三卷重點論述了三個代表性人物：黑格爾、胡塞爾和海德格。他們都是高達美真理思想的理論來源。本書中有他為海德格《藝術作品的起源》一書所撰寫的導言〈藝術作品的真理〉。第四卷的副標題為「問題—構成」，其內容涉及到哲學史、時間之謎、倫理學問題、人類學問題等。這卷與其後期所發展的運用真理(如理性、實踐)關係非常密切。另外，高達美受其先師海德格的影響，以自己淵博的古希臘哲學史知識，撰寫了大量古希臘哲學的著述，後收錄在《全集》第五、六、七這三卷洋洋灑灑的集子中。這裏面，記載了他真理觀的古希臘之源，以及他從柏

---

❷ 關於高達美學術思想的分期，詳見蘇里萬(Robert R. Sullivan)的《政治的解釋學：漢斯—格奧爾格・高達美的早期思想》(倫敦，賓夕法尼亞州立大學出版社，1989年)中的第一章〈早期高達美導言〉，頁116。蘇里萬是研究高達美早期思想的著名學者，除此書外，他還譯有高達美的自傳體著作《哲學的學徒之年》(*Philosophische Lehrejahre*，英譯本*Philosophical Apprenticeships*《哲學的學徒》，劍橋，1985年)。

拉圖和亞里斯多德那裏繼承而來的實踐、善、時代精神等概念。第
八、九卷題為《美學與詩學》，它們收錄了高達美一系列有關藝術、
美學與詩學的論著。藝術是高達美哲學解釋學真理觀第一個要維護
的領域，故它有不可忽視的意義。《全集》第十卷是附錄和索引。總之，
縱觀高達美的全部思想，其真理觀無論如何都應居於核心的位
置。❸

　　高達美的真理觀窮根究底，乃是對科學時代的境況的一種反思
和反映。這從他《真理與方法》一書的標題就可以看得出來。他所
謂的方法其實是指自然科學方法，尤其是指由培根和笛卡兒分別開
創的經驗歸納法和演繹法，以及人文科學從自然科學那裏借用來的
方法。說到底，也就是方法在科技昌明的今天所造成的控制意識。
方法論時代其實也就是科學濫觴和科學控制加劇的時代。這種科學
控制意識甚至由對自然的主宰而變成了主宰人的生活的東西。這便
是使人異化為物的原因。在這種異化面前，真理不再是對存在和人
的生活意義的揭示，而是變成為與人相異的東西，並且，人類只能
通過方法才能獲得它。這就是高達美首次讓真理和方法分離開來的

---

❸　這裏有兩點需要說明。第一，高達美是位多產的哲學家，《全集》十
　　卷並沒有包括他的全部著述，如他的《短論集》四卷本只有部分被收
　　錄，而他1922年的博士論文《柏拉圖對話中欲望的本質》(*Das Wesen
　　der Lust in den Platonischen Dialogen*) 只有打印稿副本存於海德堡哲
　　學討論班的圖書館中，並未出版問世；第二，關於《真理與方法》在
　　高達美全集十卷或其整個體系中的奠基性意義，我們從另一個方面也
　　看得出來，這就是：由於《真理與方法》給高達美帶來的巨大聲響，
　　他在早期還不為人知的著作也相繼得到出版，當然也被人從哲學解釋
　　學的角度進行解釋；而高達美的後期著述，更是被理所當然地解釋為
　　哲學解釋學的「應用」。

理由，其含意是：方法並不能保證人獲得真理，方法並未給人提供一條通向真理的康莊大道，相反，真理困惑著具有方法的人。方法使真理異化並有放逐在外的感覺。他的目的，正是要使真理重返家園。當然，高達美對方法的批判和對方法的消解的主張是否正確，這仍是一個問題。因為他的真理理論直接就借助了現象學和辯證法這兩個方法來源。但是，他選取方法這一獨特的角度來批判當代科學的控制意識，這不能不說是其一大特色。

既然科學方法是異化之源，它並不能保證人們獲得真理，於是他便著手探尋了幾條通向真理的非方法大道：藝術、歷史和語言。他通過對美學上的主觀主義（如康德）的批判，首先強調了藝術經驗與科學經驗的對峙，強調了藝術也是一種認識，藝術中也有真理，因為藝術就是一種自我理解的方式。藝術作為存在的真理之顯現，即是遊戲(Spiel)。遊戲擺脫了主體和客體，具有真理之發生(Wahrheitsgeschehen) 和真理之參與 (Teilhabe Wahrheit) 的特性。這就突出了藝術作品的本體論意義。而藝術作品正是表現為本文和遺產，對藝術的理解總是包含著歷史的中介，由此高達美又提出了歷史理解中的真理問題。在他看來，理解不僅貫穿到美學之中，而且還貫穿到傳統和歷史之中，因為理解歸根到底是人在世的基本模式，人類的任何東西，如本文、傳統和歷史，均可還原為這種基本模式。真正的歷史對象並非對象，並不是主體或客體，而是二者的統一，是一種關係。此即他所謂的前科學的理解或前科學的真理。偏見在歷史的理解中作為真理的條件而出現，因為正是帶有偏見的人通過視界的相互尋視和融合，才使得效果歷史發生作用；這種效果歷史的真理最終通過辯證法即問答邏輯而呈現出來。在高達美看來，藝術與歷史乃是理解的兩種模式，而這兩種模式最終統一於語

言。語言即理解，亦即存在的模式。「能被理解的存在即是語言。」

因此，語言就不是符號工具，語言並非摹本，它具有使世界得以表現和繼續存在的作用，故可以說，語言觀即世界觀。高達美正是在這種本體化和思辨化的語言中昭示真理問題的。正是由此，語言問題才在高達美的解釋學中佔有至關重要的地位。

在高達美學術思想的後期，他在與哈伯馬斯、里柯、德希達等人所進行的批判與反批判的論戰中逐漸將興趣轉向實踐哲學，而更為關注價值、生存等倫理學問題。但這並不是說，他放棄了他早、中期的真理觀念和對方法的批判，毋寧說，他是以實踐、理性、修辭學、善等語詞來表示他對真理問題的關注的。中期對科學技術的批判甚為激烈，晚期溫和了一些，不再強調科學與真理或方法與真理之間的截然對立，水火不容，只是說，在科學濫觴的今天，人們既要看到科學給人帶來的益處，更需要人在目前的狀況中保持理性，對其作清醒的反思。❹ 這是一種有效的自我理解，是理性的力量，同時也是解釋學的宗旨。因為倫理學也是一項理性的事業，即為人們提供正確的理解方式和生活方式。此即他所謂的實踐。在實踐中人類結為共同體，團結起來進行對話，而這種對話是永久的，是未完成的理解。高達美將解釋學的真理理論運用於人類生活經驗，實是為了給人類提供一劑救世良方。這就是他對真理問題重新審視的

---

❹ 一些學者表示過高達美所要反對的並不是科學，而是對科學所作的錯誤理解，即反對那種認為科學是真理的唯一衡量標準、科學方法是獲得真理的唯一保證的主張。伯恩斯坦(Rechard J. Bernstein)說：「高達美批判的主要目標並非科學，而是科學主義。」(見《超越客觀主義和相對主義》，費城，1983年，頁168)；另見荷伊(D. C. Hoy)的《批評的循環》，加利福利亞大學出版社，1978年，頁119。

意義。

　　高達美所說的真理是一種前科學的 (Vor-Wissenschaftlische)、或者說前蘇格拉底的 (Vor-Sokratik) 真理，這種真理源於古希臘的巴門尼德，因為他最早區分了一與多，並斷定了思維與存在的同一。在二十世紀初期，高達美的先師海德格在其對古希臘哲學的研究中重新提出了這一問題。而高氏則秉承先師教訓，將其發展為一種完備的體系。當然對於這個完備的體系，人們必須作寬泛的理解，而不應拘泥於「真理」一詞，也就是說，不要期待高達美對真理概念作出完整明晰的定義，也不要期待他給人們提供一套有別於其他人的真理標準。事實上，高達美很少提及真理。他並沒有對真理作理論的探討，更不要說方法了。取而代之的，是他對理解的歷史性、傳統的力量以及作為世界觀的語言性等等所作的大量豐富的分析。❺翻閱《真理與方法》，人們會發現真理並不是全書的整個主題，它僅僅在書末才被簡略地討論。「真理」一詞甚至沒有在索引中標注出來。❻高達美哲學解釋學的願望，並不在於提出一種新的真理理論和方法理論，而在於使一種關於真理的本源性的、前科學的經驗為人認識，這種真理經驗在理解人文科學和技術的生活世界時，是被科學主義和客觀主義遮蔽著的。由此，高達美才用這種解釋學的真理來表達他對本體論的強調，並使歷史研究為人注意，而非著力去強調一種抽象的真理概念。真理是理解中持續發生的東西，它並不需要演繹 (Deduction)，相反，它必須從它的本源（即主—客體的原始的同一），從它自身中顯現出來。

---

❺　見格龍丁 (Jean Grondin) 的《解釋學的真理?》，西德學院論壇出版社，1982年，頁1、2。

❻　同上書，頁174。

高達美的這種前科學的真理是對自柏拉圖、尤其是自亞里斯多德以來的符合論(Korrespondenz Theorie)真理觀的揚棄和批判。這種符合論真理觀自那時以來一直盛行不衰,成為西哲史上認識論的主線。它以主—客體的分離為特徵,無論是側重於客體的唯物主義,還是側重於主體的唯心主義,都未能免除這種分離。而高達美的真理則是主—客體的源始的同一,是存在的去蔽、揭示和顯現。這是對科學及其方法的反叛,因為科學與方法就是立足於主—客體的分離的,它使二者對立,以便主體能對客體作靜態或動態的研究,進而控制客體,征服客體;而客觀主義科學觀也打著尊重客體、尊重規律的幌子對自然進行公開任意的劫掠,而非對自然進行保護。海德格曾反覆論述過這一主題,並暗示了主體性的死亡。高達美繼續了這一主題,並在其漫長的學術生涯中證明:由於科學的控制意識已滲透到我們的日常生活,由於主體對客體的勝利而滋生出的方法論意識,真理已經無家可歸並處於放逐的途中。像海德格一生都在憂思如何喚回存在、思一樣,高達美也憂思如何才能喚回本真的真理,如何才能使它從異化中重返家園。

這便是高達美的懷鄉病(Nostalgie),懷鄉意識。他早年研習古希臘哲學,並由此獲得博士學位。晚年他也是從柏拉圖和亞里斯多德那裏尋找源泉,汲取養料。這一切,都是為了實現他的「為了尋找家園」(um heimzufinden)和「使自己處於家中」(Einhausung)。在他看來,古希臘是他的家,他的真理在那裏,他的理性、實踐、他的存在的本真性、他的善、幸福、友誼、實踐智慧(Phronesis)等都在那裏。因此,他自然想回到他早期學到的東西中。他的後期向前期的返回是其思想中一個很值得注意的現象。他後期從理論哲學轉向應用哲學,轉向人、生存、價值等倫理學問題,這同蘇格拉底

的將哲學從天上拉到人間一樣，故有人也因此而稱他為當代的蘇格拉底。

高達美的真理觀向我們展示了這樣一個具有代表性的深刻問題：人如何才能在科技昌明的今天看待自己的存在？如何才能保障人對真理的認識？主—客體分離的認識論以及依附於這種認識論的科學方法都未能解決這個問題。當今哲學的幾大主流如分析哲學、科學哲學和結構主義更是偏離了這一問題。這也許就是高達美的真理理論值得重視和研究的地方。當然，其真理理論在展示他激進的反科學、反方法態度時難免失之偏頗。首先是他消解方法的努力並非有效。他在真理與方法之間所作的生硬比較不免有點言過其實，也不免搞混了自然科學與精神科學的延續性。況且他自己也有一套解釋學的方法，即現象學和辯證法方法。其次，是他在消除方法論的絕對主義和客觀主義時不免流於相對。其相對主義思想在他的歷史理論中表現得尤為明顯。因為他認為歷史中的理解均不是絕對的，均無客觀性可言。這正是貝蒂和赫施所要批判的。這種相對主義最終又易於導致虛無主義。因此，高達美的解釋學真理理論出現後，便遇上了當代著名哲學家哈伯馬斯、里柯、德希達、赫施等人提出的種種詰難。他們還批判了高達美在歷史理解問題上的保守主義傾向。關於高氏，自六十年代起，就有研究他的著作問世，❼ 盡管褒

---

❼ 這裏，值得一提的是美國學者帕爾默(Richard E. Palmer)的《解釋學：施耐爾馬赫、狄爾泰、海德格和高達美的解釋理論》(埃文斯頓，西北大學出版社，1969年)。這是一本首批介紹著名解釋學家的解釋理論並將其運用到當代文學批評的著作。到1982年為止，本書已再版了六次，可見影響之大。帕爾默曾於1964–1965年在海德堡大學和蘇黎士大學的解釋學研究所作過兩年博士後研究，親聆過高達美指導。他曾撰寫過解釋學文章多篇，並參與翻譯了《對話與解構：高達美與德希達的

貶不一。見仁見智，據理成說，原本也屬正常現象。不過，從西方眾多學者對他的學說的闡釋、發揮、甚至從相反方向對其所作的批判中，我們可以看出，他作為當代哲學大師的地位幾乎是無可置疑的。當然，若真論其學說的影響，也許還得待以後多年才能顯出。本文在此只是作為其學術思想的一個基本的探索性的研究而已。

　　本書是在博士論文的基礎之上改寫增刪而成。論文的寫作自始至終得到了我的導師張世英先生的悉心指點。先生所授，不僅有學問，而且還有嚴謹認真的治學態度，這令我永誌難忘。宋祖良教授多次向筆者提出有價值的修改建議，並提供資料；鄧安慶學兄也給予了諸多幫助，筆者在此一並致謝。

嚴　平

交鋒》(紐約州立大學出版社，1989年) 和《哲學解釋學》(倫敦，加利福利亞大學出版社，1976年)。

高 達 美

目 次

第一部分　流放中的真理

第三部分　尋找真理之家：走向實踐的解釋學

第四部分　高達美思想的當代遭遇

第一部分　流放中的真理

第一章　尋找開端之路

　　海德格在其《全集》的引言中有一句著名的話：「不是著作(Werke)，是道路(Weg)」。這是一條由艱深的思想和文字鋪就而成的漫長道路，故他能作如是說。然而，有路必有其開端。這裏，開端既意味著尋找源泉，也意味著開闢新路。作為海德格的學生，高達美也選擇了與海德格同樣的道路。但即或是相同的道路，各人所取的路徑和出發點也有相當的不同，所以最終二人的成就和影響也有所區別。尋找開端之路，是高氏一生思想中重要的一步。在尋路之前，讓我們先看看高達美的從學簡歷。

一、從學簡歷

　　高達美在《哲學的學徒之年》一書的扉頁中引用了笛卡兒的一句話：De nobis ipsis silemus，意為對於自己最好保持沉默。但最終高氏不僅沒有沉默，並且還在本書中詳盡敘述了他的經歷：「在本世紀的最後四分之一世紀，一個去回憶自己的處於世紀之交的孩子，一個教授的兒子並且自己就是一個教授，他應當討論什麼？那時的情況怎麼樣？這些時代又是什麼樣子？」❶ 對此，高氏在本書中作了

❶　高達美《哲學的學徒之年》，美茵法蘭克福，克羅斯特爾曼出版社，

詳盡全面的介紹。

高達美1900年出生於德國馬堡。其作教授的父親熱衷於研究自然科學。據高氏本人說，他父親在他兒童時代就想使他對自然科學產生興趣，但高氏牴觸甚深，其父對此深為不滿，這可能也為高氏日後持反對科學的態度埋下了種子。高氏喜歡文學、戲劇和整個藝術，但他父親從心底裏反對。高氏太年輕，他自己也不太清楚他要研究什麼，唯一清楚的是可能會去研究「人文科學」，「這是不成問題的。」❷

十八歲那年，即第一次世界大戰結束後，高達美在波蘭的布雷斯勞高級文科中學（神聖中學）畢業，之後就到布雷斯勞大學學習，不過當時還未確定是否學哲學專業。當時高氏感興趣的科目甚多，但後來，哲學還是佔據了他的主要興趣。在他看來，這是一條緩慢的、訓練有素的道路，但並不表明他放棄了其他偏愛。事實上，其他偏愛也持續了他的一生，並對他的哲學體系的構成起了很大的作用。

高氏同時也陳述了他轉向哲學的原因。德國因為戰敗而混亂不堪，這時，要年輕人接收尚存的傳統已不再可能。於是，在此情況下不知如何行事，便成為高氏本人轉向哲學的原動力。但要從事哲學，決不可能再重複那些前人已經創造了的東西，必須尋找一個新的定向，當時的新康德主義、驕傲的文化意識和以科學為基礎的「進步信仰」，均不是這個定向。當時的矛盾在於：德國既痛苦，又渴望有一條新的道路，其實說穿了，是渴望有一條新的出路；既面對貧窮和絕望，又還充溢著年輕人不可磨滅的生命意志。高氏後來說，

1977年，頁7。

❷ 同上，頁10。

德國唯心主義徹底垮臺只是那種新時代感的一個方面，除此之外，當時還有幾本書對他影響較大：一是 O. 史賓格勒的《西方的沒落》，他對世界史的看法對當時產生很大的影響，打破了許多關於「西方中心論」的幻想，本書由此而轟動一時；二是萊辛的著作《歐洲和亞洲》。高達美是德國人，在歐洲文化的傳統中出生、受教和成長，但本書的作者萊辛從亞洲人的智慧角度對歐洲人追求成就的思想提出疑問，這就使得高氏「第二次」用相對的眼光去看待自己的文化。還有一些作家也成為了他精神上的指路人，如托馬斯・曼的《不問政治者的看法》，這是他中學時代就閱讀過的，但印象始終難忘。《托尼奧・克勒格爾》所表達的生命與藝術之狂熱對立，使高氏深受觸動。H. 赫塞的小說中所表現出的那種憂鬱的聲音更令他癡迷。據高氏記述，他曾聽過 R. 赫里西斯瓦爾德的「概念思維藝術入門」，他那反對心理主義、捍衛新康德主義的先驗唯心主義立場也使他有很深的印象。

　　高氏於1919年來到馬堡，他發現自己「面臨新的學習經歷的挑戰」。這時，年輕人已時常在批判新康德學派的方法至上主義（這種批判高氏一直持續到其學術後期），贊成胡塞爾觀察學的描述藝術。不過，闖入他們全部世界感覺之中的，首推生命哲學，尼采是其代表。狄爾泰、E. 特勒爾奇(Troelth)討論的歷史相對主義問題也使他關心。此外，高氏還談到過S. George、F. Gundolf、E. Bertram、Wolter、Salin以及Kahler的作品，他們都代表了一種堅定的文化批判的聲音。如詩人喬治，就通過其魔幻般的詩句和個人魅力，對人的內心產生了強烈的印象，對一個愛好思維的人留下了許多疑問。陀斯妥耶夫斯基的《卡拉瑪佐夫兄弟》，梵谷的通信，克爾凱郭爾的《非此即彼》以及黑格爾的對立等，都吸引著高氏。

　　高氏師從過 P. Natorp，這位馬堡學派的堅定方法論者在後期思想有些改變。舍勒爾作為馬堡大學的客座報告人對高氏來說，也有一種敏銳的天賦來證實他的魅力。1922年，高氏撰寫的博士論文《柏拉圖對話中欲望的本質》得以通過，獲得博士學位。他說，他當時雖與「現象學」有模模糊糊的聯繫，但他還是期待有某種思想上的援助。這種援助最終來自海德格。高氏說，是海德格使他「豁然開朗」，別人和他自己都由海氏出發，去理解當時的馬克思、弗洛伊德和尼采的。也正是海氏，才使他明白必須尋求開端，即「重複」古希臘哲學。1923年夏，高氏在海德格那裏待過幾個月，這對他一生都有很深的影響，他說：「1923年去弗萊堡時我曾拜胡塞爾和海德格為師，學習現象學的描述藝術」❸，並承認「自己是海氏的學生。」❹ 正是此時，才使高氏與馬堡學派拉開距離。1924年，為紀念那托爾普(Natorp)七十壽辰而撰寫了《哲學中的體系思想》。之後高氏沉默了幾年。1928年在申請教授資格時，高氏除上篇外，又提交了論哈特曼的《認識形而上學》的文章，內容涉及邏輯方面。在這期間，高氏開始學習古典語言。為申請參加 P. 弗里德倫德爾主持的語言討論課，他撰寫了《亞里斯多德哲學入門以及對亞氏倫理學的發展史考察》。這篇文章由於耶格爾(Jaeger)的批判而使高氏在語言學圈子裏得到認可。他自己說，事實上這期間他已專修成為一個古典語言學家。1927年，他通過了這一專業的國家考試。1929年又通過了教授的資格考試。當時，他為了使教學工作與個人研究計劃相一致，每學期都還學一些並且寫一些新東西，儘管當時條件尚差，他作為哲學教師還靠拿獎學金或簽授課合同。

---

❸　高達美《全集》卷2，圖賓根，J. C. B. Mohr出版社，1986年，頁488。

❹　同上，頁484。

　　當時高氏學習古典語言主要是為了研究古希臘哲學和科學史，曾撰寫《存在著物質嗎?》和《古希臘原子論》。高氏在隨海氏學習時就一直在研究亞里斯多德，而柏拉圖也始終是他研究重點。其第一部論柏拉圖的著作《柏拉圖的辯證倫理學──「菲利布篇」的現象學解釋》(1931年版，1968年以《柏拉圖的辯證倫理學和柏拉圖哲學其他方面的研究》為題出版)，據高氏後來說，它實際上是一部未完成的關於亞里斯多德的論著，其出發點是亞氏《尼各馬克倫理學》中兩篇論「興趣」的文章，同時聯繫柏氏的《菲利布篇》，從現象學的角度來解釋這篇對話。高氏認為柏氏是他「研究得最深的哲學家」❺。高氏本來有意對智者和柏拉圖國家理論作詳細研究，但1933年以後，他就有意中斷了此一龐大計劃。但是，其研究討論中的兩個部分《柏拉圖與詩人》(1934)、《柏拉圖的教育國家》(1942)仍然付梓出版。

　　1933年以後，政治氣氛日趨緊張，納粹也日趨猖獗。在當時納粹一體化時代，人人都謹慎行事，避免重要政治題目，避免專業雜誌之外發表文章，因為一般人都不願以此成為殉道者或者被流放國外。這是一條通行的自我保護法則。在《柏拉圖與詩人》中，高氏謹慎地借歌德之口表明了他對納粹的態度：「哲學家不可能和時代的觀點取得共識。」那時的情景可能對高氏影響很深，直至他幾十年後還認為，一個國家，如果由於政治原因，而把哲學爭論中的某種理論確定為正確的，那麼結果便是：這個國家的最優秀的人才將會躲避到另外一些領域，以逃避政治家和門外漢的檢查。無論這個國家怎樣，口號怎樣，都不會改變這一事實。與海氏一定程度上捲入了政治相比，高氏採取了一種比較明智的明哲保身態度：「最明智

❺　《全集》卷2，頁488～489。

的辦法就是使自己不引人注意。」 ❻ 這使他一生都未經甚麼重大挫折。

在作了10年講師之後，高氏獲得了申請已久的教授頭銜。此外，他還應聘擔任了哈雷大學古典語言學教授。1938年，他被任命為萊比錫大學哲學正教授。在當時緊張的環境下，為了避嫌，他轉到古典語言學系，那裏，在H. Berve的指導下他們合著了一本《古希臘遺產片斷》。高氏繼續他的柏拉圖和詩人的研究。納粹統治期間，高氏只發表了唯一一部專著《赫爾德論民族和歷史》。

戰後，由於高氏的聲望和平穩的政治態度，他被推選為萊比錫大學校長。在這之前的1945-1946年，他任萊比錫大學哲學主任，那幾年事務繁雜，無暇從事哲學研究，但高氏還是利用周末的時間寫了一些解釋詩歌的文章，這些文章後被收錄到《短論集》第二卷中。1947年秋，履行了兩年校長職責的高氏接受了美茵河畔法蘭克福大學的任命，重新執教和研究，並任首席哲學教授。這期間他主編了《亞里斯多德形而上學第十二章》(法、希文對照)和狄爾泰的《哲學史綱要》等書。

1949年，高氏應海德堡大學之邀去接替離職的卡爾‧雅斯培講席。這時，他才得以擺脫政治和高校教育的重負，完全投入自己的研究。在寫作了差不多近10年以後，即1960年，高氏的《真理與方法》才付梓出版。這時高氏已是六十歲的人了，他當時甚至不能認定這本書是否來得太遲或者是屬於多餘。我認為與海德格早就聲名卓著相比，高氏的著作是太遲太晚，但對於哲學解釋的這門新興學派來說，它卻無疑是最早的。

《真理與方法》出版後，高氏才思泉湧，靈感層出，於是一發

❻ 《全集》卷2，頁490。

不可收拾地繼續下去，文章一篇接著一篇，開始圍繞《真理與方法》進行補充和說明，後又與人論辯，尤其是與哈伯馬斯、里柯等人辯論，這促使了他思想的另一個轉折。他眾多學生中，也有人後來成為著名人物，這些都對他思想的傳播起到了重要作用。如意大利的Gianni Vattimo和美國的Richard E. Palmer等。高氏與H.庫恩創辦過《哲學週刊》達20年之久，對哲學和解釋學的傳播也起到過重要作用。1968年，高氏從海德堡大學退休，但仍為該校名譽教授。1972年秋季學期任McMaster大學、Hamilton大學、Ontario大學訪問教授。1976年任Boston大學訪問教授。他1971年獲Pforzheim Reuchlin（羅依克林）獎，1979年獲斯圖加特黑格爾獎。他1950年獲得Ottowa大學榮譽博士學位，1942年獲萊比錫科學院院士，1950年獲海德堡科學院院士，雅典科學院院士，羅馬科學院院士，Darmstadt科學院院士，波士頓科學院院士。高達美的這一連串顯赫的經歷和聲名，可能會使我們更好地瞭解他的地位和作用。

二、早期到晚期的思想主題

讓我們先看看高達美在評論海德格時所說的一段耐人尋味的話：「接近開端，總是意味著在回歸過去之途中保持不同的、開放的可能性。誰完全位於開端，誰就必須選擇其道路，並且當他返回到開端時，他將置身於開端之中，以至於他從起點出發，也有可能走不同的路——比如東方思想已經走上了不同的道路。也許，在東方，此類事的發生很少是出於自由的選擇，就好像西方的（思維）道路之方向是發端於這樣一種自由的選擇一樣。」❼這段話雖是用來

---

❼　《全集》卷2，頁363。

評說海德格的，但這裏用在高達美本人身上也非常貼切。高氏從其從學之初便追索開端，尋找古希臘傳統，直到其學術晚期，仍不忘情於這種傳統，因為他從這種傳統即開端之處，發現了選擇的可能性，對話的可能性，視界融合的可能性，以致達成一致和團結的可能性。所以，開端並不僅僅意味著開端，而且還意味著選擇，意味著終點，即最終落腳的歸處。理解到這一點，我們才可能把握他早期到晚期的思想主題。

為了理清高達美的思想線索和思想主題，我們有必要重述一下高達美的從學簡歷。1992年，二十二歲的高達美在馬堡撰寫了一篇研究柏拉圖的論文《柏拉圖對話中欲望的本質》 (*Das Wesen der Lust in den platonischen Dialogen*，這是一篇不太出名的文章。高達美在〈自述〉中只提到那是一篇研究柏拉圖的文章，並由此使他獲得博士學位。他甚至沒有提到這篇文章的名字)。❽ 五年後，即1927年，他才首次在雜誌上發表文章。高達美取得（教授）資格的論文是《柏拉圖的辯證倫理學》(*Platos dialektische Ethik*)，它完成於1926年，1931年出版（現載《全集》第五卷）。在以後幾年裏，高達美還撰寫了一系列論柏拉圖的長文 (後載於研究柏拉圖的專著《對話與辯證法》以及《全集》第五卷中)。1945年，德國在二次大戰的失敗使高達美中斷了學院生活，這就與他早期的1922–1945年分割開來。這時期，他沒有再回到對柏拉圖的研究上。1949年，他被召回到海德堡，以取代離職的卡爾・雅斯培，之後便孕育了《真理與方法》。

1960年，高達美六十周歲時，《真理與方法》德文版首次出版

---

❽ 見《全集》卷2，頁483；另見蘇里萬《政治的解釋學》，頁194，注釋⑦。

（英文版出版於1975年）。這部書作為哲學解釋學的奠基之作，為高達美帶來巨大的聲譽，同時也使其達到學術生涯的顛峰。這是其學術思想的中期，即成熟時期。他的前、後思想都可以據此得到解釋。譬如，他的早期著作大都是在《真理與方法》出版之後相繼問世，並據此得到解釋的。

按通常的分法，高達美的學術生涯分為三個時期，即前期、中期和晚期（關於分期問題，詳見〈導言〉部分）。高達美在這三個時期的思想主題有很大的差別。早期他集中研討古希臘、尤其是柏拉圖的政治—倫理思想，著重對其思想作系統的闡釋和發揮，故也有人稱那時期為「政治的解釋學」。他中期則將自己早期的政治—倫理思想萌芽發展成帶有濃厚思辨色彩的哲學解釋學體系，在此體系中，他闡釋了理解現象的普遍性，這種普遍性遍及藝術經驗、歷史經驗和語言經驗中（這些經驗都是人生在世的模式）。到了晚期，高達美又以一種新的姿態擺脫了學院式的純思辨色彩，而進一步介入（或說重返）到對人生、社會、科學、實踐、理性和善等一系列當今社會問題的分析中。他中期注重的是本體論，晚期則將這種本體論運用於現實社會，最終發展成一種實踐哲學、一種價值倫理學的體系。

還有一個問題，就是在高達美思想中是否存在著「斷裂」。表面上看，似乎早、中、後三個時期是各不相關的。早期的研究僅限於古希臘哲學，中期的重點在於創立哲學解釋學體系，晚期則轉向實踐哲學。《真理與方法》一書的孕育期也僅限於1949–1960年的這十一年，而非1922–1960年，這是毫無疑義的。❾但是，這並不是說，在早期的高氏和後期的高氏思想之間就存在著「斷裂」。高達

---

❾ 見蘇里萬《政治的解釋學》，頁3、4。

美早期思想和中期、晚期思想在動機、論證、以及用語上仍然存在著很強的邏輯連貫性。早期思想的基本結構被保持和更新地展現在了《真理與方法》一書中。如柏拉圖對話中的辯證法思想，以及友誼、團結、共同體等主題，都不斷在其中後期著作中體現出來。❿至於後期，與中期的關係更加密切。解釋學的真理不僅有理論，且還有運用。後期便是這種運用(關於後期思想，以下將專章論述)。

弄清高達美在不同學術時期中的一貫主題，對於我們探討他的思想體系相當重要。其一生中思想主題的一致，也構成了其真理觀的一致。早期僅僅是其真理觀的萌芽階段，到了中期和後期，才始見系統(當然這個系統僅僅是在特殊的意義上來講的。從論證上看，可以說他的真理觀很缺乏系統)。不過，高達美真理觀的形成和發展，除了他本人的學術經歷外，更重要的，還與社會的、時代的背景密切相關。所以也可以把他的哲學說成是時代對他提出的課題。

高氏在二〇年代至三〇年代發表的著作主要是試圖闡明哲學、語文學和詩學的考察。在發表物中，包括有一本書和近20篇文章，它們都不是在走習慣的哲學思維的老路。在這一時期，高氏的每一篇有意義的文章，都採納了對哲學的語文學考察。對於這一時期的研究成果，研究早期高達美的專家蘇里萬認為，「最初的結果是非生產性的」⓫。沒有一個人，甚至海德格，認識到高氏熱衷的基本形式「日後會變成眾所周知的哲學解釋學」⓬。到1938年，高氏對哲學解釋學所作的「語文學的」考察的主要路線已經被制訂出來。但這並不意味著它們已得到學界的承認。僅僅到了20年後，即高氏

---

❿　見高達美〈自述〉，載《全集》卷2；另見《政治的解釋學》，頁4。

⓫　《哲學的學徒》，英譯者序，頁XIV。

⓬　同上，頁XIV。

將他長期對柏拉圖的研究內容概念化並在其巨著中建立起這種概念框架之後，人們才認識到這一點。高氏的早期思想可被看作是哲學解釋學思想的萌芽。他曾在〈自述〉中明確表示，古希臘哲學和解釋學是他工作的兩大重點，「它們推動著我的思想」❸。他早期通過研究柏拉圖，主張道德哲學並沒有一種固定的回答，而是無限的對話，是為人類價值的無偏見的對話而掃清道路。他早期從蘇格拉底的對話中就認識到偏見是達到理解和一致的可能性之首要條件。柏拉圖的倫理學並非教條，而是辯證的、活生生的對話。倫理生活即是一種無休止的對話。他把柏拉圖的polis（城邦）看作是「在談話中產生的城市。」他由此將注意力集中到柏拉圖與那些語言創始者如詩人的關係上，也集中到柏拉圖的教育國家這一主題上。蘇里萬說：「高達美1934年至1942年的作品由於其強調倫理個體的道路背景，因而可以被恰當地看作是一種『政治的解釋學』。」❹人們現在可能要問：我們在《真理與方法》中找不到高氏對語文學的強調，也看不到書中包含什麼政治的方面。其實，這些東西仍然存在，只不過是以濃厚的思辨色彩表現出來而已。人們若仔細觀察，難道他的真理觀、他對方法技術的批判、他對急劇膨脹的現代主觀主義的抨擊，真的沒有包含著政治、倫理因素嗎？真的與現實社會無關嗎？不，恰恰相反，這是對現代社會文明衰退、真理異化、道德淪喪的最尖銳的指責。親歷過兩次世界大戰的高氏對此有著深深的切膚之痛。他說，現代政治科學是對權力及權力科學的研究，它傾向於依賴方法，結果，便喪失了它古典的真理。《第七封書信》表明，由於雅典人發現他們自身處於深刻的倫理危機之中，所以柏拉圖才選

---

❸　《全集》卷2，頁494。

❹　《哲學的學徒》，英譯者序，頁XVI。

擇了哲學思維作為從事政治的優先方式。高氏的早期思想本質上與柏拉圖的動機毫無二致。而在《真理與方法》中建立的哲學解釋學，則首先也是從事政治的一種不同方式。

也有人說，高氏自1920年開始建立的哲學解釋學與其說是一種哲學，還不如說是「哲學教條主義」的解毒劑，它是一種「否定的辯證法」，目的在於清除所有固定不變的思維和態度。所以，儘管高氏的志向在於尋求一種新的真理，以真理為其終生主題，但他並未像黑格爾一樣去建立一個龐大的、無所不包的真理體系，而是讓真理體現在海氏所謂的在世經驗，即藝術經驗、歷史經驗和語言經驗中，也體現在他後期的實踐、理性及修辭學傳統之中。這是其真理的「泛化」傾向(即「泛真理化」傾向)的自然結果。在他看來，人文科學中的一切、人類存在的一切都與真理相關，這就是他一直難以定義真理，給真理劃界的理由，當然這也是他的目的，以此來區別可加定義、可加劃界的科學真理，以及實證主義、分析哲學等更加技術化的真理。其真理的模糊性以後也遭致了一些人對他的批評和非議。

第二章 方法與真理的二分：
方法論批判

　　新方法的建立應歸功於近代唯物主義始祖、英國哲學家弗蘭西斯・培根 (Francis Bacon)。他發展的是經驗主義認識論的歸納法。相反，近代唯理論的認識論先導、法國哲學家笛卡兒(Descartes)則提出了另一種相反的方法，即演繹法。這種歸納法和演繹法此後一直成為後世方法論的典範。它們是近代認識論的基礎。因為這種認識論或方法論都是以主—客體的分離為特徵的。經驗主義強調的是主體統一於客體，主體服從於客體；而唯理論則相反，強調客體統一於主體，客體服從於主體。但無論如何，二者都是在主—客體的對立中謀求主體對客體的理解，謀求二者的統一。所謂的認識論框架，簡言之，就是以主體和客體的二元對應為前提，或從主體出發，或從客體出發，去尋求達到二者統一的「真理」之途。隨著科學在近代的長足進步，方法論意識逐漸演變成一種控制意識，它以為人憑藉方法，即憑藉使主—客體分離開來的抽象，就能達到對自然即客體的把握，就能征服自然，而且最終就能認識真理。方法本是為了探尋真理而人為設置的手段，但由於當今科學技術的空前繁榮，方法卻成為衡量一切的標準，包括正誤的標準和進步的標準。方法

成為目的，而真理則被人疏遠。這種本末倒置的結果就是：方法由求知求真(真理)的產物演變成了異化的產物，這種異化根源於人的一種控制欲望。人發明了方法，最終使方法成為現代的操縱和技術思維，於是方法論的勝利又使得方法轉而起來統治使用方法的人。所以高達美爭辯道：方法，以及探求知識的可能性和合法性基礎的一般認識論，從根本上來說，都是對機器時代異化的一種反應。❶人希望用方法來接近真理，殊不知真理離我們愈來愈遠。因為方法不是力圖從異化的條件中返回家園，而是力圖統治世界。方法論的目的在於改造世界而非理解世界。它總是在家之外。❷方法使真理異化並有放逐在外的感覺。高達美的目的，正是在於使真理重返家園。

高達美為了展示他所謂的人文科學中的真理，而首先著力去清洗方法，這不能不說是獨具匠心。真理與方法自培根以來一直是一對從未分離過的孿生兄弟，而高達美卻主張在它們之間只存在一個非此即彼的選擇：要方法，還是要真理？❸他選擇的自然是真理。

---

❶ 見《真理與方法》，頁61；亦見本書第二部分中的「通過現象學研究對認識問題的克服」一節。羅蒂也認為解釋學是對認識論問題的克服。他的《哲學與自然之鏡》(三聯，1987年)第7章的標題是：〈從認識論到解釋學〉。伯恩斯坦認為這一標題可以作為羅蒂《哲學與自然之鏡》全書的副標題。見《超越客觀主義和相對主義》，頁111。

❷ 參見維恩謝爾默(Joel C. Weimsheimer)的《解釋學：閱讀「真理與方法」》，新哈維和倫敦，耶魯大學出版社，1985年，頁4、5。

❸ 高達美在〈自述〉(1973年)中，批判了當代人對於方法的盲目信仰，認為方法論的狂熱崇拜者(Methodenfanatiker)是「沒有充分反思過的人」。見高達美《全集》卷2，圖賓根，1986年，頁495。另外，高達美在《真理與方法》中強調了方法這門工具不能實現的東西，必須通過提問和探究的真理來實現。見《真理與方法》，頁465。

因為按他的信條，方法與真理並非一致，方法並非通達真理的途徑，相反，真理困惑著具有方法的人。他著力尋找的，也是一條通向真理的非方法大道。

　　但這並不是說，高達美本人就沒有方法。他在〈現象學與辯證法之間──一個自我批判的嘗試〉一文裏直言不諱地聲稱，現象學與辯證法乃是其哲學探究的基礎和出發點。❹ 他在另一處又說：「二十世紀，尤其是第一次世界大戰之後的哲學運動，都與現象學這一概念有聯繫。當今人們稱之為『解釋學的』，即是立足於現象學基礎上的一個好的部分。……如此詞所暗示的，現象學曾是一種無先入之見的描述現象的方法態度，在方法上放棄對於現象的心理─生理根源的說明，或者放棄對預見設原理的回復。」❺ 對於辯證法，他表明：「解釋學必須在辯證法中被恢復。」❻ 如果不理解他反對方法的特定含義，那就很難理解他的真理觀。他所謂的方法特指自然科學方法，即歸納法或演繹法。他反對的是對這種方法的神話，即信奉方法至上的唯方法主義。同時，他反對方法也有其哲學上的意義。因為在他看來，方法論自近代以來一直盛行不衰，並且在現代西方哲學中愈演愈烈。它在結構主義、實證主義、科學哲學和分析哲學等各大流派中均有典型的表現。因此，高達美對之作出的尖銳反應，無疑標誌著現代哲學的另一種反思和另一種取向。而方法論地位的動搖，也將改變傳統的真理概念。這正是高達美走向解釋學真理的第一步。

　　方法同真理一樣，不僅是《真理與方法》一書中的主題，而且

---

❹　《全集》卷2，頁3～23。

❺　〈康德與解釋學轉折〉，載《全集》卷3，頁214。

❻　見《科學時代的理性》，劍橋，麻省理工大學出版社，1983年版，頁59。

這一主題還貫穿其學術生涯的始終。可以說，凡高達美批判科學的地方，方法就不能倖免於難。❼ 雖然高達美將《真理與方法》中第一部分的第一個細目定名為「方法問題」(Das Methodenproblem)，僅佔 6 頁的篇幅，但他並沒有一開始就定義方法、列舉其前提並闡明其內涵。相反，他著手追尋的是一條通向真理的非方法大道，這條大道惟經「人文主義傳統」才變得可行。他對自然科學的批判正是要引出他對人文科學方法的批判。在他看來，精神科學 (Geisteswissenschaften) 在方法論上的發展及其缺陷，都是由於受自然科學方法的影響所致。不過，以下在探討自然科學方法和人文科學方法之前，我們有必要先考察一下方法的歷史以及解釋學的方法史。另外，還需要說明一下高達美後期對方法的批判，以及西方學者對《真理與方法》一書書名的解釋，這些，都有助於我們從各個方面去考察、分析和正確地看待高達美方法論批判的意義。

一、關於方法的歷史探索

在瞭解和評價高達美批判方法之前，我們有必要對方法作一個歷史的探索。只有我們對方法的歷史及其現狀有所認識以後，我們才能明白高達美批判方法的本意。另一方面，高達美作為現代哲學解釋學的代表人物，他對方法的清理還與解釋學的詞源及其歷史演變有關，因為古典解釋學和近現代解釋學大都與方法有著不解之緣。同時，高達美還表明，在一般方法史和解釋學方法史的背後，有一

---

❼ 高達美對於方法的批判不僅見之於中期的《真理與方法》，而且還見之於他晚年所著的《科學時代的理性》(美茵法蘭克福，祖康出版社，1976年)，以及其他一些有關實踐哲學和價值哲學的文章。

個深刻的社會原因，這就是技術與科學的影響，這正是導致他極力反對方法的最本質的因素。

「方法」(Methode) 一詞源於古希臘文 (μεταόδός)（拉丁文 methodus），它由兩個部分 (μετα)（「遵循」）和 (όδός)（「道路」）組合而成，意為「遵循某一道路」，指規定為了實現一定的目的，必須按一定的順序所採取的步驟。方法在柏拉圖那裏首次具有了哲學的重要性。在赫西歐德 (Hesiod) 和早期哲學家那裏，它與「道路」(Weg，即όδός)保持著關係。此道路有雙重規定，一是指調整真正和正確的生活，二是指調整承擔問題的研究和理智的概念。❽

從歷史上看，第一個研究方法的是亞里斯多德。他系統地研究過歸納法和演繹法。不過在一般人看來，他是個重演繹、輕歸納的演繹主義者。中世紀的經院哲學家剔除了亞里斯多德歸納法中的經驗主義因素，而僅僅強調演繹法是進行研究的唯一方法。然而在中世紀後期，卻出現了一些新方法的萌芽，如鄧斯・司各脫 (Duns Scotus) 的求同法，威廉・奧卡姆 (William Ockam) 的差異法，羅吉爾・培根 (Roger Bacon) 的試驗法。在十七世紀，當新的科學革命興起時，必然要求帶來新的科學方法。這種新的科學方法的第一個創立者是意大利物理學和天文學家伽利略。不過新方法的真正建立應歸功於近代唯物主義始祖弗蘭西斯・培根，以及法國唯心主義哲學家笛卡兒。他們的方法堪稱後世方法論的典範，也是高達美重點批判的對象。以後還有牛頓的分析 — 綜合法和公理法，英國經驗歸納主義主要代表穆勒 (J. S. Mill) 的「穆勒五法」，以及法國數學家彭加勒 (Poincare) 的約定論，等等。

---

❽ 見利特 (Joachim Ritter)主編的《哲學歷史詞典》卷 5，斯圖加特，1980年，頁1304。

在現代，方法上的創新又更進了一步。早期的邏輯實證主義發展了可證實性的經驗主義原則。波普爾 (K. Popper) 則針對這一經驗主義原則的缺陷，提出了「可證偽性」標準。拉卡托斯在其科學研究綱領中提出了「範式」的方法理論，到了費耶阿本德那裏，則開始反對方法，並倡導怎麼都行。

從以上關於方法的歷史探源來看，方法還是經歷了漫長的歷史發展的，並且逐漸形成了一股很大的聲勢。當然，這一切都與科學的發展密切相關，它們都發生在自然科學或以自然科學和邏輯、數學為研究對象的實證主義、科學哲學的範圍內。人文科學一直沒有發展出一種自己獨立的方法，它的方法都是從自然科學那裏借用來的，並且照高達美看來，那些方法都未脫離歸納 — 演繹的框架。這就是導致他對方法發起攻擊的原因。

高達美反對方法還有一個重要原因，這就是他作為現代哲學解釋學的代表人物，力圖同傳統的解釋學區分開來。因為傳統解釋學家大多將解釋學當作一門解釋理論(Auslegungslehre)的技術和解釋方法在研究。「解釋學是一門避免誤解的藝術」 ❾，這裏的藝術，就是指技術、方法。按高達美的說法，「解釋學是εομηρειν，即宣告、口譯、闡明和解釋的技術」❿，它源於赫爾墨斯(Hermes)。赫爾墨斯本是眾神的使者。按詞典上的解釋，赫爾墨斯除是宙斯和眾神的信使外，還是希臘神話中主司道路、科學、發明、口才和幸運之神，

---

❾　這原本是施耐爾馬赫給解釋學下的定義。高達美在〈對「解釋學與意識形態批判」的答覆〉中引用了這句話。見《全集》卷 2，頁118以及頁254。

❿　《哲學歷史詞典》卷 3，1974年，頁1061。也見《全集》卷 2中〈古典解釋學與哲學解釋學〉一文，頁92。

也是騙子、賊人和陰謀家。蘇格拉底在《克拉底洛篇》中就提到過此點。赫爾墨斯的消息及其語言真偽摻雜，況且眾神消息的念義也往往是隱而不彰的，於是這便需要有解釋。自一開始，解釋學便是作為一門解釋的技巧、技術或方法而出現的。

　　照高達美的考察，「解釋學」這一術語作為書名第一次的出現是在1654年，那就是湯恩豪塞爾(J. Dannhauser)的《聖經解釋學或聖經文獻注釋方法》(*Hermeneutica Sacra sive methodus exponendarum Sacrarum Litterarum*)。當時正是近代科學的興起時代，再加上人們對解釋學所作的專門化區分(如區分神學 — 語文學的解釋學和法學的解釋學)，所以高達美斷言，解釋學是與這一近代科學傳統相適應的，解釋學這一術語的使用也是隨著現代方法論概念和科學概念的產生而開始的。**⓫** 如在神學方面，解釋學就表示一種正確解釋聖經的技術。這種本身相當古老的技術早在教父時代就被運用到方法的思考上。在施耐爾馬赫之前，又出現了一種新的方法論意識。沃爾夫 (Fr. August Wolf) 和阿斯特 (Fr. Ast) 等人將解釋學發展成一種語文學 (Philologie) 的方法論。施耐爾馬赫 (Fr. E. D. Schleiermacher)將解釋學發展成一種一切語言理解的科學，這種科學也就是一種藝術、技術和方法，這種方法可以作為各種本文解釋的基礎。到了十九世紀末的著名哲學家狄爾泰 (Wilhelm Dithey) 那裏，解釋學的方法論意識被推向了極致。在他那裏，解釋學才開始真正成為人文科學 (Geisteswissenschaften) —— 即一切理解人的藝術、行為和作品的學科 —— 的方法論基礎。他所追求的對人類一切科學進行客觀化研究的客觀化方法成為海德格和高達美重點批判的

⓫　《全集》卷2，頁93。

對象。⑫ 里柯在〈解釋學的任務〉一文中也說：高達美的《真理與方法》一書的書名就包含了海德格的真理概念與狄爾泰的方法概念的對立。⑬

從以上解釋學史可以看出，解釋學作為人文科學，一開始就有專門化、技術化的鮮明特徵。這些特徵與方法息息相關。以後當解釋學發展成人文科學方法論基礎時，則更是離不開方法，而這些方法又是從近、現代科學中借用來的，換句話說，是僵硬地移植過來的。這種僵硬移植的結果，使得解釋學成為認識論。它對主一客體進行分離，在分離中使主體達到對客體的理解，這是與高達美從胡塞爾和海德格那裏繼承過來的「回到事物自身」的事物(Sache)或回到本源性的存在 (Sein) 而非在者的觀點截然對立的，也是與他本人的真理含義相對立的，所以他才認為方法遮蔽了真理，阻礙了對真理的認識。正是由於這個緣故，高達美才發起了一場對於方法的批判。

二、方法論批判

高達美的方法論批判包含著他對自然科學方法論的批判和人文科學方法論的批判。這兩種批判是密切相關的，因為人文科學方法是受自然科學方法的影響浸染而成。他希望藉此批判來克服以至消除方法論所帶來的主一客體的分離以及歷史與現代之間的張力。

---

⑫ 關於解釋學方法史的演變，詳見帕爾默《解釋學》中「解釋學的六個現代定義」一節，頁33～45；另見布萊希爾(Josef Bleicher)的《當代解釋學》(倫敦，1980年)中第1章〈古典解釋學的興起〉，頁11～26。

⑬ 里柯(Paul Ricoeur)《解釋學與人文科學》，紐約，1981年，頁60。

「在現代科學的範圍內抵制科學方法的普通要求」，這正構成了《真理與方法》一書的出發點。⓮

1. 自然科學方法論批判

　　培根在伽利略方法論的基礎上系統地論述了歸納法。他認為科學方法首先要求科學家排除偏見和傾向，這些偏見和傾向根源於人的本性、所受的教育以及流行的哲學教條等。這就是他所謂的四種「擾亂人心的假相」，即種族假相、洞穴假相和市場假相、劇場假相。培根在其《新工具》中首次強調了知識的重要性，但他認為要獲得知識，須得靠工具的幫助。現有的邏輯即三段論不能充當這種新工具去發現新科學，因為它並不能運用於科學的第一原理。因此，培根「唯一的希望就在於一種真正的歸納法」⓯。他把發現真理的途徑即工具歸納為兩種：一種是從感覺和特殊事物上飛升到普遍的公理，另一種是從感覺與特殊事物中把公理引申出來，然後不斷地上升，達到普遍的公理。他認為唯有後一種「才是真正的道路，但還沒有試過。」⓰他這種方法像是金字塔，一步一步從塔底上升到塔頂，也就是從特殊觀察上升到普遍性的定律。由培根開創的這種經驗的歸納方法構成了一種英國式的傳統，而休謨在其《人性論》中很出色地表達了這一傳統。⓱因為休謨除了認定我們的一切觀念均來自於感覺外，還強調了因果性理論的基礎是經驗。⓲由培根開創

⓮　《真理與方法》，〈導言〉，頁XXV。

⓯　培根《新工具》卷1，北京商務，1984年，頁11。

⓰　同上，頁12。

⓱　《真理與方法》，頁1。

⓲　見《西方哲學原著選讀》上卷，北京商務，1982年，頁519～523。

的自然科學方法此後一直成為經驗論的典範。這種「只有按照自然法則才能控制自然」❸ 的觀點甚至還強烈地影響到力圖強調精神科學獨立性的狄爾泰(關於這點,我下節將要論述)。狄爾泰的客觀化方法證明「精神科學自身固有的方法並不存在」❹。無論是培根還是笛卡兒,其基本方法都是要把握真理中的一切。按培根的話來說,方法論的野心是要擴大到人類統治的物的王國。當然,它現在已經更進一步地擴大到對研究者即認知主體的自我控制。方法論包含了這樣一個假設,以為它可以窮盡真理的領域。

笛卡兒也宣佈自己有一套新的方法,即演繹法。這種演繹法與培根的歸納法完全相反,它不是從下到上、而是從上到下的金字塔,即先從普遍性最高的原理開始,然後到特殊的事物。他認為這個最高原理必須是確定無疑的,為此他運用了懷疑法,認為那才是發現真理的方法。他與培根一樣,都主張方法的嚴格性來自於幾乎是宗教似的自我純化的程序,即清除所有的障礙,以便認識能不受阻礙地發生。「我思故我在」這一公式,其實反映了一種純粹唯心主義。如他在第一個沉思中,就提出要清除他以往接收的東西,對這些東西採取普遍懷疑的態度,也就是說,「小心避免倉卒的判斷和偏見」❹。高達美表明,現代科學都採用了笛卡兒的懷疑論原則作為基礎,開始使傳統毫無生氣並消除偏見的影響。❹ 高達美的主張恰恰相反。他反對笛卡兒懷疑論中的主體性原則,並極力捍衛歷史理

---

❸　《真理與方法》,頁5。

❹　同上。

❹　笛卡兒〈方法談〉。轉引自《十六~十八世紀西歐各國哲學》,北京商務,1975年,頁144。

❹　《真理與方法》,頁225。

解中的偏見。因為理解是存在的模式，它既先於主觀，又先於客觀。此外，笛卡兒在區分思維的東西和廣延的東西時，實際上已將心靈與物體截然分割開來。儘管笛卡兒並沒有在後笛卡兒主義哲學家的意義上來使用「主體」和「客體」這兩個表述，但他還是為以後認識論方法中的主—客體的分離奠定了基礎。即使是向形而上學二元論提出挑戰的後笛卡兒主義的哲學家們，一般也都承認主—客體的二分法思想是理解我們關於世界知識的基礎。❷ 高達美由此批判了笛卡兒在認識論、方法論以及在形而上學方面的主張。他的批判的基礎是本體論的。

　　高達美立足於歐洲大陸人文主義傳統，承襲了自尼采、胡塞爾、海德格等人反叛近現代科學技術一統天下的路線，並將此深入了下去。尼采以酒神精神來反對理智佔上風的日神精神的預言似宣告實際上是對現代社會和現代文明的反叛；胡塞爾的生活世界(Lebenswelt)向我們展示的是在歐洲社會危機中尋找出路的另一片淨地；❷海德格不遺餘力對技術所作的分析批判僅僅是要人們轉向自古希臘以來就被人遺忘了的活生生的此在(Dasein)，而非抽象靜止的存在；高達美則通過對自然科學方法的批判來力圖使我們將理解深深扎入存在的本體論——即藝術經驗、歷史經驗，最後還有語言經驗——之中。

　　始終依賴自然科學方法的科學技術在近現代取得了長足的進步，由此，我們的時代已變成一個方法論的時代。在啟蒙時期，人們衡量一切的標準是理性，而現在卻是方法。科學技術的空前繁榮

---

❷　見《超越客觀主義和相對主義》，頁115～116。

❷　參見高達美在《真理與方法》中對胡塞爾生活世界的分析；亦見他的〈生活世界的科學〉與〈現象學運動〉兩篇文章，載《全集》卷3。

使方法在人類生活的各個方面到處滲透，無孔不入。㉕所以，高達美在〈解釋學問題的普遍性〉一文中說，科學總是要受制於方法上的抽象作用之種種確定的條件，而近代科學的成功，依靠的就是這種抽象作用的方法。㉖抽象總是一種主—客體的二分，它總是使主體與客體分離，以便對其作出研究，進行控制。方法在人類生活經驗方面很難結出果實，並且能導致人類生活經驗的異化。所以要清除方法論的二分和方法論的異化，就必須首先清理方法。

細察高達美的思想，我們會發現他所批評和論及的始終是自然科學方法的某一方面，即歸納法和演繹法，以及與之相關的因果關係。他並沒有論及歷史上出現的各種方法。他從穆勒的《邏輯學》的內在聯繫中看到，穆勒依據的是「作為一切經驗科學基礎的歸納方法」㉗；而赫爾姆霍茲1862年的演講《論自然科學和整個科學的關係》中的邏輯特徵，也「依然是一種依據自然科學方法論理想所作出的否定性描述」㉘。狄爾泰解釋學的客觀化方法，也是這種自然科學的方法模式。另一方面，在高達美看來，笛卡兒演繹法的主要缺陷，就在於他剔除了偏見這一個對歷史性至關重要的因素。所以他才認為方法、尤其是自然科學方法是沒有歷史的。㉙事實上，

㉕　《真理與方法》，第2版序言，頁XV。

㉖　《全集》卷2，頁226。

㉗　《真理與方法》，頁1。

㉘　《真理與方法》，頁3。

㉙　高達美認為現代科學方法由於其經驗的原則上的可重複性而取消了自己的歷史性。他在《真理與方法》第二部分專論經驗和解釋學經驗時說：「……現代科學在其方法論上只是繼續貫徹一切經驗已經追求的東西……經驗的威望依賴於它原則上的可重複性。但這意味著經驗按其自身本性要丟棄自己的歷史性並取消自己的歷史」。見本書頁329

他認為被自然科學方法掩蓋得最深和誤解得最深的，恰恰是這種人文科學的真理。因此，高達美在《真理與方法》中的「方法問題」這一細節中，還著重批判了將自然科學方法僵硬地移植到人文主義傳統中去的人文科學方法。

2.人文科學方法論批判

高達美在「方法問題」這節裏，分析了精神科學在自然科學影響下的發展和由之產生的缺陷。精神科學形成於十九世紀，但那時精神科學在邏輯上的自我反思「完全受自然科學的模式所支配」❸。當時「精神科學」(Geisteswissenschaften)一詞並不常用。此詞變得通用要歸功於席爾(Schiel)，因為他在翻譯約翰・斯圖亞特・穆勒(John Stewart Mill)的《邏輯學》時，將「道德科學」(moral sciences)譯成了「精神科學」。穆勒在本書中，附帶概述了歸納邏輯用於「道德科學」的可能性。這種歸納邏輯依據的是一切經驗科學的歸納方法。但是，當時的道德科學僅在於預測單個現象和程序的共同性和規律，甚至連自由決定本身也隸屬於由歸納所獲得的普遍性和規律性。高達美認為，這並沒有把握精神科學的實質。因為如果衡量精神科學的標準僅僅是深化對規律性的認識，那麼它就仍然屬於科學的活動。霍爾姆霍茲比前人更進了一步。儘管他仍然深受自然科學方法的影響，認為邏輯方法絕對地就是科學方法，但他還是強調了精神科學有其優越性，並知道在歷史中起決定作用的是一種對自然法則的研究完全不同的經驗。他還引用了康德的自然和自由的區分來證明對歷史的認識是不同的，因為對歷史的認識並不存在著自然

　　～330。

❸　《真理與方法》，頁1。

法則，而是存在著實踐準則。因為人的自由世界並不知道自然法則
的絕對普遍性。**❸**

解釋學的先驅人物狄爾泰可能是既想捍衛人文科學的獨立性，
但又仍未擺脫自然科學方法的最顯著的例子了。狄爾泰曾經對精神
科學的發展和解釋學的推進都有過開創性的貢獻。因此，高達美在
許多著作裏都對他有所提及。**❸** 這同時還因為高達美走的是一條與
狄爾泰完全相反的路線，所以高達美常常將他作為對立的典型來論
述，如「真理與方法」這一標題，就包含了狄爾泰的方法論與海德
格真理觀的對立。事實也是：狄爾泰的客觀主義方法除對當時的人
文科學有巨大影響外，就連現在的解釋學代表人物貝蒂 (Emilio
Betti) 和赫施 (E. D. Hirsch) 也再次拾起狄爾泰的客觀主義方法來反
對高氏。

高達美對狄爾泰的批判主要是針對他的客觀化方法。照此方
法，讀者若要讀解一篇歷史本文，他就得放棄他現在的觀念，以便
能進入作品和作者的原意。一言以蔽之，就是要把握原作的客觀精
神 (Objektiver Geiste)。**❸** 他以客觀精神來假定人類有一種共同的人
性，並認為惟在此基礎上，共同的理解才成為可能。但他卻以此否
定了歷史真理的相對性，否定了歷史是作為一種新的精神創造。這
種客觀化方法使得理解只成為注解，而未去讀解原作對我們現時代

---

❸　《真理與方法》，頁6。

❸　關於狄爾泰，高達美論述的著作很多，這裏難以一一提及。高氏在《真
理與方法》中集中批判了狄爾泰的客觀主義方法以及這種方法在歷史
中的運用。另見《全集》卷4中幾篇專論狄爾泰的紀念文章，見本書
頁396～437。

❸　參見高達美〈解釋學與歷史主義〉，載《真理與方法》英文版，倫敦，
1979年，第2版，頁460、461；另見帕爾默《解釋學》，頁98～106。

的意義。這樣，精神科學的方法與自然科學的方法就並無二致。雖然他力圖為人文科學的理解辯護，強調「我們說明自然，我們（卻必須）理解人」❸，但他仍未跳出自然科學方法的框架，也沒有實現真正的理解。所以高達美說:「事實是我從狄爾泰以及建立精神科學的問題出發，並且批判性地突出了我自己的觀點。當然，在此道路上，我僅僅是費力地才達到我一開始就涉及的解釋學問題的普適性。」❸ 這句話比較中介地表達了高氏對狄爾泰的繼承和超越。

3.高達美後期對方法論的批判

批判方法不僅是高達美《真理與方法》一書中的主題，而且這一主題還持續到他學術生涯的後期。自《真理與方法》出版後，高達美還圍繞這本書的主題，繼續撰寫了大量的文章(這些文章同《真理與方法》出版前的部分文章合在一起，作為《真理與方法》補充本出版)。後期對方法論的批判同以往一樣，仍未見系統，只是零零散散出現在不同的地方，包括出現在他的晚期實踐哲學中。如高達美在1961年寫的〈自我理解的問題〉中批判了施耐爾馬赫等人的浪漫主義方法論前提，這個前提是: 他們認為傳統對於他們來說是完全陌生的，因而需要克服。唯有依靠心理--歷史的理解，才能實現這種方法論的科學態度。於是，「解釋學成為歷史方法的普遍工具(Organ)」❸ 。歷史學派的德羅伊生 (Droysen) 也沒有走出方法論的局限。歷史學派給理解概念賦有方法的榮譽，而惟有海德格，才將

---

❸ 原文為: "Die Natur erklären wir, das Seelen-Leben verstehen wir"。見狄爾泰《全集》卷5，哥庭根／斯圖加特，1957年，頁144。

❸ 《全集》卷2，頁8。

❸ 《全集》卷2，頁123。

這種理解概念轉變成一種「普遍的哲學概念。」❸ 在高達美看來，理解的真正事件，超過了通過「方法上的努力和批判的自我控制」來理解他人的話時可能被提出的東西。❸

在1966年發表的〈解釋學問題的普遍性〉一文中，高達美從批判藝術經驗和歷史經驗中的異化開始，思考了科學的作用及其限制，並進而對科學在方法上的作用提出質疑。在現代，情況似乎是：誰想懂得一門科學，誰就必須學會掌握它的方法。但高達美告訴我們，「這樣的方法絲毫不能保證它的運用具有生產性(Produktivität)」❸。這種方法上的不育症 (Sterilität) 在每一種人類生活經驗中都能得到證實。

高氏在《語義學與解釋學》(1968)中說，「解釋學反思的運用範圍是普遍性的」❹。它與各門科學不同，它必須努力獲得人們的認可。而科學及其方法則有其特定的、有限的範圍。「科學通過其客觀化方法，把某些特質提高為研究對象，而科學正是建立在這些特質之上。現代科學方法的特徵自一開始就是拒斥，即排除所有實際上迴避它自身的方法和程式的東西。」❹ 正是以這種方式，現代科學證明自己是無限制的，是從不缺乏自我確證的。人們只需想想專家在當代社會中所起的作用，想想專家的聲音如何比代表社會意志的政治團體更加有力地影響著經濟、政治、戰爭以及公正的執行，就可明白科學方法的代言人專家在當今社會中的作用。

---

❸ 同上，頁124。

❸ 同上，頁132。

❸ 同上，頁226。

❹ 同上，頁182。

❹ 同上。

高達美在1968年寫的〈古典解釋學與哲學解釋學〉中追溯了解釋學與方法相關聯的歷史。他說：「當我們今天談到解釋學時，我們是處於近代科學的傳統對立之中。與這個科學傳統相適應，解釋學這個用語的使用，正是隨著現代方法概念和科學概念的產生而開始的。現在，這門藝術總是被包容在方法意識之中。」[42]

在〈自述〉(1973年)中，高達美寫道：自解釋學一詞變得風行時髦以來，許多人都將自己的哲學標榜為解釋學的，當然還有許多人顛倒了他自己的本意，亂用此詞。高氏本來用此詞來表明他對方法的合理態度的否定，但仍有人「認為它是一門關於方法的理論，相信依靠這種理論，就可以使方法論的模糊性和意識形態的各種掩飾真正地合法化」[43]。

在〈本文與解釋〉(1989年)中高氏說：「……在我們受認識論主宰的時代中，我曾把對唯心主義與方法論的批判當作我自己的出發點，並且，在我的批判中，海德格將理解概念擴大到一種生存的、即一個人類生存的基本範疇規定上，這對我尤其重要。這促使我批判性地超越對方法的討論，並且擴大了對解釋學問題的闡述，以便它不僅考慮科學，而且也考慮藝術經驗和歷史經驗。……人們看到，對解釋學循環的討論事實上指向在世(Sein-in-der Welt)結構本身，即指向對主─客體二分的克服，這是海德格對此作先驗分析的首要衝擊。」[44]

在〈存在・精神・上帝〉(1977年)中高達美說：「存在即精神，

---

[42]　《全集》卷2，頁504。

[43]　同上，頁494～495。

[44]　載《對話與解構：高達美與德希達的交鋒》，紐約，1989年，頁22～23。

這就與古希臘人和黑格爾一致起來，上帝即精神，這是《新約聖經》告訴我們的，所以對這些古老的思想而言，西方傳統在其自身之內就結成一種精神形態。然而，這一古老的思想自現代科學通過其方法上的苦行及其所設定的批判尺度確定了一種新的知識概念以來，就受到了挑戰和質疑。哲學思想不能置生存而不管，並且事實上也是能與生存統一起來。哲學本身不再是我們知識的整體和一種正在認識的整體。」**④**

六十年代，高達美在《真理與方法》出版後逐漸受到一些人的批評。在這些批評的論題中，有一個論題就是關於方法問題的。如哈伯馬斯和里柯就批評了高達美對方法的激進處理不太妥當，認為他缺乏方法論的建設，是跳過了方法論這一環去直接接觸存在問題的(見本書第九章對這場論戰的評析)。對此，高達美重申，他對方法的批判是對科學的控制意識的批判。科學的「計算與試驗的方法論運用」，不僅打通了控制自然的道路，而且還日益浸染到我們當今的文明社會，增加了科學意識與我們的社會—政治意識之間的張力。**⑥** 高達美在〈自述〉(1973)中反問道：「方法多大程度上才是真理的一種保證(ein Garant für Wahrheit)？哲學必須要求科學和方法認識到它們在人類存在及其理性的整體中的特殊局限性。」**⑦** 在他看來，「方法論的狂熱崇拜者以及激進的意識形態批判者都是沒有充分反思過的人」**⑧**。在七十年代，高達美又著力創立一種實踐哲學，這是其哲學解釋學的具體運用。在這一時期，他也批判方法，但更

---

④ 《全集》卷3，頁74。

⑥ 同上，卷2，頁252。

⑦ 同上，頁496。

⑧ 《全集》卷3，頁495。

多地是針對科學所造成的異化進行尖銳的批判。

三、方法論批判的意義

西方哲學的方法論經歷了一個從無到有、再到興盛繁榮的程序。其間，造成這一繁榮的還不是哲學或人文科學自身的方法，而是從近代科學那裏借用來的方法。科學方法論的侵入使哲學方法論的繁榮達到了極致，同時也投下了深深的陰影。現代各派哲學不僅沒有對此作深刻的反省，反而推波助瀾，搖旗吶喊。結構主義、實證主義和科學哲學等一直在方法問題上爭執不休，各持己見，實際上是在原地打轉，始終未能跳出界外。作為一門古老的學科並始終以方法論為支架的解釋學也沒有幸免此難。狄爾泰也許是真正為人文科學方法論努力的最後一人，但最終還是向科學方法論作了讓步。他為人文科學方法論所爭得的客觀性是以付出人文科學中的真理為代價的。海德格的「此在的解釋學」在為存在及存在的真理辯護時，實際上已成為高達美方法論批判的先聲。但是惟有高達美的《真理與方法》，才對長久主宰西方哲學走向的方法進行了徹底的清理。所以高達美的方法論批判有著非常重大的哲學意義和現實意義。由於這種意義與《真理與方法》密切相關，所以，在評論這種意義之前，我們有必要先看看西方學者對《真理與方法》一書書名的解釋。

1.關於《真理與方法》一書書名的解釋

讓我們先來看看高達美本人對這本書的解釋：

事實上，「哲學解釋學」的出現從根本上說不過是一種嘗試，

即嘗試著對自己的研究與教學風格作出理論的解釋。實踐是
佔居首要地位的東西。我總是非常害怕說得太多，並且不敢
讓自己陷入經驗上不會完全兌現的心理論結構中去。我作為
教師堅持講我自己的東西，並且與我親近的學生保持著密切
聯繫，這樣我只有業餘時間來進行本書的寫作。這項工作用
去了差不多10年的時間，在這段時間我盡最大可能避免一切
干擾。當這部書出版——此書首次付印期間我才想到用「真
理與方法」這一標題——時，我根本無法肯定它究竟是來得
太遲還是已成多餘。因為人們已預感到新一代人的來臨，在
他們之中，有期待技術的，也有熱衷於意識形態批判影響的。
本書的標題也有很多麻煩。我們國內同行期望它是一本哲學
解釋學的著作。然而當我建議以此為書名時，出版商反過來
問道：它是什麼？事實上較好的辦法是把這個尚為陌生的詞
放到副標題中。㊾

　　高達美的《真理與方法》出版後，關於本書的書名，一直有人
在對它作出解釋和發揮。這很大程度上是因為高達美在這部著作裏
很少提到「方法」與「真理」這兩個詞，並且對這二者之間的關係
也缺少系統的論述，因此，人們對這一切只有大概的瞭解。在本書中
詳細展示的，並不是方法和真理概念，而是藝術、歷史和語言模式。

　　所以自這本書出版之後，人們一直都想根據自己的理解，對這
一書名作出獨到的解釋。六十年代末在海德堡大學和蘇黎士大學解
釋學研究所做博士後研究的美國學者帕爾默 (Richard E. Palmer) 在
其《解釋學》一書中說：「解釋學作為尤其適合人文科學 (Geiste-

㊾ 《全集》卷2，頁493。

swissenschaften)方法論基礎這一古老的觀念被棄之腦後，方法自身
的地位受到質疑，因為高達美的著作的標題包含著這樣一個諷刺：
方法並非通達真理的途徑。相反，真理逃避具有方法的人。」❺《解
釋學：閱讀「真理與方法」》的作者維恩謝爾默 (J. C. Weinsheimer)
則認為：「高達美不去定義方法，是《真理與方法》一書的典型。這
本身就體現了對於本書有關內容的方法的懷疑。」❺

　　更有甚者是，不少人在對高達美的這個書名題目作獨特的解釋
時，還為它另外設想了題目。他們或者認為這是高氏的本意，或者
認為那是比原題更好的題目。如《批評的循環》的作者荷伊 (D. C.
Hoy) 就認為，「真理與方法」這個諷刺性的書名所暗示出來的，是
那種相信方法完全客觀性的錯誤觀點。這個書名是一個故意作出的
反語，因為高達美已經觀察到，真理並不能由方法來加以保證。理
解並不是一個去獲得關於先前給定現實的永恆正確的認識問題，相
反，它是一種具有效果的發生，一種行為的形式。因此，按荷伊的
解釋，高達美原計劃把他的著作定名為「理解與發生」(Verstehen
und Geschehen)。❺

　　瓦爾克 (Georgia Warnke) 認為，按高達美的設想，解釋學不再
被看作一種關於客體的理解方法的對話。它不再著力去闡述一套解
釋規則；相反，他轉向對一般性理解的可能條件的說明。照他的看
法，這些條件暗中破壞了對方法與客觀性的信仰。對自然現象與歷
史現象的考察都根植於歷史之中。歷史和傳統的獨立性並不是方法
以任何方式可以超越的。瓦爾克說：「在介入這一傾向時，我注意

---

❺　帕爾默《解釋學》，頁163。

❺　維恩謝爾默《解釋學：閱讀「真理與方法」》，頁1。

❺　荷伊《批評的循環》，頁92～93。

到高達美更早些時候也許曾將他的著作取名為「客觀性與方法之局限」(Objectivity and the Limits of Method)。」㊳

格龍丁(Jean Grondin)在其《解釋學的真理?》一書中說:「……『真理與方法』這一標題驚醒了眾所周知的虛假的期待,即這本書並沒有對真理作理論的探討,更不要說方法了。」㊴ 本書取而代之的是對理解的歷史性、傳統的力量以及世界觀的語言性的豐富探討。他說,高達美不承認在自然科學方法中有一條通向真理的非常合法的途徑,也不承認在人文科學內為方法留有餘地,而是相反,承認「在一種『在前的』(vor)和『更好的』(besser)之中顯著存在的真理因素,以使科學之外的世界更好地發揮作用。本書的標題也可以有另一種稱法:『方法之前的真理』(Wahrheit vor der Methode)。」㊵

里柯 (Paul Ricoeur) 對於《真理與方法》一書的標題也有他自己的解釋。他在〈解釋學的任務〉一文中說,高達美這一著作本身就包含海德格的真理概念與狄爾泰的方法概念之間的對立。不過問題是本書在什麼程度上可被正當地稱為「真理與方法」, 而不應當被稱作「真理或方法」。他顯然認為高達美的本意是指後者,因為高氏只給出了一種可能,即要真理就不要方法,要方法就不要真理。㊶他在另一部著作中說: 「真理與方法之間必須有一個選擇: 由此才產生了『真理與方法』這一標題。」㊷

㊳ 瓦爾克(Georgia Warnke)《高達美: 解釋學、傳統與理性》,劍橋, 政治出版社, 1987年, 頁3。

㊴ 格龍丁《解釋學的真理?》,頁1。

㊵ 同上, 頁4。

㊶ 里柯《解釋學與人文科學》,頁60。

㊷ 見里柯主編的《哲學的主要傾向》,紐約, 1979年, 頁286。

維恩謝爾默 (J. C. Weinsheimer) 在其《解釋學：閱讀「真理與方法」》中說：「甚至本書的標題也展示了這種開放性。它並非反諷的——如果那樣的話，這一斷言就意味著，本書的標題實際上就應當是『真理或方法』。確切地說，真理和方法仍處於未解決的張力之中，二者既肯定沒有同一性，但又不是二分化的。」❺❽

對於以上學者的解釋，伯恩斯坦 (Richard J. Bernstein) 也看到了，並且還參與到對這個標題的解釋中。他說，一些評論家對高氏這本書的標題提出了質詢，這些人不僅想弄懂「真理」與「方法」的含義，而且還想理解其中的連接詞「與」(und)。這顯然是指里柯。因為里柯將「真理與方法」改成了「真理或方法」。同時，伯恩斯坦還注意到，高達美開始並沒有選擇「真理與方法」這個書名。雖然高氏並沒有著意去表現真理與方法之間的這場對立的遊戲，但從他重在使二者分離而不是使二者結合上來講，「真理對方法」(Truth versus Method)也許是一個更合適的題目。❺❾

伯恩斯坦在其〈從解釋學到實踐〉一文中說：「為了將哲學解釋學與一種歷史主義的相對主義形式區別開來，訴諸於真理——這種真理超越了我們自己的歷史視域——是至為本質的。……但是這種真理在此恰恰意味著什麼？它所意指的在於說明存在著一種『保證真理』的提問和研究學科嗎？人們也許很奇怪（雖然我認為並非

---

❺❽　維恩謝爾默《解釋學：閱讀「真理與方法」》，〈序言〉，頁XI。

❺❾　伯恩斯坦《超越客觀主義和相對主義》，頁114、115；在本書末尾還附有一封高達美給作者的信，信中說：「當您談到我著作結尾的轉折時，好像我所意指的保證真理的『學科』(Disziplin)是一種科學方法。但這是一種誤解。在此，我是在此詞的道德含義上來意指『學科』的，『保證』也明顯不是指方法論成就。」見本書頁263。

偶然)，在題為『真理與方法』這本著作中，真理這一論題並未完全
成為主題。它僅僅是在書的最末處才被簡略地討論。」[60]

《真理與方法》一書的主要目的，是通過批判方法，來為其理
解的真理觀開路。所以瞭解和參照目前西方著名學者對高達美這本
書的書名的評價和解釋是頗有益處的。它不僅有助於我們看清高達
美批判方法的實質，而且還能為以下各章中將要探尋的高氏真理觀
理清一條重要的線索。

2.方法論批判的意義

當然，自然科學方法對人文科學方法的影響是巨大的，它遠不
限於高達美所論及的休謨、穆勒、狄爾泰等人。康德的認識論方法，
謝林的自然哲學（它作為科學之女王具有統馭一切科學的特權，但
它首先是各門具體科學的概述和總結），都打上了科學的印跡或表明
了它們與科學的密切關係。另外，現代西方各流派受自然科學方法
影響的亦不乏其例。邏輯實證主義、結構主義和科學哲學均是其代
表。十九世紀後期取得統治地位的新康德主義的價值歷史哲學也是
高達美批判的對象。高氏早期在新康德主義的大本營馬堡和弗萊堡
遊學多年，受其影響較大(如新康德主義代表人物Paul Natorp)。不
過他中、晚期則開始表述他對這個學派的不滿，一是他們在方法上
的主觀任意態度，二是他們對價值與科學所作的僵硬劃分。[61]

高達美方法論批判的意義是顯而易見的。首先是他在科學統治

---

[60] 見《解釋與實踐》(*Hermeneutics and Praxis*)，由羅伯特·荷林格爾
(Robert Hollinger) 編，Notre Dame大學出版社，1985年，頁282。

[61] 見高達美的《讚美理論》，美茵法蘭克福，祖康出版社，1985年版，
頁70。

人而導致異化出現的今天要人們保持清醒的理智，不要盲目崇拜方法乃至將方法神話，不要盲目相信科學會解決人的生存危機、價值危機和信仰危機，這也是近代歐洲大陸哲學中的主題；其次，那種唯方法至上的思想在當今各門哲學派別中均有典型的體現，如實證主義的實證方法和經驗論方法，科學哲學中的證偽方法，科學範式方法等等；第三，也是最重要的一點，是高達美力圖發展(更精確地說，恢復，即恢復古希臘的)一套解釋學的真理，這是他一生竭盡全力為之奮鬥的目標，也是其整個體系的核心。為了走向解釋學的真理，按他自己的設想，就必須對方法作徹底的清理。因為方法並不是他走向真理的途徑，而是障礙。所以他的哲學解釋學的開創之作定名為「真理與方法」，這不能不說是其匠心之所在。

　　但是高達美消解方法的激進作法同時招致了一些人的反對，當然調和折衷者也不乏其人。如與高達美齊名的法國現象學解釋學家里柯就認為，高達美越過了認識論和方法論這一環去直接接觸本體論問題是走了捷徑。這實際上造成了方法論的貧困。他本人則廣採眾長，用現象學、精神分析學、語義分析學等方法來展示被西方哲學遺忘了的存在。這種新方法的建設也是里柯解釋學的任務之一。在這一點上，有人認為意大利著名法律史家貝蒂和美國解釋學家赫施與里柯一道，都將解釋學推進了一步，**⑫** 這也是不無道理的。同

---

⑫　如美國的波爾金荷恩(Donald Polkinghorne)在《人文科學方法論》(紐約州立大學出版社，1983年版)一書中就將解釋學劃分為三個階段：狄爾泰是第一階段，高達美與海德格是第二階段，里柯、貝蒂與赫施則通過肯定各種解釋努力的可能性方法克服了第二階段，進入第三階段，他們都批評高達美解散了作為一種方法的解釋學並使之變成為一種知識的作法。參見本書頁214、215、232。

樣，高達美的方法理論在德國批判解釋學家哈伯馬斯 (Jürgen Habermas) 那裏遇到了最為有力的挑戰。他既稱讚了高氏對方法的批判喚醒了方法論的自覺意識，另一方面則又指責高氏對方法論建設的缺乏助長了實證主義對解釋學的貶低。而他本人則從語言學的角度更多地從方法上去關心語言怎樣成為公共交流工具。

對於方法的歷史變化，高達美從未談到，似乎也是有意忽視了這一點（托馬斯・庫恩的《科學革命的結構》在高氏《真理與方法》出版兩年後問世）。他所批判的方法，主要是經驗歸納法和笛卡兒的演繹法。特拉斯 (David Tracy) 在其《類比的想像》中認為高達美是在「牽強地反對所有方法」 ⑥ 。布萊希爾也表示：「與社會的方法有關，解釋的反思涉及到它們的運用 —— 不是依照一種預先建立的方法論，而是由於對象的構成。」 他認為解釋方法和說明方法均可使用。前者是「有意義的」，後者則是「類似自然的」。某些理論學家在人文科學和自然科學之間辨別出的由於二者的不可調和的方法所出現的二分，結果是站不住腳的。因為方法和普遍客觀化方法二者都是在一種先理解中被運用的。 ⑥

維恩謝爾默 (J. C. Weinsheimer) 則批評說，在高氏看來，方法本身是沒有歷史的，也就是說沒有變化的。其實，現代科學哲學發展了許多新的概念，如實證方法、證偽方法以及科學研究綱領方法等。因此他得出結論說：「高達美（所批判的）自然科學方法的某些特徵現在已不再站得住腳了。」 ⑥ 出於同一理由，伯恩斯坦則說明

---

⑥ 見維恩謝爾默《解釋學：閱讀「真理與方法」》，頁20。

⑥ 見布萊希爾 (J. Bleicher)《解釋學的想像》，Routledge & Kegan Paul Ltd., 1982年。

⑥ 《解釋學：閱讀「真理與方法」》，頁20。

在解釋學理論與由費耶阿本德 (Paul Feyerabend) 等人所發展的當代科學哲學之間有某些交接點。他說，高達美在將真理與方法嚴格分離時，依賴的是一種科學的形象，現在，後經驗主義哲學和科學史已向這種形象提出了質疑。⑥「高達美對真理的立場也涉及到放棄一種二分，並且提出有一種聯繫對啟蒙思想是至為核心的。在反對真理與偏見之間的二分時高達美爭論道，真理並不涉及對偏見的拒絕。但是他甚至更為加強了他的這一論證，即啟蒙時代真理與科學方法之間的聯繫是錯誤的……高達美使真理與方法分離不可避免地導致他負有相對主義之責，也負有模糊性和不連貫性之責。有人爭議說，除非我們具有真理的(方法論)標準，否則我們就不能區分真理與非真理。」⑥

在反對方法上，高達美與科學哲學的極端分子費耶阿本德似乎有相當的類似之處，因為二者都極力反對方法，都在方法論上表現出一種很強烈的虛無主義和相對主義思想，並且二人都在反對方法中同時引入了一種歷史的和人文主義的因素。但是，費耶阿本德的反對方法的思想究其實質，是與高達美對方法的清理不相同的。因為費氏並非不要方法，而是反對方法的獨裁和單一的統治，因為科學及其方法只是人類眾多思想形態中的一種，而且還不一定是最好的一種。因此，他提倡多種方法並存，各種方法、各種科學(包括迷信) 都有其存在的權利。只要能實現科學的探究，「怎麼都行」

---

⑥ 見伯恩斯坦的《超越客觀主義和相對主義》，頁30、168、169；亦見狄申索(James Dicenso)在其《解釋學與真理的揭示》一書中的評論，弗吉尼亞大學出版社，1990年，頁91。

⑥ 見黑克曼(Suan J. Hekman)的《解釋學與知識的社會學》(*Hermeneutics and Sociology of Knowledge*)，政治出版社，1986年，頁116。

(everything goes)。⑱

　　以上解釋學家對高達美的挑戰從某種程度上來說反映了高氏方法論批判的缺陷。高達美從歷史中感到不時遮覆在人文科學中的方法論陰影。由於這種陰影，真理不能彰現出來，所以他對方法的批判反映出他力圖拯救人文科學的努力。他極力拯救人文科學的真理如同海德格拯救存在、真理一樣，都是出於一種矯枉過正的需要。但是，他卻在這種矯枉過正中注入了一種偏激的激情。如貝蒂所說：「海德格與高達美都是解構客觀性的批評家，他們希望將解釋學插入到無標準的相對性的泥沼中去。」⑲歷史中的理解不存在客觀性，這一相對主義主張正是導致他反對方法的基礎。因為是方法造成了主—客體的二分，並在這種二分中使主體謀求對客體的客觀性理解。高達美徹底地打破了這一幻覺，並在這方面與現代史學的相對主義代表人物柯林武德、克羅齊、湯恩比等人遙相呼應。另一方面，我們也必須知道，高達美並非一味地反對方法。他反對的是方法論上的客觀主義和絕對主義。客觀主義方法明顯從科學方法脫胎而來，而絕對主義則是唯方法至上觀的一種極端表現。事實上，人們如果理解這點，就知道高達美並沒有要人放棄方法。無論方法是否人為，但總是存在，並且消融不掉。他本人的解釋學就運用了現象學和辯證法這兩種方法。讀過他的〈現象學與辯證法之間〉的人一定會深有所悟。這篇文章高氏非常看重，故將它作為《全集》第二卷（即《真理與方法·補充和索引》）的前言。所以說，我們如果不理解高達美反對方法的原初含義，如果我們不理解他為了走向解釋學的

---

⑱　見費耶阿本德 (Paul Feyerabend) 的《反對方法》，上海譯文出版社，1992年，頁6、252～269。

⑲　轉引自波爾金荷恩《人文科學方法論》，頁229。

真理而對方法所作的清理，我們對他的評價就會失之偏頗，更無法
去理解他以後所論及的真理。

　　總體來看，高達美對方法的批判仍具有開拓性的貢獻。而現代
對其所作的各種批判只是展示了其微不足道的瑕疵而已。但瑕不掩
瑜。追求完全正確和全部真理只是黑格爾式的幻覺，這正是他要批
判的。他的相對性傾向不過是給人文科學的理解的意義性開闢了一
條可供通行的道路罷了。這也許就是他在解釋學經驗中展示的開放
性，當然也是一種視界融合。客觀上無論高達美承認與否，他的彰
現真理的努力實際上為人們尋找新的通向人文科學的方法提供了可
供選擇的途徑。這樣就與高達美的整個思想——即解釋學具有普遍
性的主張不謀而合了。他對科學方法的批判實是為了喚回被流放在
外和被異化了的人文科學的真理，並由此給在科技統治的社會中的
人展示一種新的前景：

　　　　當科學擴張為一種全面的統治，從而導致「在的遺忘」的「宇
　　　宙之夜」這種尼采預言過的虛無主義之時，難道我們可以靜
　　　觀黃昏落日的那最後一抹餘輝，而不轉身去觀望紅日重升的
　　　第一道晨曦嗎？ ❼⓿

---

❼⓿　《真理與方法》，頁XXIII。

第三章 方法背後：
真理問題的重新審視

　　本章將著重論述高達美真理觀產生的根源、背景及其意義。在《真理與方法》中，高達美發人深省地提出了真理與方法是何關係這一古老的問題。對這一問題的傳統回答是：方法與真理密不可分，方法是通達真理的唯一途徑。真理必須借助於方法才能被人揭示。作為一個卓有建樹的哲學家，高達美對此問題提出了質疑。他看到由於當今科學技術的昌盛和統治，人們在孜孜以求探尋真理的同時實際上已忘掉了本真的真理。就像海德格憂然唱嘆人在發現在者時導致對在本身的遺忘一樣。這種舍本求末、急功近利的做法已成為現代人的一大特徵。因此，高達美對方法、尤其是對自然科學方法的批判正是要人們轉向被方法掩蓋著的，即方法背後的真理。對方法的批判並非目的，而是為給真理的發現清除障礙。《真理與方法》整部書的標題的用意正在於此。這一主題貫穿了其學術生涯的整個時期，雖然表述各不一樣。本文正是要說明，高達美是如何透過方法對真理問題作重新審視的，也就是說，論述高達美真理觀產生的起源、背景及其意義是怎樣的。為了便於我們更好地將高達美的真理觀與西哲史出現過的形形色色的真理觀區分開來，還有必要先對

那些真理觀作一簡單的論述。

一、西方真理觀概說

真理(Wahrheit)是西哲史上的一個古老和基本概念。按詞典上的解釋，真理源於古希臘的aletheia（古希臘原文是αληθεια，拉丁詞是veritas），原意為去蔽、展現、揭示(entbergen)。真理並不意味著關閉，而是指開放，指開放自身的活動。真理作為Unverborgenheit（去蔽狀態），在早期希臘人那裏意味著對存在的解釋，❶ 而非指對主體(Subjekt)（即認識、陳述、判斷的範圍）的解釋。海德格重新挖掘了真理作為 aletheia（即揭示、去蔽)這一古希臘的本意，即真理的本源性含義，並稱這種真理為 Lichtung（澄明，林中空地，去除遮蔽狀態）。❷ 在古希臘以後，特別是在近代、現代哲學中，真理論一直是認識論的根本問題。在漫長的西方哲學發展史上，出現過幾種不同的真理理論，如符合論、融貫論、實用論、語義論和多餘論等。海德格和高達美則另闢蹊徑，在上述幾種真理論之外去重新發掘古希臘的真理論源泉，從而開創了本體論的真理論或存在論的真理論。

符合論(Korrespondenztheorie)的基本思想在於強調命題或判斷與客觀實際相符合。符合論歷史悠久，它可以上溯到古希臘的亞里斯多德(在柏拉圖思想中也有符合論的萌芽)。照亞里斯多德看來，命題或判斷乃是對客觀事物的描述，它們的真假也取決於是否如實

---

❶ 見《哲學基本概念手冊》，卷3，慕尼黑，1974年，頁1651。

❷ 海德格〈論真理的本質〉，轉引自克勒爾(David Krell)編輯的《海德格基本著作》，紐約，哈佩和勞出版社，1977年，頁140。

描述了客觀事物。他的典型表述是：「凡以實為實、以假為假者，這就是真的。」 ❸ 亞氏的這種符合論真理是建立在他的認識論基礎上的。海德格說：「亞里斯多德這位邏輯之父把判斷認作是真理的源始處所，又率先把真理定義為『符合』。」❹ 這一真理觀作為不言自明的東西一直盛行於西方哲學史。在海德格和高達美看來，這乃是西方認識論或方法論的迷霧之源，因為它並沒有源始地把握此在在世現象，沒有擺脫認識論中主—客體的二分。近代的洛克和現代的維根斯坦也是持這種符合論觀點的代表。

融貫論(Kohärenztheorie)一譯貫通論或一致論。其基本論點是：真理表現為一組命題之間的貫通關係或相容關係，亦即一個命題的真理性取決於它是否與該命題系統中的其他命題相一致。在古希臘，已有融貫論的萌芽。近代的斯賓諾莎、萊布尼茨和黑格爾等唯理論者則是持融貫論真理觀的典型。這些唯理論者大多認為感覺經驗不可靠，不能提供真理，相反，他們倒是贊成像數學那樣嚴密的演繹推理，相信能從其中推出一系列確實可靠的知識。如斯賓諾莎在推演其哲學體系時就採用了幾何學的方法。他說：「我將要考察人類的行為和欲望，就如同我考察線、面積和體積一樣。」❺ 因為數學「可提供另一種真理的典型。」❻ 在黑格爾的陳述中，融貫論的主要信條表現為：「真理是全體。」❼ 認識的自我運動就是從片面抽象到全面

---

❸　亞里斯多德《形而上學》，北京商務，1991年，頁79。

❹　海德格《存在與時間》，北京三聯，1987年，頁258。

❺　斯賓諾莎《倫理學》，北京商務，1958年，頁90。

❻　同上，頁36。

❼　黑格爾《精神現象學》上卷，北京商務，1983年，頁12。另見高達美《全集》卷2，頁52。

具體的過程。在認識中，概念之間相互聯繫、相互轉化，從而達到對立的統一。所以黑格爾用真理是全體這一命題，來表達概念的聯繫、轉化和統一。這種真理講求的概念與概念之間的符合與否，而不是概念與實在的符合，所以說黑格爾是典型的融貫論者。

符合論和融貫論是兩種主要的傳統的真理理論。現代哲學在此之外還有一些新的發展，如出現了實用論、語義論、多餘論等真理理論。實用主義的判斷標準是理論、觀念是否具有效用，即從實際效果來考察真理的意義。詹姆斯說:「只要我們相信一個觀念對我們的生活是有益的，它就是真的。」❽ 杜威等人也持同樣的觀點。語義論真理觀(其代表塔斯基)試圖以現代邏輯為手段，從語義學角度給真理下定義。但這只涉及到真理的表達，而未涉及真理的實質。多餘論真理觀(其代表拉姆塞、艾耶爾等)則認為真理問題產生於語言混亂，「真的」和「假的」這兩個謂詞是多餘的，將它們刪去後不會引起語義上的損失。

縱觀形形色色的西方真理理論，我們可以看到，它們的提出都是有一定的歷史背景和理論背景的，它們都反映了和發揮了理論和現實的某一個方面。馬克思主義的真理論重在於理論與現實的結合，重在於理論對現實的改造作用，因此這種能動的反映論是有別於符合論和其他真理理論的。按照這種反映論，真理是對客觀存在著的事物及其規律的正確反映，真理與謬誤的區別在於是否正確地反映了客觀實際。高達美拋棄了上述各種真理，重新返回到古希臘的真理源泉，並吸取了柏拉圖、亞里斯多德、黑格爾和海德格等人思想中的真理因素，從而提出和展示了自己的一套真理學說。

---

❽　詹姆斯《實用主義》，北京商務，1979年，頁41。

二、尋找原型：以古希臘哲學為典範

　　高達美的真理觀並沒有基於上述各種真理理論，但它也並非憑空設想出來的。高氏以自己飽學的古希臘哲學知識和哲學史知識，對真理的產生和發展作了精心的研究，從而在古希臘人那裏發現了真理的源頭，並認為這種源頭在遮蔽了許多世紀後，才由海德格重新提出並加以發揚光大。當然，在海德格之前，黑格爾也在設計其龐大的哲學體系框架時涉及到這一問題。這裏，值得一提的是，高達美對真理的源頭及其發展的探討並不是在《真理與方法》一書中完成的，而是散見於各個時期的文章之中。這些文章中較為重要的有：〈人文科學中的真理〉(1953)、〈何謂真理？〉(1957)、〈藝術作品的真理〉(1960)、〈論詩對探索真理的貢獻〉(1971)等。❾ 雖然高達美並不像海德格在前期和後期都對真理問題有集中的論述，並且側重點也有所不同，但其主題卻是一貫的，即他所探尋的真理是一種前科學的真理，這種真理存在於主—客體的二分之前，存在於人用主—客體的二分法去把握他的研究對象之前，即主—客體的符合之前。並且真理作為程序，還具有歷史性這一本質特性。

　　高達美曾在〈解釋學作為實踐哲學〉中說：「……我們的全部文化生活甚至作出了這樣的證明：我們思想中最古老的本體論源頭正是發自古希臘哲學。」❿ 作為海德格的學生，高達美同其先師一樣，對古希臘哲學進行過深入的研究。他的《全集》中有三卷都是研究

---

❾　這些文章分別載《全集》卷2、卷4和《短論集》卷4（圖賓根，1977年）。

❿　《科學時代的理性》，美茵法蘭克福，祖康出版社，1980年，頁94。

古希臘哲學的。他時常自稱為「柏拉圖的研究者」，⑪ 並說：「我的思想構成得益於柏拉圖的對話，要遠遠超過德國唯心主義的偉大思想家。對話提供了唯一無二的夥伴。」⑫ 當然，亞里斯多德也是其研究的主要對象。

關於真理，高達美是從古希臘詞源 aletheia (αληθεια) 著手的。aletheia本意為「去蔽」(Unverborgenheit)，即去除遮蔽，恢復事物的本來面目，明白地說，就是「開放性」的意思。這點高達美也得益於海德格，但「這並不是海德格首先認識到的」，⑬ 因為海德格也是將真理一詞追溯到它的古希臘詞源上。高氏所說的真理是一種前科學的、或者說前蘇格拉底的真理，這種真理源於古希臘的巴門尼德 (Parmenides)。海德格說：「哲學自古把真理與存在相提並論」，而「首次揭示了存在者的存在」的人，則是巴門尼德。⑭ 巴門尼德在《論自然》殘篇中分析了「真理之路與意見之路的對立」。巴門尼德首先指出了兩種研究方法，一種是本質的（「存在的」），一種是現象的。他接著指出後者是不可靠的（關於它的知識是「意見」），於是只剩下一條途徑，即存在之路，真理之路。存在是永恆不變的本原，是「一」；宇宙間諸事物是「多」。⑮ 海德格和高達美以後所要恢復的存在就是巴門尼德的那種「一」(Das Eine)，而非「多」(Das Viele)。巴門尼德在談到那兩條研究途徑時說：

---

⑪　《全集》卷2，頁227。

⑫　同上，頁500。

⑬　同上，頁46。

⑭　《存在與時間》，頁256。

⑮　葉秀山《前蘇格拉底哲學研究》，北京三聯，1982年，頁149、150。

⋯⋯

> 一條是存在而不能不在
> 這是確信的途徑，與真理同行；
> 另一條是非存在而決不是存在，
> 我要告訴你，此路不通。
> 非存在你不認識也說不出，
> 因為這是不可能的，
> 作為思想和作為存在是一回事情。❻

　　這裏，巴門尼德提到了「存在與思維的同一」。他是西哲史第一個作此斷言的人。這種同一是一種源始的同一，是主—客體還混然未分的前科學狀態。這種前科學狀態也就是海德格和高達美所說的真理。在談到真理的起源時，高達美還引用了赫拉克利特的話：「自然喜歡隱藏 (verbergen)其自身。」❼ 這種「隱藏」，也是真理本身的特性。

　　在高達美看來，蘇格拉底的辯證法也用對話形式表現了真理。人們通過各種對話，就參與到真理之中(Teilhabewahrheit)。辯證法的提問方式便是提問和回答。提問就是進行開放。被提問的東西的開放性在於回答的不固定性。被提問的東西必須是懸而未決的，這樣才有一種確定的決定性的答覆。回答的不確定性和開放性構成了提問的意義。蘇格拉底辯證法的真理含義正在於此。值得注意的是，蘇格拉底的對話作為揭示的辯證法，是與修辭學密切相關的。照高

---

❻　巴門尼德《殘篇2》，轉引自《古希臘哲學》，中國人民大學出版社，1992年，頁92。

❼　《全集》卷2，頁46。

達美看來，當時的修辭學就是「關於人類事務的知識」，⑱它的目的旨在於達到「善」。

再談柏拉圖。高達美在談到柏拉圖《第七封書信》中的辯證法與詭辯時說：「什麼是柏拉圖的辯證法？它自一開始就指向和引導談話。通過這種談話，蘇格拉底成為歐洲的著名人物。」

「……柏拉圖哲學給我們提出的最難的問題之一，是他從蘇格拉底交談藝術中發展成形的兩種處理方式，即在對立面中思維訓練，以及那種概念劃分的處理，本來是如何聯繫在一起的。」⑲

柏拉圖列舉了四種傳達認識的途徑：

1.名稱以及詞(Onoma)

2.證明以及概念規定(Logos)

3.現象，例證性的影像，範例，圖形 (Eidolon)

4.知識自身

但他又斷定，這四類均不能保證事物自身的本來面目會被人認識，因為他們都不能提供確實性。⑳

柏拉圖在《斐多篇》中提出要「逃入邏各斯」(Die Flucht in die Logoi)，那種談話在柏拉圖哲學中提供了唯一通向知識的途徑。任何見解都有可能被搗亂，哲學也不斷地發現自己不時伴隨著它的陰影，即詭辯。作為辯證法，哲學總是在蘇格拉底的討論中尋找自己的源頭。純粹的談話，不論多麼不可信，「總是可能在人們之中產生理解，也就是說，都能使人成為人。」㉑

---

⑱　高達美《讚美理論》，美茵法蘭克福，祖康出版社，1985年，頁68。

⑲　《全集》卷6，頁90。

⑳　同上，頁96。

㉑　同上，頁115。

柏拉圖充分展示了蘇格拉底的對話和辯證法。他的政治—倫理思想，成為高達美早期「政治的解釋學」的主要研究對象。高達美拋棄了亞里斯多德的符合論真理觀，認為它是西方真理觀誤入迷途的開始。但是，亞里斯多德在《尼各馬可倫理學》等著作中表現出來的實踐、實踐智慧、善、理性等倫理觀與柏拉圖的倫理思想一道，成為高達美後期真理學說的直接來源。

對於希臘的古典思想，高達美要我們用同以往截然不同的方式去理解，要我們確信，我們現在的視角並無優越性可言，我們並不能認為我們就超越了古代的思想家，我們擁有的無限精確的邏輯並不能使我們達到完滿的理解，相反，倒是應該深信，哲學即是人類的一種體驗，這種體驗始終不變，它表明人類存在本身的性質，在此體驗中並無任何進步，有的只是分有。今天這種情況仍舊存在，即使對於被科學所鑄造的文明來說，亦是如此。

三、批判與復興：黑格爾再認識

其實，早在黑格爾之前，在康德哲學中就存在著一種「解釋學的轉折」。高達美說，康德的「理論理性」批判，實際上是反對如下試圖的，這些試圖即：發展實用技術、將我們計劃的合理性、計算的準確性以及預測的可靠性與我們確定無疑能知道的東西混淆起來。由此，「康德的批判轉向在解釋學哲學中也就並未被人遺忘，而且為海德格接納狄爾泰奠定了基礎。目前，這種轉向在解釋學哲學中，同在柏拉圖那裏一樣，把所有的哲學活動理解為靈魂同自己本身的無限的對話。」[22]

---

[22] 《全集》卷3，頁222。

再說黑格爾。在當代人們對黑格爾普遍存在著一種厭倦情緒時，高達美通過其深入的研究而重新宣佈了對黑格爾遺產的繼承問題。❷他說他早年就給自己提出了一項任務，即把古代哲學家的辯證法與黑格爾的辯證法聯繫起來，以便通過它們的相互關係來闡明它們。高達美的研究成果包括《黑格爾五論》(1971)、《黑格爾遺產》(1979) 以及其他一些為數不少的專論黑格爾的文章（部分文章載於《全集》第三卷中)。高達美對黑格爾的繼承主要表現在他最富於辯證法的方面即歷史方面。他說：「黑格爾從 (概念) 中揭示了自我意識的辯證法。這正是黑格爾思維辯證法的一個最傑出之處。」❷在黑格爾那裏，「理念是自在自為的真理，是概念和客觀性的絕對統一。」❷真理就是概念的實現。概念是在現實事物的總體中及現實事物的相互聯繫統中實現自身的，因而真理是全面的、具體的。「真理是全體」。真理自身包含著主觀與客觀、同一與差別的內在矛盾，但真理自身所包含的區別與對立並不是固定的、僵化的，而是相互過渡、相互轉化，因而是具體的統一。所以說真理(理念)自身就是辯證法。在黑格爾看來，作為全體的真理乃是作為歷史的、程序的、否定的、創造性的經驗(Erfahrung)。所以高達美說，黑格爾是「經驗的辯證要素的最重要的見證人」，在他那裏，「歷史性要素贏得了

---

❷ 我認為高達美對黑格爾哲學遺產的繼承和重新維護隱含著一種他想復興黑格爾——嚴格地說，復興黑格爾的形而上學——的傾向，雖然他去掉了黑格爾形而上學中的唯心主義方面。實際上，我們從高氏後期的哲學思想中可以看出，他的真理有點像黑格爾形而上學追求的「全體」。他的體系的框架也與黑格爾形而上學的體系框架有類似之處。

❷ 《科學時代的理性》，祖康出版社，1980年，頁46。

❷ 黑格爾《小邏輯》，北京商務，1981年，頁397。

它的權利」❷。在黑格爾看來，經驗是一種辯證的運動，它具有不可重複性。正如沒有兩片相同的樹葉一樣，也不可能有兩次同樣的經驗。但是新的經驗卻包含著舊的經驗，「新的對象包含著舊的對象的真理」❷。新的經驗並不僅僅意味著推翻先前的經驗，而是揚棄，既克服又保留。它表示知識處於一個更高、更新的階段。我們在經驗中不僅能知道得更多，而且能知道得更好。黑格爾曾以老人和小孩為例，說明他們儘管能說出同樣的話，但表達的卻是不同的內涵和不同的經驗。

高達美之所以非常讚賞黑格爾的經驗的辯證法，是因為它表達了歷史的真理，儘管這種真理是用思辨的形式表達出來的。黑格爾告訴我們，舊的命題形式不適宜表達思辨的真理，它必須在新命題對舊命題的揚棄中來實現。同樣，高達美解釋學的問答邏輯也表明，它自身就是關於問題和回答的辯證法，其中，問和答不斷地交流，並消融在理解的運動中。由此，高達美認為，這種對話與辯證法的統一就使我們將黑格爾與柏拉圖聯繫起來，並使解釋學經驗獲得了自由。❷他還說，黑格爾將正題—反題—合題的三段論辯證法運用於世界歷史，把歷史解釋為自由的發展，這些，都是黑格爾思想中的合理因素。

高達美在繼承黑格爾辯證法中的合理因素時，也注意到它的缺陷。首先高達美拋棄了黑格爾的形而上學因素，認為辯證法並非是意識的運動，而是經驗的運動、對話、交流本身。這種經驗是歷史的經驗，歷史的經驗是開放的，因此經驗的真理時常包含了新經驗

---

❷ 《真理與方法》，頁336。

❷ 《真理與方法》，頁337。

❷ 《科學時代的理性》，劍橋，麻省理工大學出版社，1983年，頁47。

與舊經驗的關聯。黑格爾的意識的自我運動的辯證法由於在絕對理念中已達到頂峰，不再前進了，所以這種辯證法最終否定了歷史的因素，導致了經驗的結束。然而，高達美說，經驗的辯證運動的真正完成並不在於某種封閉的認識，而在於通過經驗本身促成的對於經驗的開放性。其次，高達美否定了黑格爾在認識歷史的理性時希望將自然與歷史、自然與社會在其宏大的哲學體系內作最後的綜合的企圖，因為他在這樣做時斷定了一種絕對的、理性的真理。這是一開始就註定要失敗的。㉙

　　高達美還再次肯定了黑格爾的「惡無限」(schlechten Unend-lichkeit)有一種積極的意義。他說：「就此而言，黑格爾稱之為的惡的無限性，就是作為這樣一種歷史性的歷史經驗的結構因素，……一種朝向永無止境的目標的運動，實際上表明是一種惡的無限性。在此，思想不可能停滯不動。」㉚ 另外，他又說：「我從來都承認自己是那種『惡』無限的辯護者。這種惡無限使我處在與黑格爾之間相當緊張的接近中。無論如何，在《真理與方法》中，處理反思哲學界線和過渡到經驗概念的分析這一章就試圖說明這一點。」㉛ 高氏表明，他已做到利用黑格爾有爭議地使用的「反思哲學」這一概念來反對黑格爾本人，並且在其辯證方法中看到與現代的科學思想一種糟糕的妥協。

　　高達美正是在這種繼承和否定的基礎上，重新提出了對黑格爾遺產的繼承和發揚的問題。黑格爾是他的對話夥伴，其辯證法也是他真理的構成內容之一。因此，「承認自己是黑格爾的繼承人才是有

㉙　《科學時代的理性》，劍橋，頁39。

㉚　《全集》卷3，頁221。

㉛　同上，卷2，頁8。

意義的」❸，並且，「問題不是要作黑格爾的門徒，而是要使他代表的挑戰深入人心」❸，因為在此挑戰之下，解釋學的基本經驗才展示了它的真正的普遍性。

四、走海德格之路

1. 淵源關係

這裏，先引述一段高達美在《哲學的學徒之年》中回憶海德格的話：

> 1974年秋，當馬丁・海德格慶祝他誕辰八十五周年時，也許
> 令許多年輕人感到驚奇。數十年來，這個人的思想已成爲普
> 遍意識的一部分。儘管在這個星球上一切都發生了變化，但
> 他在我們這個風雲變幻的世紀中的地位卻超越了一切爭議。
> ……海德格在馬堡作教師時，他的影響已經逐步上升，隨著
> 1927年《存在與時間》的出版，這種影響已深入人心。單就
> 是這一項他就贏得了世界聲譽。❸

高達美認爲海德格的影響還遠不止於此。他接著說：

> 然而，當克羅斯特爾曼(Klostermann)出版社通告說要出版海
> 德格七十卷版的全集時，整個世界肯定突然關切起來。即便

---

❸　《科學時代的理性》，劍橋，頁51。

❸　同上，頁50。

❸　漢斯—格奧爾格・高達美《哲學的學徒》，劍橋，1985年，頁45。

是一個對海德格一無所知的年輕人，當他注視著這個老人的
照片，看著他審視著自己，聆聽著自己，超越自己之上地反
思自己時，他也不可能漠然置之，熟視無睹。㉟

高達美在說這些話時，已經是年逾七旬的老人了。作為海德格
的學生，他始終沒有忘記自己先生的授業傳道之德。嚴格地說，他
作過三位老師的學徒：保爾·那托爾普 (Paul Natorp)、馬丁·海德
格和魯道夫·布爾特曼 (Rudolf Bultmann)。三人的影響各不相同，
但真正影響最大、最深遠持久的僅海德格一人。所以，研究高達美
早期思想的著名學者蘇里萬 (Robert R. Sullivan) 說：「高達美被描
述為一個海德格的追隨者，在某種明顯的意義上確實如此。他的內
心深受海德格1920年早期馬堡講學的影響，到現在，他也仍還是海
德格的狂熱讚賞者。」㊱ 至於高達美是如何瞭解和認識海德格的，高
氏也記述了這段歷史：

我精確地回憶起我是怎樣首次聽見他名字的。在1921年由莫
利茲·蓋格爾 (Moritz Geiger) 在慕尼黑主持的一個討論班
上，一位學生以一種不同尋常的表達方式作了一個熱情洋溢
的演講。後來我就此事問及蓋格爾，他以一種最實事求是的
方式說：「哦，他被海德格化了。」同樣的事情怎麼還未發生
在我身上？不到一年，我的老師保爾·那托爾普給了我一篇
40頁的海德格的手稿讓我讀，這是一篇有關亞里斯多德論解
釋的導言。這篇文章對我的影響有如電擊。……當然，我還

㉟　《哲學的學徒》，劍橋，1985年，頁46。

㊱　《哲學的學徒》，譯者導言，頁IX。

沒有充分理解到海德格對「解釋學狀況」的分析，此狀況在此被用作對亞里斯多德哲學解釋的導言……當我在弗萊堡首次被介紹給海德格時，我的眼界頓時豁然開朗。[37]

1923年秋，海德格作為一個年輕教授即將調去馬堡。為了向他的本土弗萊堡作別，他邀請了許多朋友、同事和學生到他的黑森林之家，參加一個夏夜慶祝會。高達美回憶這段情景道：「……大家坐在火堆旁，海德格作了一番令我們大家都銘感至深的講話。講話是以這樣的語詞開頭的：『驚醒夜晚的篝火……』，他的下一句是：『古希臘人……』。」[38] 眾所周知，海德格是研究古希臘哲學的著名學者，而高達美對古希臘哲學的貢獻也很大程度上歸因於海德格。

實際上，可以肯定地說，在真理觀上，甚至在整個哲學解釋學方面，高達美得益最多的是海德格。作為海德格的學生，高達美既繼承了海氏本體論的基本思想，同時又繼承了海氏的現象學方法。海德格對高達美的影響是多方面的，高氏的藝術、歷史、語言觀，無不有海德格思想的痕跡。高達美在他的許多專論海德格的文章(見高氏《全集》第三卷、《海德格之路》以及其它一些散見的文章)中都表現出他對海德格的讚賞和感激之情。高達美還將自己的一篇題為〈藝術作品的真理〉的文章作為海德格《藝術作品的起源》一書的導言出版。[39] 而海德格對他的學生和朋友高達美也是十分讚賞

---

[37] 《哲學的學徒》，劍橋，1985年，頁47。

[38] 《哲學的學徒》，劍橋，頁47～48。

[39] 見高達美《全集》卷3，圖賓根，1987年，頁249～261。關於海德格，高達美還有一段回憶。1949年，也就是正值海德格六十誕辰之際，準備出一本由高達美主編的紀念文集。但是在徵稿時幾乎有一半的人都

的。時值高達美六十周歲誕辰之際，海德格曾專為他撰寫紀念性的文章〈黑格爾與古希臘人〉。本文載於《近代思維中的古希臘人的當代：H.-G. 高達美六十壽辰紀念文集》。這篇文章也代表海氏和高氏二人的共同傾向。此外，二人的交往還見於一些書信往來之中。

對高達美與海德格進行比較，不僅有助於說明海德格的影響，而且還有助於說明高達美哲學解釋學的形成和發展。高氏解釋學的形成，其實很大程度上有繼承之意，即繼承海氏的思想，但繼承僅僅反映了高氏思想的一個方面。作為一個卓有成效的大家，高氏對海氏的思想作了很大的發揮和發展。不過在這裏，發揮和發展也有其特定含義：它常常不是指影響（因為很難說高氏思想的影響是超過海氏的），而是指開闢了一個新的方向。二人在真理、藝術、語言以及技術與方法這四方面均可以比較，這裏僅僅談談真理、技術與方法，藝術和語言則放到後面去談。

先說真理。在真理觀上，甚至在整個哲學解釋學方面，高達美得益最多的是海德格。高氏以自己飽學的古希臘哲學知識和哲學史知識，對真理的產生和發展作了精心的研究，從而在古希臘人那裏發現了真理的源頭，並認為這種源頭在被遮蔽了許多世紀以後，才由海德格重新提出並加以發揚光大。雖然高達美認為真理作為aletheia，「並不是海德格首先認識到的」**⑩**，因為海德格也是將真理一詞追溯到它的古希臘詞源上。但是，海氏對此的貢獻，遠遠不止是停留在對它的古希臘解釋上，他既對真理作了恢復性的解釋，也作了發揮性的闡釋。

　　　拒絕了。關於此事的記載，見高氏《哲學的學徒》英文版，頁155；法蘭克福德文版，1977年，頁193。

⑩　高達美《全集》卷2，1986年，頁46。

海德格在《存在與時間》中分析了古希臘的真理概念αληθεια。這個詞的前綴 "α" 類似於中文的「無」或者「非」，"ληθεια" 則有德文詞 "Verborgenheit"(隱蔽)之意。αληθεια (aletheia) 意為「無蔽」、「敞亮」。在存在敞開的同時，也使存在者得到揭示，即「使存在者如其所是的那樣顯現出來」❹。這裏，海氏所說的真理是一種前科學的、或前蘇格拉底的真理，這種真理源於古希臘的巴門尼德。因為巴門尼德在《論自然》殘篇中分析了「真理之路與意見之路的對立」，分析了「一」與「多」，並首次斷言了「存在與思維的同一」。這種同一是一種源始的同一，是主一客體還混然未分的前科學狀態，也就是海氏和高氏所說的真理。

高達美認為，海德格的主要功績，並不在於僅僅將存在 (Sein) 從西方形而上學傳統的牢獄中解放出來。在解放存在的同時，他還著力去解放為存在去除遮蔽的真理。他對真理的探討與對存在的探討一樣，是貫穿其哲學的始終的。他早期的《存在與時間》確立了真理的揭示觀；《論真理的本質》則是其轉折時期之作；《藝術作品的本源》是通過藝術來揭示真理的。

當然，海德格的真理觀也經歷了一個變化即轉折 (Kehre) 程序。這種前期向後期的轉折表現在他1930年的《論真理的本質》中。前期的真理觀帶有主觀的色彩，因為它強調真理與人(此在)是密切相關的，也就是說，真理離不開人，沒有人就沒有真理。這種主觀主義色彩在後來的《論真理的本質》中有所改變。因為在那裏，真理便不再是一種取決於人、取決於主觀的東西，相反，它倒是在某種意義上決定人。他斷言：「真理的本質揭示其自身為自由。」❷ 但這

---

❹　海德格《存在與時間》，北京三聯書店，1987年，頁258。

❷　克勒爾編《海德格基本著作》，紐約，1977年，頁130。在本書頁125，

種自由與我們常人所說的自由不同，它的涵義是讓存在者存在。自由是沒有主體的自由，由於這種自由，人便被拋入了存在的真理。在其後期《藝術作品的起源》中，他更強調了藝術對於真理即存在的揭示。藝術揭示了世界與大地的鬥爭。藝術是對真理的期待，所以一切藝術本質上是詩。此外，他還認為技術的本真含義是「顯露」，技術向我們展現的領域也即是真理的領域。他藉此批判了近現代的技術生產力對自然的掠奪態度。他的這種獨特的技術觀也是其真理觀的一部分。

高達美在提出其哲學解釋學時繼承了海德格真理觀中的許多思想，並且在二人中，也有一些共同之處。首先，他繼承了其先師追問存在的本體論思想，這種本體論思想是其真理觀的基礎。他說：「海德格的偉大成就，在於教會了我們以所有的嚴肅性去追問何謂存在，從而使我們擺脫幾乎是完全的（對存在）的遺忘性。」❸ 存在是真理的基礎。有存在才會有揭示存在的真理。其次，高達美的真理的揭示內涵也是從海德格（以及古希臘）那裏繼承而來。他說，海德格「教導我們，要把真理同時認作是揭示(entbergen)和去蔽狀態(Unverborgenheit)。」❹ 第三，海德格主張人是存在的牧羊人，語言是這種存在之家，真理之家，而高達美也稱「我與海德格共有語言普遍性的傾向，以及我們接近世界的語言性主張。」❺ 第四，高達美

海德格又說：「真理的本質是自由。」

❸ 高達美〈論哲學解釋學的起源〉(此文是高氏〈自述〉的部分英譯)，載《哲學的學徒》英譯本，劍橋，1985年，頁187；高氏《全集》卷2，頁503。

❹ 《哲學的學徒》，劍橋，頁188；《全集》卷2，頁504。

❺ 《哲學的學徒》，劍橋，頁189；《全集》卷2，頁505。

同海德格一樣，也強調了藝術對於真理即存在的揭示。第五，高達美運用了胡塞爾和海德格的現象學方法。第六，二人的真理觀在他們各自漫長的學術生涯中，都經歷了一個非常明顯的轉折。

總之，真理觀貫穿於海德格思想的全部程序。沒有他對真理問題，尤其真理的揭示特性的發現，高達美是無論如何不可能發展他的解釋學真理觀的。正如沒有海德格的本體論即此在的解釋學，也就沒有高達美的哲學解釋學一樣。

2.殊途同歸

這個標題，表面上看來似乎有些矛盾，「同歸」即二者共同趨向人類的家園，人文科學的真理，這個「自然」不難理解，但令人不解的是，高達美既然與海德格有著很深的淵源關係，其研究途徑也是沿循海德格的思想足跡，那麼為什麼還要說二者是「殊途」？應該說是「同道」才對。這種提問自然無可非議。高氏從海氏那裏得益太多，所以高氏的所有學說和思想很難擺脫海氏的影子。但若純粹地把高氏理解為海氏的影子，如現在一些熱心於海氏學論的人那樣，那是絕對缺乏根據的，這表明他們既缺乏對海氏的研究，更缺乏對高氏的瞭解。高達美明確地表示，海德格的正確之處在於他超越了對此在的先驗分析和事實的現象學方面的思考。但是，「我如何在這裏找到我自己的道路呢？」❹

研究高達美生平事蹟和其早期思想的專家 R. 蘇里萬對此作了比較公允的澄清和評價。他說：如上所言，高達美雖被說成是海德格的追隨者，並且到現在為止也仍舊還是海德格的熱情讚響者，但我們從一封高達美1982年致伯恩斯坦(Richard Bernstein)的信(此信

❹ 《全集》卷2，頁8。

後來作為《超越客觀主義與相對主義》一書的附錄發表)中，就曾提到他已準備通過他早期熟悉的基爾凱爾的作品、斯蒂芬·喬治(Stefan George) 的詩歌、以及「柏拉圖的蘇格拉底」這一挑戰性的人物來面對他與海德格1923年的演講的遭遇。為此，蘇里萬說，只要把高達美的哲學解釋學看作是海德格的思想產物，以及看作是一種哲學，那是相當片面的，當然，這並不否認年輕海德格甚至西方哲學傳統對年輕高氏的巨大影響。事實上，海德格對高氏思想的貢獻主要是否定的。它有助於使年輕的高氏擺脫佔統治地位的思想哲學傳統。**❼**

在一篇紀念海德格八十五周歲誕辰的文章中，高達美明確地將自己與海德格的第二、三流信徒區別開來。他說：「我們的圈內人都有些無知，易於讓我們對我們的教師和他們工作方式產生的偏見根深蒂固，深入頭腦。時至今天，我們還容易想像第二、三流的海德格信徒們做些什麼，他們是那些連學者的天才和教育都未充分發展起來的人。海德格就像麻醉劑一樣對他們發揮著作用。海德格將我們拉向的這一系列問題在摹仿者口中變成諷刺。」**❽** 對此，高達美坦率地表示「我並不喜歡成為那個時代海德格的同事。」 因為「到處都有從大師身上學得一兩樣東西的學生，大多數人是學會了『他清掃喉嚨』的方式和他吐沫的方法。」**❾** 這話儘管說得很尖刻，但並非毫無道理。

應該說，高達美的學說與海德格思想並非完全一致。他對海德格既有繼承，也有創新和發展。至少如下幾個方面就體現了高氏對

---

❼ 見《哲學的學徒》，劍橋，譯者導言。

❽ 《全集》卷3，頁226。

❾ 同上。

海氏思想的創新和發展。第一，高達美在繼承海德格本體論的基本
傾向時將其發展成一種系統的解釋學本體論,即哲學解釋學的體系,
將海德格的生存的設計發展成一種人文科學的理解，並進一步將海
德格的存在的時間性和歷史性發展成效果歷史意識。第二，海德格
用真理來對抗當今的科學和技術的統治，高達美則進一步用真理來
對抗狄爾泰的方法，以及所有的人文科學方法。這是對海氏真理觀
的一個很大的發展之處。第三，高達美除了運用海德格(和胡塞爾)
的現象學方法外，還從古希臘的柏拉圖那裏發展了一種辯證的方法，
即辯證的對話，真理就是在這種對話中達成的團結和一致。第四，
海德格將展示真理的語言與存在聯繫起來，強調語言對於存在的揭
示和保護，而高達美在表現其本體化的語言時更進一步地強調了語
言的普遍性，亦即解釋學的普遍性。第五，高達美和海德格二人的
學術思想在不同的時期都有明顯的轉折，但應該說明的是，二人思
想的轉折具有完全不同的內涵和意義。海德格後期真理觀的轉折只
是去掉了其前期的主觀主義色彩，強調了真理不再取決於人，以及
真理與非真理都同為此在在世的存在方式。他後期還探尋技術的本
質，以及藝術對真理問題的揭示，等等。這些觀點是以濃厚的玄思
色彩表現出來的，與現實很少有關係(至少是直接的關係)。高達美
則不同，他的後期思想是其早期思想的運用，並且直接關注當今的
社會、政治問題，帶有濃厚的倫理、政治色彩。理性、實踐、實踐
智慧、價值、友誼、善、修辭學等，都是高氏後期實踐哲學的主題。
他的真理觀在轉折之後比海德格的真理觀具有更多的內涵 (不是指
更深的內涵，是指其真理涵蓋面廣)，以至有一種將真理泛化的傾向。
當然，客觀地說，也比海德格的更少思辨味。

關於高氏與海氏的關係，學術界有各種不同的評論。如有的學

者就認為高氏使用的「效果歷史意識」(Wirkungsgeschichte Bewuβ-tsein)與早期海德格在《存在與時間》中揭示的從此在出發去提問有關。而早期海氏的觀點帶有明顯的主觀色彩。後期海氏則「堅決放棄了《存在與時間》中的先驗哲學的自我理解。」高達美繼後又辯解說，他自己之所以引入效果歷史意識這一概念，正是在於「為通向後期海德格鋪平道路」❺⓪。後期海德格試圖超越形而上學的語言概念時，就陷入了一種語言困惑之中。所以海氏後期求助於賀德齡的人文語言，並帶有一種半詩化的語言風格。不過，高氏對此有另一番解釋，他說，「後期海德格的語言風格並非意指向詩意的回歸，而是堅持他自己的思想路線。」❺① 但客觀地說，儘管高氏聲稱自己的哲學解釋學「試圖完全遵循海德格的思想路線」，儘管他表示效果歷史意識是「存在多於意識」❺②，但無可否認，其「效果歷史意識」概念作為核心概念，這一點卻是與後期海氏對作為消極根據的意識概念即主觀化思維的尖銳批判大相逕庭的。

還有一個是關於形而上學語言問題。高達美後來說：「現在我必須反對海德格關於根本就不存在形而上學語言這一主張。」❺③ 其實，「在海德格提出的真理的本質或存在的意義的問題範圍內，他說的始終是形而上學的語言，這種語言以某種方式將意義看作應該挖掘的存在」❺④，「因此，後期海德格本人，要逃脫形而上學的語言，光

---

❺⓪　《全集》卷2，頁10。

❺①　同上。

❺②　《全集》卷2，頁10。

❺③　同上，頁11。

❺④　高達美〈解釋學的挑戰〉，載《哲學譯叢》，北京，1987年第2期，頁54～55。

是發展他那半詩意的話語是不夠的。」[55] 海德格後期話語在每一篇文章中都有變化，這使得高達美不得不經常變成他話語的翻譯者。但問題在於如何找到合適的語言去翻譯。在翻譯中，高氏說自己努力「說明自己的限度，尤其使人看出人文科學的浪漫傳統和人文科學的遺產在我身上是多麼根深蒂固。由於這種歷史主義的傳統，我才去尋找一個批判後立場。」[56] 列奧・斯特勞斯 (Leo Strauss) 在致高氏的一封信中也說，高氏與海氏二人的基準點是不同的，海氏的是尼采，而高氏的則是狄爾泰。

另外，高達美談到，後期海德格完全拋棄了解釋學的概念，「因為他看到這個概念不能使他走出先驗思辨限定的範圍」[57]。海氏的思想轉向本來就是為了迴避先驗概念的。高氏說明，為了介紹海德格關於存在的學說，他不斷深究傳統解釋學的歷史，並在他自己的批判中努力突出它所隱含的創新因素。高氏承認，他在對「主體」概念的批判方面欠海德格的情，所以他選擇了與海德格不同的關注，即用對話來把握語言的源始現象。這促使高氏將辯證法、尤其是柏拉圖和法國唯心主義的辯證法「導向解釋學」[58]。

最後，我們再來比較一下高達美的方法和海德格的技術。海德格後期常用的詞是技術 (Techne)，而高達美在中、後期的常用詞則是方法 (Methode)，儘管這二者不是同一個詞，但實際上它們都代表了二人對科學、對主觀性思維的一種特點態度和傾向。其實，對

---

[55] 高達美〈解釋學的挑戰〉，載《哲學譯叢》，北京，1987年第2期，頁55。

[56] 同上。

[57] 同上，頁54。

[58] 高達美〈解釋學的挑戰〉，載《哲學譯叢》，北京，1987年第2期，頁54～55。

科學的批判還並非深層的原因，因為科學只是認識論中主一客體對立的一種典型表現，是主觀思維進行操縱、控制，進而最終達到征服人和世界(自然)的典型表現。這一原因使我們將海德格的技術與高達美的方法緊緊聯繫在一起。

海德格在〈追問技術〉中論述了技術一詞的源起、演變以及現代技術的本質等問題。他說，技術(現代技術)越來越使人從地球上脫離開來，而且連根拔起。我們現在只有純粹的技術關係。因為技術使人無根，使人成為一種統治 (Überschaft)，一切都陷於計算、盤剝、掠奪之中，人、自然均成為技術奴役的對象。

海德格認為，這是違背技術的原本含義的。因為技術的原本含義是「顯露」或「展示」(Hervorbringen)。他說，技術不僅僅是手段。技術是一種展現方式。如果我們注意到這點，那麼技術本質的一個完全不同的領域就會向我們打開。這就是展現的領域，即真理的領域。技術是在湧現 (Physis／自然)中獲得的，它是一種集技巧、詩、藝術與知識於一身的展現方式。技術不是人的技術，因為人只是湧現／自然的守護人。技術、自然與人之間是處於一種融洽的關係中，而現代的技術觀則反其道而行之，將技術與自然、人對立起來。

海德格說，現代技術的獨特本質是座架 (Ge-stell)，這也有別於古希臘。在古希臘，技術本質上是靠人自身的力量控制不了的一種東西。他對技術的追問，其最終目的就是達到這種見地：思想不能要求更多的事情。哲學到此終結。

海德格所指的現代技術觀是與形而上學的人類中心主義和現代技術思維密切相關的。在這個科學和人文主義濫觴的時代，人真正成為萬物的核心和尺度。真理也成為主一客觀相符的東西，實際上變相就是主觀主義的產物。他認為，無論是依照理性(康德)、自

由(費希特)、愛(謝林)、絕對精神(黑格爾)，還是依照權力意志(尼采)，它們都是主觀意志的表現。實際上，根植於主觀性的權力意志並未認識到終極價值，只是渴求更多的權力。如今，這種意志又在技術控制的瘋狂中表現自身。技術思維的影響使此意志在現實生活中更富於滲透性。我們於是按照控制來思想思維自身。思維變成了技術性的事，它不再是向世界的開放性作出反應的東西，而是控制世界的無休止的努力；它並非如大地的監護人一般保護著財富，而是試圖通過對世界作適合於人的目的的重建來耗盡世界。例如，一條河流沒有內在的價值，人則通過建立大壩，將沒有毒的垃圾倒入河流中，來適應他改變河水流向的目的。上帝已經逃之夭夭，大地不經意地被人耗竭殆盡。照海氏的說法，這就是自柏拉圖起，中經笛卡兒、尼采而進入現代思維發展的悲哀結局。基於這種情況，海氏說，哲學將不能引起世界現狀的任何直接變化。不僅哲學不能，而且所有的一切——只要是人的思想和圖謀——都不能做到。這表明海氏所說的最終的救渡(即有救無救)都與人無關。它們都是天命(Geschick)之使然。

　　高達美繼承了海德格的這種批判精神和批判態度，也對技術、主觀化思維進行了尖銳的抨擊，但是，與海氏不同的是，他選擇的角度是方法，而不是技術。

　　如果仔細觀察，我們會發現儘管高達美所說的方法和海德格所說的技術不是同一個東西，其語義、內容以及所指的對象也不盡相同，但二者卻具有一個根本上的共同點，那就是指主觀化思維，以及由主觀化思維所實施的控制。海德格認為，現代主觀主義將人列為世界和自然的核心和尺度時將人自身與自然對立起來。技術不是去對自然進行保護，而是對自然進行掠奪。它表現為不斷的征服和

控制；高達美也認為，方法總是一種主觀化的抽象，其作用在於使主體與客體分離，以便對其作出研究，進行控制。方法論的目的在於改造世界而非理解世界。無論是培根還是笛卡兒，其基本方法都是要把握真理中的一切。總而言之，無論是「把握」還是「改造」、「擴大」，方法都表現了與技術相同的本質的一面：征服和控制。這種征服和控制都是主觀化思維的結果，是人本主義猖獗泛濫的結果。對於這種結果，高氏和海氏畢生都進行了分析和批判。

此外，我們從方法與技術在近代的發展也可以看出二者之間的密切關係。可以說，科學技術之所以在近現代取得長足的進步，是因為它始終依賴了自然科學方法。因為只有通過方法上的抽象，即主一客體的二分，人才能在分離中去研究自然客體。因此，高達美慨嘆：我們生活的技術時代實際上已變成一個方法論的時代。

但是，海氏認為技術不能保護自然，高氏認為方法在人類生活經驗方面很難結出果實，而且還能導致人類生活經驗的異化。當然，也有一些人(如哈伯馬斯、里柯等)批評高氏對方法的激進處理欠妥，認為他缺乏方法論的建設。對此，高氏重申，他對方法的批判是對科學技術的控制意識的批判。科學的「計算與試驗方法的運用」，不僅打通了控制自然的道路，而且還日益浸染到我們的文明社會。

綜上所述，我們可以看出，高達美對方法的批判與海德格對技術的批判的思路和指向基本上如出一轍，當然，追本溯源，應該說高氏的思路是受其先師海氏的影響所致，但是，他選擇了與海氏不同的角度去批判主觀化的控制思維，不能不說是其獨特的貢獻。況且，在方法論意識到處滲透、並在各個領域都有典型表現的今天，高氏的方法論批判也有其重大、深遠的意義。

關於高氏與海氏，還有很多東西可以比較，比如說高氏的歷史

觀受海氏的影響是很大的。理解的歷史性和時間性不僅為海氏所關注，它同時也是高氏效果歷史意識的核心概念。如果說沒有海氏的理解的前結構(前見、前有、前把握)和理解的循環概念，我們就很難想像高氏的「偏見」、「視界融合」等概念會發揮作用。一種思想和學說的提出不能脫離其生長的背景，但是也得有一定程度上的獨立，此所謂創新。從以上對高氏和海氏二人思想的比較來看，高氏既有繼承，也有創新。創新當然不能限於人云亦云。高氏曾在其〈自述〉一文中舉例說，時下「解釋學」一詞變得很時髦了，以致許多人都想給自己的解釋冠以「解釋學的」❺❾。這就是人云亦云而非創新。

　　但是這裏還有一個問題，這就是創新、或者說發展能否完全說明他的影響。我們可以說海德格是對尼采和胡塞爾的創新和發展，他的影響也確實遠遠超過了這二人，這是毫無疑義的。但是高達美呢？我認為他雖在海氏基礎上有所創新和發展，但卻很難說他的影響勝過了海德格。實際上，前期高達美可以說是前期海德格的「學徒」，但後期卻很難發現二者之間的「師徒關係」，因為在後期，海德格的思想日漸轉向神秘，而高達美則漸漸向現實靠攏，並著力去創造一種「實踐哲學」。這種實踐哲學與他早期的哲學解釋學相比，並未顯出太大的影響。甚至在國外學者研究他思想的專著中，都很少提及到他的實踐哲學。相比較而言，後期海德格雖然逐漸轉向神秘玄奧的領域，但闡釋他的人更多，影響也更為深遠。哲學本來就是一門沉思的學問。思想上的創新和改造有時比現實的實踐改造意義更為重大。這也就是當今人們對高達美作為思想大家的地位仍然眾口不一的緣故。

　　不過，一般來說，高達美仍可被稱為海德格的重要學生和重要

---

❺❾　高達美《全集》卷2，頁495。

解釋者。難能可貴的是，他還從自己的立場去評論海德格，並且在後期還力圖同海德格在某種程度上劃清界線。⑩ 關於二者，還有許多方面可作比較和探討，如二人共有的懷鄉病(Nostalgie)和懷鄉意識(海氏一生憂思如何喚回存在、思想，高氏則憂思如何才能喚回本真的真理，如何從異化中返回家園)，二人思想中的古典傾向和現代傾向等等。

五、時代提出的課題

當今的科學已達到了非常發達的程度，使得自然和人類社會無不聽其左右和安排。這種科學的勝利情緒助長了人類的控制欲望，於是征服沒完沒了，人類的異化日甚一日。在這種異化面前，人類迷失了方向，真理遭到放逐。真理從此「在家之外」，而非「使我們處在家中」(Einhausung)。高達美與海德格一樣，對此現狀痛心疾首。在海德格後期日漸轉向神秘地揭示真理的藝術、技術、語言時，高達美重新直率而又明確地提出了真理問題，提出了對與真理相對立的方法的批判。因為科學的濫觴正是目前的異化之源和方法論迷霧之源。這不能不阻礙人們對真理的認識。他所需要的，正是要我們根除異化，看穿方法論的迷霧，在方法背後去尋找真理，以恢復古希臘哲學中的真理作為揭示的本意，甚至恢復科學的本意，繼而走出歷史主義最終陷入的相對主義的困境，走出主觀與客觀的二分。對此觀點的討論，進一步延續在他後期的一系列有關實踐哲學的文章以及《科學時代的理性》、《讚美理論》等著述中。這正是

---

⑩ 這在高氏的〈解釋學的挑戰〉、〈致里查德・J. 伯恩斯坦的信〉、以及〈何謂實踐──社會理性的條件〉等文中均有所體現。

高氏窮一生之精力所要探尋的目標。以上這些，乃是高達美真理觀所產生的社會背景和哲學背景。沒有這些背景，我們就無法對其真理觀作深入的探討。此外，高達美真理的背景還與他一生的學術經歷(這段經歷部分載於他的《哲學的學徒之年》和〈自述〉中)有關。

　　高達美對科學和當代科學技術狀況作過很多透徹的分析。他在〈作為啟蒙工具的科學〉一文中考察了科學這一詞的原初含義及其演變。他認為科學這個概念是變化本身的希臘精神的發現。隨著這種發現，我們稱之為的西方文化就誕生了。高達美說，語詞史告訴我們，當希臘思想拋棄了五彩繽紛的神話以及用史詩來把握世界的方式以後，就「為科學奠定了基礎」。科學，首先是數學、天文學和音樂，在某種程度上還包括作為人文科學的醫學，都「以理性思維和概念式的理解代替了神話的形象」❻ 。在古希臘，科學之所以重要，並不在於它能帶來其他的利益，而僅僅因為科學是「美的」。美就在於自我滿足，自我欣賞，而不允許提出為什麼會美和為什麼使人滿足的問題。在希臘語中，比美這個詞更加寬泛的概念叫"Kalon"(幸福)，它對於一切理論科學都有效。它是理論的幸福，認識真理的幸福，是科學自身要求的幸福。❻ 這是與近代的科學含意相悖的。因為近代科學的根本含意是控制、征服，是用抽象的方法達到對事物的瞭解。

　　作為西方文化之父的古希臘人不僅創造了幾何學、天文學、醫學、生物學和政治學等科學，他們還理解到這些科學的特殊意義，認識到科學對於人是可能的。對於希臘人來說，科學本質上是由數學代替的。數學是唯一的理性學科，它所處理的是不變的東西。因

----

❻　《全集》卷 4，頁120。

❻　《讚美理論》，頁90。

此，只要存在著不變的東西，人們就能認識它，而不必再去觀看新的東西。這也是近代科學的原則，因為近代科學必須堅持自然規律是不變的。自伽利略以來，在近代科學觀的指導下，人類開始了認識世界的新階段。近代科學在充滿艱辛的方法道路上逐漸形成，並由此導致了一種新的世界觀，這種世界觀同時改變了理論生活的理想。由此，科學變成了研究，也成了「巨大」的同義詞。科學意味著教導真理，學習真理。科學的方法論研究也意味著理性的自我確信。[63]

高達美認為，只知道不斷進步的近代科學給人類帶來了意想不到的後果，這就是自然科學對人類在一種全新規模、全新意義上的統治。他說：「……我們生活在這樣一個時代，在此時代中，科學總是在極大的程度上實現了對自然的統治，並規定了對人類共同生活的管理。科學，這個我們文明的驕傲，不知疲倦地修補著其成功的缺陷，並不斷地提出科學研究的任務——這些任務再一次成為進步、規劃和預防傷害措施的基礎。由此，科學發展了一種真正幻覺的力量。在堅持科學通過進步來建構世界的道路時，就使這樣一種體系永久存在，在此體系中，一種個體的實踐意識讓步於屈從，並毫不產生洞見地防護著自身。」[64]

高達美認為，我們的社會最終是在經濟科學的基礎上建立起來的，日益增長的進步加固了我們科學的進步意識和我們社會—政治意識之間的張力。這些既是我們時代的標誌，也是危機的標誌，[65]這種標誌通過異化而展示出來。異化(Entfremdung)係德國古典哲學

---

[63] 同上，頁3。

[64] 《全集》卷2，頁251。

[65] 《科學時代的理性》德文版，頁57。

術語。它是指主體在一定的發展階段，分裂出它的對立面，變成外在的、異己的力量。黑格爾在其《精神現象學》中考察了異化問題。異化在他那裏的特定的含義主要是指精神的異化。精神經過對立化即異化的歷程，最終又返回到精神。費爾巴哈則用異化來說明人如何借助於幻覺把他的本質異化為上帝並對之加以膜拜，而只有當人認識人是人的最高本質，上帝的本質就是人的本質的時候，才能消除這種異化現象，破除對於上帝的迷信。馬克思也將異化概念用來考察人類社會。他認為在資本主義社會中產生了幾種不同的異化形式，即人與人的異化，人與物的異化，物與物的異化。這幾種異化中最高的異化形式是人與勞動的異化。其意思是說，人與他自己的勞動相分離，人在勞動中創造的物品最終與人對立，並且反過來統治人。這種異化觀對當今的西方馬克思主義、結構主義和存在主義等流派均有很大的影響。在馬克思的時代，人的異化是同他確定的階級狀況相聯繫的，而且指的就是資本家對無產階級的剝削。這種狀況在現在已有很大的改變。不過，馬克思在當時所分析的人與其勞動和勞動產品的異化至今仍然存在，並且有增無減。因此，高達美接過了這一話題。他在〈作為自我異化標誌的孤獨〉中就專門考察了異化這一問題。

在高達美看來，異化的典型表現形式是自我異化(Selbstentfremdung)。自我異化是當今社會中孤獨(Vereinsamung)的一種標誌。孤獨不同於單獨(Einsamkeit)。單獨是指脫離共同體。它是一種放棄，但並非總是表現為一種痛苦。而孤獨則是一種受到傷害的經驗。它與自我異化近似，都同時表達了一種社會病。異化總是以最初的信任為前提的，並體驗為一種不斷增長的陌生感。它既不是一種分離，也不是關係的破裂，而是對自己曾經很親近的人變得不

可親近的不斷增長的不安感。因此，「孤獨始終整個與人在世界上的異化和人類世界的異化有關」⓺。高達美反問道：是哪一種信任變得陌生了呢？答案只能是：人自己的勞動使人變得陌生。因為這裏首先有一個前提，即勞動本質上規定了我們的自我。但是在當今時代，勞動已不再是作為人自己的勞動了。高達美雖然並沒有表明他繼承了馬克思的勞動異化觀，但從其內容上看，肯定有馬克思的異化觀影響的痕跡。

高達美認為，與席勒、馬克思那個時代不同，我們今天生活在一個現代福利社會中。我們在此社會中體驗到的，是一種特有的、所有人的不自由。他說：「我曾經概述過，所有人日益增加的不自由也許是作為世界文明不可避免的命運。」⓻這種不自由並非指一般意義上的限制，而是指每個人在此社會中都能體會到的無形的強迫(Zwang)。這就是通過合理化而實現的管理強迫、消費強迫、以及更為深層的輿論強迫。⓼因此，在這種強迫下的勞動不僅不表現為自己意義上的勞動，而且它還是為一種不可透視的陌生意義服務的。這也就是在社會中人由於自我異化所體驗到的不自由。

正是在這種情況下，為了克服異化，高達美哲學解釋學的理解才如此重要地提了出來。因為正是異化才是真理流放的原因。在〈解釋學問題的普遍性〉一文中，高達美首先是從兩種異化——即審美異化和歷史異化——來開始論述解釋學理論的。他說：「我認為，我們的任務，乃是超越那種基於審美意識、歷史意識以及一直被定義為一種避免誤解技術的解釋學意識中潛藏著的存見，並適時地克服

⓺　《讚美理論》，美茵法蘭克福，祖康出版社，1985年，頁128。

⓻　《全集》卷2，頁504。

⓼　《讚美理論》，頁127～130。

在所有這些意識中的異化。」⑲

啟蒙也是一個重要的概念。在高達美看來，這是一個信仰科學的時代，它從根本上改變了一切自然關係。在人類歷史上，經歷了兩次啟蒙。第一次啟蒙是對科學的反對。在古代，通過畢達哥拉斯、亞里斯多德等人的努力，確立了對科學的信仰，以後，希臘智者派的領袖普羅泰戈拉通過他的懷疑論的實用相對主義，助長了對一切科學的懷疑；第二次啟蒙是在近代。當法國啟蒙者愛爾維修、霍爾巴赫等人率先提出一切都必須放在理性的法庭上為自己辯護時（其實最早可追溯到弗蘭西斯・培根的口號：知識就是力量)，情況則又倒轉了過來，這時，啟蒙完全依賴於科學。這種狀況一直持續至今。並且，從科學所起的作用來說，這種科學啟蒙觀已達到了它的極致。

然而，科學只知道不停地進步。近代科學給人類帶來的意想不到的後果是：它打開了控制自然的建構性道路，世界範圍內技術文明的擴散由此而被介紹過來。但是，它不僅沒有解決人類的生存危機、意義危機和信仰危機，反而使這些危機更加突出。在這種情況下，在科學通過專家集團對社會實行統治的今天，高達美提出，人類必須進行第三次啟蒙。與前兩種啟蒙不同的是，第三次啟蒙是來自於對人類未來苦惱的懷疑。⑳ 其實，這種啟蒙也不是誰的發明，而是科學自身預示出來的。因為科學越來越清楚地告訴我們：我們生活於其中的世界所具備的可能性是有界線的。科學告訴我們，如果世界按現狀繼續發展，這個世界就會消失。自我理解就是用理性的眼光看待一切。高達美在論證理性的力量時說，自從廣島原子彈爆炸折磨了研究者的良心以來，沒有一種科學再會承擔科學所固有

---

⑲ 《全集》卷2，頁223。

⑳ 《讚美理論》，頁88～89。

的社會責任。這也就是所謂的科學的不可理解性 (Unverstand-lichkeit)。⑦

自我理解正是在這種情況下出現的。這種自我理瞭也是一種自我反思,它規定了解釋學的目標和任務。因為所有的理解都是自我理解。「解釋學就貫穿於人類自我理解的一切因素之中」。⑦高達美在〈論實踐哲學的理想〉一文中專門論述了這個問題。其實,就高氏的整個哲學框架來看,也是論述人文科學中的理解問題的。在他看來,這種理解在效果史意識中表現為視界融合,表現為辯證的問和答,即表現為對話。當高氏把解釋學的理論轉移到解釋學的運用(即將哲學理論運用於科學時代的社會生活)時,這種對話又表現為共同體的團結。他希望人在對此時代現狀的反思中團結起來,在團結中對話,保持清醒的理性,將正確的自我認識付諸實行。這便是實踐。由此,高氏又從哲學解釋學進入實踐倫理學的範圍。在他看來,倫理學也是一項理性的事業,即為人們提供正確的生活方式。當今的科學產生了諸多弊端。由於這些弊端,所以就需要人們正確的自我認識、自我理解,需要理性在當代世界中發揮作用。這就是他所說的解釋學的應用的真理。

以上是對高達美哲學思想產生的理論背景、社會背景及其意義的論述。作為一種學術理論,它不可能憑空產生出來。它得有它自己的承襲性和開創性。高氏的哲學思想承襲的是古希臘傳統哲學、黑格爾遺產和海德格的思想。但具有開創性的是,他以獨特的角度,在當今獨特的社會背景中重新提出了真理這一古老的問題。古往今來,各派哲學大家提出的真理學說多種多樣,但符合論真理觀均佔

---

⑦　同上,頁62。

⑦　同上,頁76。

主流。因為它構成了西方傳統認識論的主線。此外還有神學的真理觀，虛無主義真理觀（如叔本華的強權便是真理，尼采的打破一切價值），以及實用主義真理觀（有用便是真理）和實證主義的真理觀等。高達美的主—客體源始同一的真理觀均有別於上述觀點，並且，他通過這種真理觀，對科學技術一統天下的狀況作了深刻的反思。所以，他的真理理論就不僅僅限於哲學上的改造，而是要變成一種倫理觀，一種價值哲學。解釋學的真理不僅在於理論，而且還有運用。這就是高氏創立真理觀的總體構想。但是解釋學的運用是他後一步的工作。在運用之前，高氏窮多年之心血，創立了龐大而又縝密的哲學解釋學體系，亦即哲學解釋學的真理理論。這種真理理論具體體現在藝術、歷史和語言這三大領域中，而這三大領域，將是我以下將要分析的通往真理的非方法大道。所謂的非方法大道，就是說，它雖然是通向真理的途徑，但是這種途徑與方法並沒有關係。這種途徑與阻礙人認識真理的方法不同，它不僅不會使真理異化，而且還會使真理在藝術經驗、歷史經驗和語言經驗中凸現出來。

第二部分　通向真理的非方法
大道

第四章 藝 術

　　高達美認為，科學的真理並非普遍適用。因為科學經驗並未能解決人生在世的根本問題，而使用科學方法論的手段，更不足以使人獲得真理。所以，他的目的，正是要「探尋那種超出科學方法論控制範圍的對真理的經驗」❶。這樣，精神科學就與那些處於科學之外的種種經驗（如藝術經驗、歷史經驗以及語言經驗）接近了。而所有這些，都是「真理藉以顯現其自身的方式，這些經驗方式不是用科學方法論的手段就能加以證實的。」❷人們在對作為偉大遺產的本文的理解中，認識到以其他方式不能獲得的真理，科學用以衡量自身的研究和進步尺度在這裏並無用武之地。這種情況也適合於藝術經驗。高達美《真理與方法》一書的探究從審美意識的批判開始，「以便捍衛那種我們通過藝術作品而獲得的真理經驗，以反對那種被科學的真理概念弄得很狹窄的美學現論。」❸這是高達美真理觀展開的出發點，他試圖從此出發來開始發展一種與他的整個解釋學經驗相適應的人文科學的認識和真理概念。他說：「只要與藝術語言的全部遭遇是與某種未完成之物的遭遇，而且這種遭遇本身即是

---

❶　《真理與方法》，〈序言〉，頁XXV。

❷　同上，頁XXVI。

❸　同上，頁XXVII。

這種事物之一部分,那麼,在藝術經驗中,就存在著某種廣泛的解釋學結論。這是對於審美意識及其真理問題的無效而必須強調的東西。」❹ 由此,高達美就在通向真理的非方法大道上邁出了第一步。

德國文學、古典語言、藝術史和哲學史曾是高達美年輕時代研習的主要目標。❺ 以後他既作為哲學教授,又作為美學教授,陸續發表了一系列美學論著,如《柏拉圖與詩人》、《歌德與哲學》、《詩學》、《美的現實性——作為遊戲、象徵和慶典的藝術》等,在以後出版的《全集》十卷本中,有兩本是專門論述美學與詩學,在四本《短論集》中,專有一本也是討論美學和文學的。這些纍纍成果足以證明他在美學上的深湛造詣,同時也反映了他本人的關注所在,這種關注直到其晚年也仍然不減。他說:「在解釋學問題領域中,文學概念所佔有的地位在《真理與方法》完成後幾十年以來一直就是我研究的首要課題。」❻ 當然,系統地理論地闡述藝術中的真理問題的,主要還是在《真理與方法》第一部分中。高達美在《美的現實性》中曾說過:「對於藝術的正當辯護 (Rechtfertigung),不僅是一個現實的、而且是一個非常古老的主題。我與眾不同的學術生涯的開端,就是致力於這個問題的。藝術也有要求真理的權利。」❼

在重提藝術經驗中的真理問題時,他首先對作為主觀美學的康德美學觀進行了批判。他與康德不同,認為藝術也是一種認識,藝術中也有真理。藝術是一種獨特的認識模式。由此,高達美就將藝術經驗與科學經驗對峙起來。那麼藝術經驗的真理究竟是指什麼?

---

❹ 《真理與方法》,〈序言〉,頁95。

❺ 參見《全集》卷2中〈自述〉一文。

❻ 《全集》卷2,頁16。

❼ 高達美《美的現實性》,斯圖加特,1977年,頁3。

高達美通過對海德格藝術觀的分析和繼承，得出了如下結論：藝術
是作為存在的真理之顯現。藝術作品自有其本體論的意義。這首先
表現在遊戲概念上。遊戲作為真理之發生和真理參與，乃是藝術作
品的存在方式。作為藝術作品的詩也對真理作出了貢獻。高達美藝
術觀的提出不僅是他通向真理的非方法大道的出發點，而且還成為
姚斯(Jauss)等人接受美學的理論基礎。它影響了許許多多的人。

一、審美意識批判

高達美為了創立自己的藝術真理理論，首先著手批判了在當今
美學中頗有影響的美學意識、尤其是康德美學意識的主觀化傾向，
並表明了藝術經驗與科學經驗的對峙。藝術經驗是一種人類在世的
經驗。它傳達的是人的認識和真理；而科學經驗則通過方法施行對
客體乃至人的控制。這裏，我們要弄清楚，高達美所說的認識不是
一般人所說的認識，不是對客觀事物所作的科學的客觀的瞭解和考
察，而是參與真理的遊戲，是對真理的經驗。高達美在清除主觀化
的美學意識和美學中的科學經驗的同時，強調了藝術就是一種認識，
就是一種真理。藝術與解釋學的理解有著不解之緣，因此，「美學必
須被併入解釋學中」(Die Äesthetik muß der Hermeneutik au-
fgehen)。❽

1.康德美學觀批判

高達美的藝術理論首先是建立在對康德美學觀的批判之上。在
康德時代，自然科學的地位已經確立，因此，在一般人心目中，只

---

❽ 《真理與方法》，頁157。

有自然科學才具有認識和真理，人文科學則被排斥在認識和真理的範圍之外，要談只能以自然科學的模式來談。美學自然也不例外。這種科學經驗對藝術經驗的影響，在康德的《判斷力批判》中就有典型的反映。

康德在完成《純粹理性批判》和《實踐理性批判》之後，就開始分析審美判斷，希望以此來揭示知識和道德的先天基礎，以結束他的全部批判工作。為此，他寫了《判斷力批判》，以便用審美判斷力作為橋樑，來溝通知性和理性。康德的審美判斷力具有一個重要的特點，那就是審美判斷是同一種特殊的主觀審美標準相聯繫的，這種主觀的審美判斷還具有共同的有效性。這就是普遍可傳達性的含義。康德的用意是要表明，認識能力在審美判斷中是自由活動的，審美判斷是以人類主觀性為基礎的，但這種判斷並非局限於一個個別的主體，因為鑑賞是共同的、普遍的。審美判斷既無利害功利，又無真假正誤，所以它是與道德無關的，也是與認識和真理無關的。

高達美對康德美學的評價是雙重的。一方面，康德在美學上首創了審美意識的自主性，揭示了美學中的主體性精神，捍衛了美學(其實，康德主觀美學的影響遠遠不限於美學)的自律性，在高氏看來，這正是康德的偉大貢獻。因為康德使我們在這個「審美的王國」裏，「面對著自然美和藝術美時所體驗到的，是我們精神力量，即精神的自由遊戲的整體的復活。」❾ 但是另一方面，康德「把美學根植於情感力量的主觀性中，又意味著一種危險的主觀化的開端。」❿康德關於美的趣味、美的理想以及天才等學說，都展示出藝術經驗中從單個見出共同性的秘訣在於主體。在他那裏，創造的天才勝過

---

❾　《全集》卷3，頁254。

❿　《全集》卷3，頁245。

一切法則，它能創造出神奇的藝術作品。於是，「在進一步構成天才的無規則理論時就必定導向徹底的主體化」⓫。由此，康德就將藝術同知識和真理問題隔離開來了，而完全排除了真理問題。藝術的任務就不是提供對象的知識，所以它也沒有真理。事實上，我們從康德《判斷力批判》的理解中所蘊含的主觀化傾向看來，康德的結論是與其本意相違背的。他雖然要求人類有共同的鑑賞力，但他的主觀性則很容易導致他走向相對主義。今天的情況就是這樣：只要一提鑑賞或審美判斷，人們就將它歸之於個人喜好。高達美引出這種徹底的主觀化傾向，是為了表明這種藝術作品的研究整個都錯了。⓬ 在康德之後的整個浪漫主義時期，美學領域日益與實在相分離，成為了一個特殊的理想領域。欣賞藝術成了給人提供愉悅的片刻經驗，藝術成為了對現實的逃避，而不是獲得關於實在的知識的手段。但是這樣一來，藝術作品的全部意義就失去了。藝術作品在與它的起源和背景隔絕，以便審美地欣賞它和判斷它之後，就產生了高達美稱之為「博物館式」的藝術觀，這是對藝術經驗的抽象。正是由於康德開始的這種審美特性的徹底主觀化傾向，高達美才提出了嚴厲的質詢：

> 在藝術中難道不應有認識嗎？在藝術經驗中難道不存在一種真理的要求，這種真理肯定與科學的真理要求判然有別、但同樣確實也不從屬於科學的真理要求嗎？並且，美學的任務難道不是在於確定藝術經驗是一種獨特的認識方式，這種認識方式一方面確實不同於提供給科學的最終數據（科學則從

⓫　《全集》卷3，頁254。

⓬　參見伯恩斯坦《超越客觀主義與相對主義》中的分析，頁118、119。

這些數據出發建立起對自然的感性認識)，另一方面也確實不同於所有道德方面的理性認識，而且一般地也不同於一切概念的認識，但它確實是一種傳導真理的認識，難道不是這樣嗎？⑬

藝術中也有真理，藝術也是一種傳導真理的認識，但是，「倘若我們同康德那樣，用科學的認識概念和自然科學的實在概念來度量認識的真理，我們就很難承認上述問題。」⑭ 在此，高氏援引黑格爾為人稱道的《美學講演錄》來說明這一點。他說在此書中，藝術經驗所包含的所有真理內容，都以一種出色的方式被人承認，並且，它同時還被一種歷史意識傳導出來。「因此，美學便成為一種在藝術之鏡中反映出來的世界觀之歷史。正如我們所述，如此，在藝術經驗中為認識真理所作的辯護，就在原則上得到認可。」⑮ 在高氏看來，解釋學意識的反思承認了理解就是「始終以不同的方式去理解」，藝術作品就典型地體現了這一點。因此，藝術範例能夠真正構成一個普遍解釋學能在其中得以發展的框架。對此，高氏說：「我的回答是：對我而言，這恰恰是我們解釋學理論的出發點，即藝術作品是對我們理解的一個挑戰，因為它總是一再地擺脫所有不同解釋，並以一種決然不可克服的對抗來反對概念的同一性的轉換。我認為人們可能已經在康德的《判斷力批判》中認識到這一點。藝術的範例正由於此才發揮著主導功能。對於我所設計的哲學解釋學的整體而言，《真理與方法》中的第一部分就擁有這種功能。若有人承認在其闡

---

⑬　《真理與方法》，頁93。

⑭　同上。

⑮　同上。

述的無限豐富性和多樣性中是作為『真實的』， 就會完全明瞭這一
點」。⑯

2.藝術經驗與科學經驗的對峙

在高達美看來，像「藝術科學」之類的科學研究既不能取代藝
術經驗，也不能超越藝術經驗。通過一部藝術作品所經驗到的真理
是用其他任何方式不能達到的。這一點，構成了藝術維護自身而反
對任何推理的哲學意義。所以，除了哲學的經驗以外，「藝術的經驗
也是對科學意識的最嚴重的提醒，即要科學意識承認其自身的局限
性。」⑰

這樣，藝術經驗作為理解的領域就與解釋學問題聯繫起來。而
「解釋學問題從其歷史起源開始就超出了現代科學方法概念所設置
的界限。」⑱ 理解本文和解釋本文不僅是科學深為關切的事情，而且
顯然屬於人類的整個世界經驗。這種世界經驗，就是胡塞爾率先提
出的「生活世界」(Lebenswelt)，和海德格的「在世」(Sein-in-der-
Welt)。高達美承襲了二位先師的生活觀，並進一步將此發展成他的
解釋學經驗。解釋學經驗並不是一個方法論問題，因為它並沒有證
明本文同其他經驗對象一樣，可以對此進行科學的探究。解釋學經
驗也不是一種能滿足科學方法理想的確切知識。但是，它確實涉及
到知識，也涉及到真理。因此，高達美說，在對流傳物（即藝術遺
產和歷史遺產）的理解中，「不僅本文被理解了，而且見解被獲得

---

⑯　《全集》卷 2，頁8。

⑰　《真理與方法》，頁XXVI。

⑱　同上，頁XXV。

了，真理被認識了。」⑲

由此，我們可以看到，作為解釋學經驗之一的藝術經驗是與科學經驗根本對峙的。因為科學經驗首先表現為一種方法上的抽象和控制，而解釋學經驗或藝術經驗，卻是一種有關人生在世的世界觀的真理，即歷史的真理。正如高氏自己所說，他之所以要通過批判審美意識來捍衛那種我們通過藝術作品而獲得的真理經驗，其主要目的，正是在於反對被科學的真理概念弄得很狹窄的美學理論。高達美認為，審美經驗也是一種自我理解方式。但是所有的自我理解都是在某個於此被理解的他物上實現的，並且包含了與這個他物的統一性和同一性。高達美據此觀點，反對了「審美區分」(aesthetische Unterscheidung)的觀點。按照這種審美區分，我們稱之為藝術作品和審美地加以體驗的東西，依據於某種科學方法的抽象活動。由於撇開了一部作品作為其原始生命關係生根於其中的一切東西，撇開了一部作品存在於其中、並在其中獲得其意義的一切宗教的或世俗的背景，於是，作品就被當作「純粹的藝術作品」。審美區分的積極意義在於：它讓人看到什麼是純粹的藝術作品，並使這東西自為地存在。但是審美區分也有其致命的弱點，這種弱點源於它雙重的科學抽象：一是審美意識的普遍性（如共同感、共同的趣味、判斷、情感）從個體中抽象出來，這實際上包含了一種異化的因素，如席勒的審美教化 (aesthetische Bildung) 和康德鑑賞的普遍性；另一種抽象是審美意識與其世界、藝術品與其世界相分離。其結果，藝術變成了博物館，康德以後的美學就是如此。⑳

---

⑲　同上。

⑳　參見維恩謝爾默在《解釋學：閱讀「真理與方法」》中的分析，頁92～94；亦見《美的現實性》德文版，斯圖加特，1977年，頁24～25。

　　總之，上述兩種抽象，都是科學方法的抽象，即主—客體的對立的結果。這正是高達美所要批判的。從這一方面，我們也可看到藝術經驗與科學經驗的對峙。

　　總之，高達美批判了由康德《判斷力批判》中開始的徹底主觀化傾向，指明把審美判斷力完全繫之於主體狀態，是一種為了達到先驗根據這一目的的科學方法上的抽象。他認為藝術必須放棄這種抽象，並肯定藝術就是認識，藝術中也確實存在與科學的真理要求不同的真理。藝術經驗的不同認識方式在於：它一方面不同於給科學提供數據以對自然進行認識的感性認識，另一方面，它也不同於所有倫理方面的理性認識，而且一般地也不同於一切概念的認識，但「它確實是種傳導真理的認識」㉑。如果我們像康德一樣按照科學的認識概念和自然科學的概念來衡量認識的真理，就很難達到上述結論。藝術經驗與科學經驗的對峙還表明，在藝術之鏡裏反映出來的歷史是世界觀的歷史，即真理的歷史，這種世界觀的歷史和真理的歷史也同樣地展示在海德格的藝術觀中。它向我們表明了藝術乃是存在的真理之展現。

二、藝術作為存在真理之顯現

　　高達美在批判康德的「徹底的主觀化」美學觀以及與藝術經驗相對峙的科學經驗時，進一步展示了他的藝術含義。在這裏，他強調，藝術作為對真理的認識，與科學真理是不相同的，它並不受制於科學。藝術作為一種獨特的認識方式，其基本含意為：它是作為存在真理之顯現，它昭示存在中的真理。因為藝術和歷史均為理解

㉑　《全集》，頁93。

的兩種模式，而理解歸根結底乃是人存在於世的基本模式。高達美
是想通過從藝術的分析中引出一種普遍的理解模式，並將這種模式
推及到人文科學的一切領域。理解是人類生活本身的原始特性。它
探尋的是存在的意義。文學以及每一種藝術品或本文都表達了這樣
的意義。高達美的這種藝術觀源於海德格，尤其源於海氏的《藝術
作品的本源》中所展示的真理觀。因此，高達美在論述藝術作為存
在的真理之顯現之前，首先對海德格藝術觀作了徹底的透視。

1.海德格藝術觀透視

　　海德格早在1936年就在幾次演講中講述了藝術作品的本源，這
部著作後收入1950年出版的《林中路》中首次出版。照高達美看來，
海德格關於藝術作品的演講可說是「轟動一時的哲學事件」❷。之
所以這樣說，乃是因為它意味著海德格思想的新的探索，同時它還
表現在：藝術在人的自我理解的解釋學基本法則中，已包含到它的
歷史性中去了；藝術亦被當作整個歷史世界的基本事實來理解。

　　海德格的藝術觀也是與主觀主義美學傾向、尤其是康德美學傾
向截然對立的。當時的文學企圖建立一個審美的王國，這種勢力在
康德哲學中找到了理論上的依據。海德格走的完全是另一條路徑。
在他看來，藝術作品的載體是物(Ding)，是事實，是給出意義的東
西，它與一種客觀認識論的自然科學相反，也與康德的主觀化美學
傾向相反，海德格的物叫「用具」(Zeuge)。物的用具性就是不斷消
耗著的器具。物純粹是物，這與科學的可確定和可計算程式相反。
為了弄清用具的用具性，海德格轉向藝術家的描述，如梵谷對於農
鞋的描述。在這幅藝術作品中明顯可見的是用具本身，它不是為了

---

❷　《全集》卷3，頁252。

用於任何目的而被做成的東西，確切地說是使人顯露出來的東西，這雙鞋屬於她，並為她所用。這幅畫的真實本質就在於：在這雙鞋裏，有農民生活的整個世界。❷ 這就是藝術作品，存在物的真理就顯現於其中。但是作品如何能從物中顯現出真理？通常的看法是藝術作品的特徵在於它的物質性和對象性。但是，海德格的見解卻與之相反。他認為，藝術作品的特徵恰恰在於它不是一個對象，它是立足於它自身的。它不僅屬於它的世界，而且世界就在它裏面。藝術作品敞開的是它特有的世界。如果人們把藝術作品用於交易買賣，那麼它就成了一個對象。因為在這種情況下，它們是無世界無家的。藝術作品的特徵就在於立足於自身和敞開世界，它歸屬於世界，同時展示世界，敞開世界，海德格的這種觀點顯然是為了有意避開古典美學中的天才概念，避開傳統美學和現代主體性思想的偏見。❷

　　在使用「世界」(Welt) 概念時，海德格還用了一個與之相對立的「大地」(Erde)概念。大地是世界的對立概念。世界是敞開自己，

---

❷　海德格在《藝術作品的起源》(*Der Ursprung des Kunstwerkes*) 中對農鞋作了如下深刻的描述：
　　從農鞋磨損的內部那黑洞洞的敞口中，勞動者艱辛的步履顯現出來。那硬梆梆、沉甸甸的破舊農鞋裏，聚集著她在寒風料峭中邁動在一望無際永遠單調的田壟上步履的堅韌和滯緩。鞋皮上沾著溫潤而肥沃的泥土。夜幕降臨，迴響著大地無聲的召喚，成熟穀物寧靜的饋贈及其在冬野的休閒荒漠中的無法闡釋的冬冥。這器具凝聚著對麵包穩固性無怨無艾的焦慮，以及那再一次戰勝了貧困的無言的喜悅，隱含著分娩時陣痛的哆嗦和死亡逼近的戰慄。這器具歸屬於大地，並在農婦的世界中得到保存。正是在這種保存的歸屬關係中，產生器具自身居於自身之中。(見海德格《詩、語言、思》，北京，文化藝術出版社，1991年，頁35。)

❷　見《全集》卷3，頁256～257。

大地卻是自我隱匿和關閉。二者均明顯存在於藝術作品之中。自我敞開同樣也是自我關閉。藝術作品的特有的存在並不處於一個體驗的自我中，也不在於去成為一次體驗，而是在於使自己成為一個事件 (Ereignisse)，一次衝撞 (Stoβe)。這種衝撞構成了作品的張力。海德格將此張力作為世界和大地的鬥爭 (Streit) 來描述。❷❺ 在他看來，藝術既建立了開放性的世界，又展示了隱蔽性的大地，藝術揭示了世界與大地的鬥爭。因為正是二者的結合中，才真正構成了真理的本質。這種真理從隱蔽中顯出真相，於是形成林中空地 (Lichtung)。這種真理是永遠無法揚棄和完成的。海德格關於藝術作品的文章的根本意義在於，它指明了在一部藝術作品中展開的一個世界，它使以前不曾認識過的意義成為可感受的，而且在作品中，也有某種嶄新的東西進入了「此在」。它是真理的敞開，也是一個事件。海德格認為古希臘原初的真理含義是，對真理的認識像是掠奪 (Raub)。❷❻ 這裏，海德格所說的「掠奪」意指把真實的東西強制性地從隱蔽狀態下拉出來，使它展示在光天化日之下。所以要獲得對真實的東西(真理)的認識，就得消除迷誤，並將真實的東西保護在它的無遮蔽狀態中。最後，海德格還強調藝術是對真理的期待。藝術的本質是詩。在詩中，有某種新的東西作為真理顯現出來。一個亮敞之地打開了，這才是真理發生的本質。當然，這個本質根源於語言之中，因為「語言的作品是存在的最原初之詩」❷❼，是「存在自身的澄明與遮蔽的到來」❷❽。

---

❷❺ 《全集》卷3，頁257。

❷❻ 同上，頁258；亦見《全集》卷2，頁46。

❷❼ 《全集》卷3，頁261。

❷❽ 《海德格基本著作》，頁206。

　　海德格的藝術觀展示了他對物的重新思考，在他看來藝術作品就是物性(Dinglichkeit)，是事實，而全面計算的現代科學卻招致了物的損失。物已不再立足於自身，它消溶到它的設計和變革的計算要素裏去了。藝術作品則相反，它的作用是防止物的普遍喪失。里爾克在物性的普遍喪失中努力要使物的本身性煥發出詩意的光芒，為此他指出了存在物的天使；同樣，海德格也在思考物性的普遍喪失，為此他用藝術來作為對物的保護。❷❾ 如果在藝術作品中其真理尚能顯露的話，那麼它便標明物的真理本身。

　　總之，海德格的真理觀也是與真理的揭示、去蔽含義密切相連的，同時還是與現代科學截然相對的。這在高達美為海德格《藝術作品的本源》一書所作的導言〈藝術作品的真理〉中有典型論述。高達美在藝術觀上也像在其他方面一樣，得益於海德格太多，所以他始終沒有忘記從海德格的本體論角度去追問真理的意義，亦即存在的意義。儘管方式和內容已有了很大的不同。因為高達美在繼承海德格藝術觀的基本本體論思想時，也對藝術作了更大的發揮。這種發揮最為典型地體現在下面將要論述的作為本體論說明的線索的遊戲上。

2.藝術昭示存在

　　海德格在藝術作品的起源中揭示了物性、世界與大地、敞開與遮蔽、詩的期待等。這種藝術觀牢牢立足於存在之上，沒有存在，便沒有了作為器具的物和物性，沒有了世界與大地，也就無所謂敞開與遮蔽，無所謂衝撞與張力了。這樣，也就沒有了真理。海德格用這些概念來指稱存在，說明存在在其藝術觀中的核心位置，也說

---

❷❾　《全集》卷3，頁260。

明了存在與真理的密切關係。這就是海德格力圖釋放作為西哲史上囚犯的存在的本意。因為自柏拉圖以來，哲學家們對在者的關注使得存在即人的根基本身反而被遺忘了。在他看來，昭示存在，讓存在處於「無遮蔽狀態」，這即是真理。這種存在的真理觀進一步體現在他的藝術理論中。而這種藝術觀正是高達美所要承襲過來的。

海德格在《存在與時間》中展示的解釋學是一種「此在的解釋學」(Dasein Hermeneutik)，這是對理解的存在的關注。高達美後來進一步將此發展成「本體論的解釋學」，即哲學解釋學。藝術和歷史均為本體論的(人類存在)兩種模式，而這兩種本體論模式的轉變又是在語言的指導下完成的。那種本體論模式即存在的模式在他看來乃是理解，「理解是屬於被理解東西的存在 (Sein)」[30]，因為理解乃是人類生活必不可少的一部分，人類的一切活動和一切語言遺產均表現為理解，當然這種理解在高達美那裏尤其表現為自我理解。高達美時常提到的自我認識 (Selbsterkenntnis)、自我反思 (Selbstbesinnung) 其實和自我理解乃是同一個意思。這是解釋學的主要任務，人對自身的傳統、文化遺產、歷史的理解當屬這種自我理解的範疇之內。由於解釋學的本體論特徵，於是它便與立足於科學的方法區別開來。

藝術是理解的模式，而理解是涵蓋一切的存在。這一種觀點由來已久。從歷史上看，解釋學是作為對理解及其理解意義的研究，這一命題自古皆然，雖然內容和側重各有不同。作為近代解釋學先驅的狄爾泰又重新提出了這一命題。他說：「我們說明自然，我們(卻必須) 理解人」。雖然他為精神科學的獨立性作了艱苦的努力，但他在具體論述理解時則又倒向了科學，向科學的客觀方法讓了步。

---

[30] 《全集》卷 2，頁XVII。

海德格在《存在與時間》中放棄了狄爾泰的客觀化理解，將理解深深扎入到存在之中。在他看來，理解是人的生存的籌劃和設計。這種理解觀對高達美有很大的影響，它深深影響到高達美的藝術觀。

按高達美的解釋學體系，藝術屬理解的模式之一。故對這種藝術，他也是從本體論角度來談的。藝術是其本體論解釋學即理解理論展開的第一部分。他對這種藝術本體論的捍衛和維護乃是想反對那種被科學的真理概念弄得很狹窄的美學理論，尤其是美學主觀性理論，以展示另一種完全與之不同的人生經驗，這種經驗也是一種認識，一種真理。但它是關於人的認識和真理，它們是精神科學特別探究的對象。它們並不像康德所說，是純粹主體鑑賞的和無利害的愉悅的對象，這種對象與社會生活和人類存在無關。社會生活與人類存在是藝術超越不了的領域，它必須把它納入自己的範圍，才能成為真正意義上的藝術經驗，才能成為認識，成為真理。在首先確立了藝術的本體論、即藝術是作為存在的真理之顯現的藝術觀時，高達美進一步具體論述了藝術作品的本體論問題。

三、藝術作品的本體論意義

高達美在將藝術經驗的真理作進一步的展開時，開始展示了他藝術真理的入門概念，也是對於其藝術觀理論至關重要的一個概念：遊戲(Spiel)。通過遊戲一詞的分析，他展示了對主觀性的批判，強調了遊戲是生命存在的自我表現以及遊戲的參與真理的特性。觀賞者只有參與到藝術作品中，它的意義才能顯示出來。真理的參與特性還表現為對話。最後，本文還將展示高氏對於具體的藝術作品即詩的分析，指明詩作為藝術的期待，其意義也正是在於展示真理，

使真理從流放中歸來，而處於家室之中。上述這些，都構成了藝術作品的本體論意義。

1.遊戲作為真理之發生

照高達美看來，遊戲(Spiel)一詞是藝術真理的入門概念，所以「遊戲的概念是尤為重要的」，它構成了「我們藝術經驗的人類學基礎」❸。他之所以引進此詞，是為了說明藝術中所包含的是何種的知識和真理。高達美是在隱喻的意義上使用遊戲這一詞的。在他那裏，遊戲成了人類生活的一種基本職能，因而要是沒有遊戲因素，人類文化則是完全不可想像的。

遊戲曾在美學中起過重大作用，但高達美的遊戲觀與傳統的遊戲觀不同，尤其與康德和席勒那裏所具有的遊戲觀（這種遊戲觀曾經支配了後來的新美學和人類學）不同，它並不表示一種主觀的意義，即鑑賞活動中的情緒狀態和某種主體性的自由，而是指藝術作品的存在方式。遊戲而非審美意識，才是我們思考的對象。❸

康德和席勒都提倡過遊戲說。二人都用遊戲說表示藝術的自由。康德把自由看作藝術的精髓，正是在自由這一點上，藝術與遊戲是相通的。其遊戲概念不僅表現在藝術創造上，而且表現在藝術欣賞上。想像力與知解力都屬自由活動的心理範疇。而自由活動從其原文 (Freispiel) 上看，也就是「自由遊戲」。詩是「想像力的自由遊戲」，音樂和「顏色藝術」是「感覺遊戲的藝術」，遊戲能產生快感和滿足感，造成身體方面各種活力的平衡。總之，在康德看來，

---

❸　《美的現實性──作為遊戲、象徵和慶典的藝術》，斯圖加特，1977年，頁29。

❸　《真理與方法》，頁97。

美感是自由活動的結果，而遊戲正是這種自由活動和生命力的暢通。❸

席勒同康德一樣，也持藝術遊戲說。他在《審美教育書簡》中說，人有兩種自然要求或衝動，一個是「感性衝動」，另一個是「形式衝動」或「理性衝動」。這二者的統一就是「遊戲衝動」。遊戲在席勒的術語中同在康德的術語中一樣，都與「自由活動」同義而與「強迫」對立。感情衝動的對象就是美，亦即活的形象，這種形象是感性與理性、形象與內容的統一體。只有在這種統一體中，才能產生「完整的人格」與「心靈的優美」。所以他說：「人同美只應是遊戲，人只應同美遊戲」；「只有當人是完全意義上的人，他才遊戲；只有當人遊戲時，他才完全是人。」❹

康德與席勒的遊戲觀都沒有為高達美所繼承，因為這兩種遊戲觀都是為展示人的主體性自由，康德認為美的表象是在想像力與知性的自由遊戲中將心靈激活。這種認識能力的自由遊戲不包含一個對有關對象內容的概念式把握，不要求任何有關對象的觀念。這種強烈的主觀主義傾向正是高達美所要反對的。其實，驅使高達美提出遊戲學說還有一個原因，就在於他力圖向當時的「新批評」的主觀主義觀點發難。

高達美在分析遊戲特徵時，首先強調了遊戲的主體是遊戲本身，而非遊戲者，強調了我們參加遊戲的第一性。他認為「遊戲的

❸ 見康德《判斷力批判》上卷，北京商務，1987年，頁167～168（第51～54節）；亦見朱光潛《西方美學史》下卷，人民文學出版社，1982年，頁383、384。

❹ 席勒《審美教育書簡》，北京大學出版社，1985年，頁80。關於席勒的遊戲說，詳見此書第十一至十五封書信。

主體不是遊戲者」⑤，因為「遊戲具有一種獨特的本質，它獨立於那些從事遊戲活動的人的意識」⑥。也就是說，遊戲優先於遊戲者的意識。而遊戲只不過是通過遊戲者得到表現。重要的是遊戲本身的來回運動。高達美這一有悖常識的遊戲觀具有重要的意義。因為按常理來說，沒有遊戲者即主體，也就談不上遊戲。但是高達美對此作了不同的理解。他之所以要對遊戲作那種現象學的描述，是要從根本上使近代哲學認識論意義上的主觀和客觀的二分站不住腳。因為如果在遊戲中，遊戲本身、遊戲的來回運動是第一性的，那麼區分主客觀就毫無意義。照此，康德的主觀化美學也是站不住腳的。在高達美看來，遊戲最突出的意義就是自我表現 (Selbstdarstellung)。這是遊戲的存在方式。因為自我表現乃是自然的普遍的存在狀態。比如在戲劇 (Schauspiel) 中就需要有觀眾，只有觀眾才實現了遊戲作為遊戲的東西，也只有在觀者那裏，戲劇才能贏得它的完全的意義。因此，遊戲還向我們表明，遊戲本身是由遊戲者和觀賞者所組成的整體。高達美由此得出的結論是：「藝術的表現按其本質就是如此，即藝術是為某人而存在的，即使沒有一個只是在傾聽或觀看的人存在於那裏。」⑦這就是說，藝術作為遊戲，乃是為他人而創造的。這種藝術需要有人、即觀者的參與。沒有觀者，遊戲本身便失去了意義。高達美舉例說，遊戲 (Spiel) 一詞還有一個意義，就是「戲劇」。戲劇本是為觀眾而創作和演出的，如果沒有觀眾，沒有面向觀眾的「第四堵牆」（指舞臺上朝向觀眾的那面），那麼戲劇便失去了其意義。如他本人所說：「所有的自我理解都是在某個於此被理解

---

⑤　《真理與方法》，頁98。

⑥　同上。

⑦　《真理與方法》，頁105。

的他上實現的，並且包含這個他物的統一性和同一性。只要我們在
這個世界中與藝術作品接觸，並在個別藝術作品中與世界接觸，那
麼這個他物就不會始終是一個我們剎那間陶醉於其中的陌生宇
宙。」❸

　　這裏，高達美通過觀賞者或遊戲者的存在，肯定了真理的參與
特性 (Teilhabewahrheit)。觀賞者只有參與到作為遊戲的藝術作品之
中，作品的意義才能顯現出來。只有人們參與到真理之中，真理才
能為人揭示。以後高達美又用對話的辯證法來說明這點。高氏說，
必須從對話出發，即從問答的辯證法出發來思考和理解，人就是在
這種問答的辯證法中彼此理解並表達共同世界的。語言遊戲與藝術
遊戲都與這種對話語言有關。所以高氏說，「因此，問答亦是在本文
及其解釋者之間進行的。」❸ 同文學作品、傳統及遺傳物的每一次遭
遇都是對話。

　　在對話中，意義得到展現，真理得到揭示。而這種對話永不停
止，是永遠處於路途中的理解，因此真理的參與也是無休無止的。
藝術是對過去和現在之間的溝通，藝術的真理和意義永遠無法窮盡，
它只存在於過去和現在之間無限中介的程序之中。

　　此外，在關於藝術作品的問題上，高達美還談到原型和摹本的
關係。他以繪畫 (Bild) 為例，說明了存在與藝術作品的關係就是原
型(Urbild)與摹本 (Abbild) 的關係(在柏拉圖那裏，理念是原型，現
實是摹本)。藝術作品作為摹本，也具有表現存在的作用，而不是對
現實的單純的摹寫和摹仿 (這也是與柏拉圖的藝術是摹仿的觀點相
對立的)。因此，這種摹本 (藝術作品) 就是一種「存在的擴展

---

❸　同上，頁92。

❸　《全集》卷 2，頁6。

(Zuwachs an Sein)」**❹**。存在(原型)只有通過摹本,才能表現其自身。所以高達美的結論是:「一般來講,並且在某種普遍的意義上來說,藝術給存在帶來了某種形象性的擴充 (einen Zuwachs an Bildhaftigkeit)。」**❹** 高達美通過繪畫的本體論意義,分析了藝術作品的這種擴展存在、表現存在的積極功用。這進一步表現了他的觀點:藝術不是現實的逃避和抽象,而是以真理和認識為目的的遊戲。

總之,高達美的遊戲概念對於他的藝術作品本體論的建立至關重要。他的遊戲概念實現了他的三大藝術真理的目標:一是清除主觀性,清除主─客觀的二分;二是強調了遊戲的自我表現乃是藝術作品的存在方式;三是引入了藝術作品的真理參與特性。這三大目標構成了他本體論得以建立的基礎。關於遊戲概念,高達美早期也談。但早期遊戲概念的內涵很狹窄,它並沒有現在的本體論含義。它實際上是「辯證倫理學」或「教育國家」的同義語,這個遊戲概念出現在他早期取得(教授)資格的論文以及其他地方中,它也未產生出任何影響。**❹**

在另一處,高氏也說:「……今天如果我去回顧一下,我就覺得(我所)致力於的理論方式的一貫性在某一點上並未完全達到。還不清楚的是,兩種基本設計──即以遊戲概念反對現代的主觀主義思維開端──如何協調起來。在這裏,有時是定向於藝術遊戲,有

---

❹ 參見高達美在《真理與方法》第一部分中以繪畫 (Bild) 為例對原型和摹本所作的分析。見該書中 "Die Seinvalenz des Bildes" (繪畫的本體論意義)一節,頁128～136。此外,高氏在第三部分論語言中,也對此有所提及。

❹ 《真理與方法》,頁136。

❹ 見蘇里萬《政治的解釋學》,頁8、9。

時又是以交談中語言遊戲所處理的語言為標準。由此就提出了這個
更為寬泛的決定性問題，即我是怎樣使解釋學的維度作為自我意識
的一個彼岸世界變得清晰可見的，也就是說，怎樣在理解中並沒有
揚棄而是保留了他者的差異性。這樣我又使遊戲概念再次回到我們
擴大到普遍語言性中的本體論透視上來。」❸ 為此，高氏表明，語言
遊戲與他在這種遊戲中發現的作為解釋學典型實例的藝術遊戲應當
密切聯繫起來。因為在這兩種遊戲模式中，均可以思考我們世界經
驗的普遍語言性。在《真理與方法》的第二版前言以及〈現象學運
動〉一文的最後幾頁中，高氏就已指出他在三〇年代形成的有關新
遊戲概念的思想，與晚期維根斯坦的遊戲思想就有很大程度上的一
致。❹ 後期高氏還表明，當他們把學習說話稱為學習程序時，這僅
僅是一種表達方式，「實際上，它是一種遊戲，一種模仿和交流的遊戲
⋯⋯」❺ 。可見高氏的遊戲概念具有廣泛的含義。

　　在後期，高達美發現，他在《真理與方法》一書中，還沒有精
確地認識到語言遊戲與藝術遊戲之間的顯著差別，因為語言與藝術
之間的關係無論在任何地方都是顯而易見的，這種兩種遊戲的差別
也正是要通過語言藝術或書寫的藝術，才得以被定義。❻ 高達美所
說的情況也的確屬實。因為他常將藝術與語言混合在一起談。難怪
這裏他要為他時常混淆語言遊戲與藝術遊戲的做法辯護了。

2.藝術與模仿

❸　《全集》卷2，頁5。
❹　同上。
❺　同上。
❻　同上，頁16、17。

　　關於藝術與模仿的關係，高氏沒有直接去作出回答，而是從現代抽象藝術談起。抽象藝術是一種非對象性的藝術。對待這種新藝術，古老的美學概念已不太適應，它需要的是一種新尺度。始於第一次大戰的抽象藝術與同時產生的無調式音樂一樣，都同是無對象性的，都同樣令人困惑。同時我們還看到（如在普魯斯特和喬伊斯那裡）觀察隱藏於他人之後的事件並將它們用史詩表達出來的樸素而全能的敘述者也消失不見了。在抒情詩中，我們聽見的是打斷並禁止熟悉的旋律語言之流的聲音。最後，在戲劇中我們也感到有某種類似的東西。針對這狀況，高氏說：「我不從那些對藝術作解釋和其他當代的解釋——這些解釋沒有意識到它們對目前流行觀念的依賴——的意圖出發，我想轉向由哲學構成的美學思維傳統這樣一個問題。」 ❼ 為此，高氏探討了現代繪畫問題中的模仿(Imitation)概念。高氏表明：「……這個概念能在一種充分廣泛意義上被人理解，歸根到底，它仍擁有某種真理。」❽模仿概念最早源於古希臘，亞里斯多德是其代表人物。當然，在亞氏之前，還有畢達哥拉斯和柏拉圖。

　　畢達哥拉斯的中心概念是數。世間萬物都可能通過數得到解釋。在他看來，宇宙、天穹以及音調，都可以「以一種美妙的方式通過數的比例——尤其是偶數之間的比例——再現出來」❾。按照畢達哥拉斯的數導，被模仿的東西是「數以及數與數之間的比例」⓾。但是什麼是數？什麼是這些比例？高氏說：「顯而易見，數

---

❼　高達美《哲學解釋學》，頁93。關於模仿，亦見《真理與方法》，頁146
　　～149、151、152。

❽　同上，頁94。

❾　同上，頁101。

⓾　同上。

的本質並非某種我們所能知覺到的東西，而是我們只能在頭腦裏想像出來的一種關係。通過我們所稱之為 Mimesis（模仿），純數的建立不僅僅在感覺世界中產生音調的秩序。」[51] 音樂在畢達哥拉斯那裏是一個重要的概念，它不僅在祭祀中發揮作用，而且還有利於淨化靈魂。「因此，最初的模仿概念，包涵三種秩序之顯示：宇宙的秩序，音樂的秩序以及靈魂的秩序。這一事實——即所有這三種不同的秩序形式都基於數的模仿或數的Mimesis——有何意義？很明顯，這乃是因為數以及數與數之間的純粹關係構成了這些秩序顯示的本質。」[52] 從畢達哥拉斯那裏，我們可以看出數與模仿有一種很近的淵源關係。

柏拉圖對藝術、由此也對模仿持一種批判態度。他認為凡世間一切事物，無不是分有理念 (Idee)。理念是原型，其他事物均只是理念的摹本。由此，柏拉圖「宣判了藝術的死刑」，因為藝術同真理不只相隔了一層。藝術只是模仿事物，這些事物本身僅僅是它們的永恆形式、本質或觀念的偶然模仿。因此，一條鴻溝將所有事物與藝術真正地區別開來，藝術作模仿之模仿與真理隔了三層。[53]

在高氏看來，柏拉圖的模仿說有一種辯證的諷刺含意。真正對之有意識作出正確顛倒的是亞里斯多德。在亞氏那裏，模仿作為Mimesis，從根本上說具有一種有效性。雖然亞氏並未提出一種真正的藝術理論，但我們從其悲劇理論和進化觀中，仍不難找到一些有關藝術的論述。亞氏在論及悲劇時運用了模仿概念，並且在他那

---

[51] 同上。

[52] 同上，頁102。

[53] 《哲學解釋學》，頁98～99；亦見《真理與方法》英文版，倫敦，1957年，頁155。

裏才「具有了一種基本的和肯定的意義」❸。那麼，當他聲稱藝術
是模仿 (Mimesis) 時，他意指什麼？高氏說，亞氏「首先注意到人
對模仿的自然傾向以及我們在這種模仿中所獲得的愉悅。在此背景
中他聲稱我們在模仿中獲得的快樂實際上是認識的快樂。」❸ 在模仿
中獲得快樂，並使這種快樂成為一種認識的快樂，這種觀點在近現
代不僅找不到回應，而且還「引起了激烈的反對和批判」❸。高氏
在為亞氏的模仿觀辯解說，亞氏在描述模仿時「顯然」考慮到我們
的日常生活。從以下這段話中，我們也許能夠確定亞氏之所以堅持
模仿論的理由：

> ……他(亞里斯多德)指出，孩子喜歡做這類事情。我們能夠
> 理解，當我們考慮一般人、尤其是孩子在喬裝打扮時，這種
> 認識中的快樂意味著什麼。沒有什麼比有人不認真對待孩子
> 們的偽裝更令他們生氣的了。因此，在模仿中，我們並不一
> 定設想我們認出了那個喬裝成某人的孩子，相反，而是設想
> 我們認出了那個孩子再現的人。這乃是隱藏於所有模仿的行
> 為形式和表現之後的動機。模仿行為使某物出現，認識確定
> 和證實了這一事實。然而，這並不意指當我們認識被再現的
> 東西時，我們應當試圖確定在源始的東西與其模仿性之間有
> 多大程度上的相似。❺

---

❸ 《哲學解釋學》，頁99。
❸ 同上，頁98。
❸ 同上。
❺ 《哲學解釋學》，頁98。

對於亞氏的這種觀點，高氏是持贊同態度的。他肯定地斷言：「毫無疑問，模仿的本質無疑恰恰在於認識在再現中被再現的東西。」❺❽一件東西，如果我再一次看見它時，我還不能意識到我見過它，那麼我就不能說我認出了它。這裏，認識如同模仿或再現。模仿意味著把某物作為我曾見過的東西再現出來，同樣，認識意味著現在我將某物作為某種我曾見過的東西辨認出來。在此，「作為」(als)是一個關鍵詞，正是它將認識者與被認識之物、表現者與被表現之物，進而言之，模仿者與被模仿之物聯結起來，所以它是連接二者的橋樑。因此，高氏得出的結論是：「認識之程序，部分在於我們按照事物中的恆久的和本質的東西去觀察事物，而不受它們以前被看見和以後又被看見的偶然環境所影響。此即構成認識並在模仿中把快樂賦予我們的東西。因為模仿所揭示的東西恰恰是事物的真實本質。……因此，對自然的模仿並非意味著由於它是一種模仿而必然比自然遜色。」❺❾

模仿概念可以在古代找到其起源，但若追溯其在美學和文學中的極盛狀態，則應是在十七～十八世紀的法國古典主義，無論是繪畫方面還是文學的古典主義。之後它又對德國古典主義產生了影響。在模仿概念佔主流的世紀中，「藝術是作為對自然的模仿」這一觀念佔主導地位。當然這一觀念與極端的自然主義——即認為藝術應該直接忠實於自然——的觀念是沒有任何關係的。十八世紀末，模仿概念受到一個全新的概念——即表現的挑戰，並由之而走向沒落。因為表現概念似乎有更為廣闊的範圍，主觀發揮的餘地也更大，如在音樂和繪畫中。如此，表現概念「在十九和二十世紀主宰著審美判斷」❻⓿

---

❺❽　同上，頁99。

❺❾　《哲學解釋學》，頁98。

再回過頭來看看模仿與藝術之間的關係。若將模仿概念擴大來看，就可以察見到模仿對理解現代藝術的作用。高氏說：「Mimesis（模仿）揭示了我們稱之為宇宙(Kosmos)的神奇秩序。Mimesis這一觀念，即模仿和在模仿中認識的觀念，似乎內涵寬廣得足以幫助我們有效地理解現代藝術中的現象。」⑥ 過去模仿與藝術原始的淵源關係說明了這一點，現在即使在很大程度上帶有表現成份的抽象繪畫中，也仍將能說明這一點。抽象繪畫作為對自然的變形的反映，音樂作為被人改造過的自然的天籟之聲，詩歌作為將我們帶入新的世界的路徑，都與存在有著直接和間接的關係。

藝術是作為存在的真理之展現。這個作為又一次與模仿概念聯繫起來。為了解釋藝術與存在的關係，高氏在《真理與方法》中談及了原型與摹本的關係。

為什麼要恢復模仿？高氏的最終落腳點還是藉此來表達對現代技術及其方法的不滿，而非僅僅是要恢復模仿本身。因為模仿與再現是聯繫著的，被模仿被再現的東西是物，是存在，只有通過模仿、再現，才能展示物，展示存在，進而擴大存在，擴大被藝術作品所要再現的「原型」。 我們現代的工業文明以及我們方法上的成功使本源性的「物」被摧毀，我們很難與「物」發生關係，因為現代的物純粹是商品，它可以被買賣、消費，甚至作為垃圾被扔掉。物「沒有歷史，沒有生命。這即是現代世界之模樣。」⑥ 「然而，當作品成功地上升到存在或表現了一種新的結構，一個它自己小型的新世界，一種張力中統一體的新秩序，這時，藝術就出現了。」⑥ 高氏說，如

---

⑥　同上，頁94。

⑥　同上，頁101。

⑥　《哲學解釋學》，頁101。

果要他提出一個普遍的關係範疇(包括表明、模仿、符號等)，那他將選擇在最源始的意義上作為秩序之展示的"Mimesis"(模仿)。Mimesis 過去有效，現在亦有效。它擁有精神的秩序化力量仍會在我們規模生產的日益標準化世界中發揮作用。「藝術作品給人類存在的普遍特徵——永不停息地建構一個世界的程序——提供了一個完滿的範例。」❻

3.論詩對探索真理的貢獻

在海德格看來，藝術的本質是對真理的期待。藝術的本質是詩。作為藝術作品的詩和真理是密切相關的。高達美在〈藝術作品的真理〉中承襲了這一觀點，並在〈論詩對探索真理的貢獻〉一文中更是加強了這種觀點。他在本文中說，「詩與真理」這兩個概念的關係並不是一種對立的關係，而是一種相互干預的關係。詩在恢復真理中所起的作用是積極的。在他看來，「詩的語言擁有一種與真理的特殊的唯一無二的關係」❻。這首先表現在「詩的語詞表達了它自己與存在的關係」❻。在高氏看來，詩是在一種著名意義上的語言。「語言的藝術不僅決定詩的成敗與否，而且還決定其對真理的要求。」詩的語言不同於日常語言，它不同於日常語言的資訊交換，也不可能在用它來證實它與現實的相符，故一般的說法是：「詩人常常撒謊」。❻ 這似乎與藝術的真實性信仰相矛盾。我覺得高達美用

---

❻ 同上，頁103。

❻ 同上，頁103～104。

❻ 《短論集》卷4，圖賓根，J. C. B. Mohr出版社，1977年，頁218。

❻ 《真理與方法》，頁445。

❻ 《短論集》卷4，頁218。

詩人撒謊的例子來向我們表明，詩作為藝術作品並不一定要求它的內容與現實相符，或主觀與客觀相等。因為那是科學而非詩的目標。

在柏拉圖哲學中，評價詩人，判別他們的「謊言」美還是不美，其標準就是他們是調和了衝突因素還是妨礙了它們的和諧。高氏說柏拉圖「對詩歌的批判以明確批判現存教育的形式，通過其對人類本性的滿懷信心的信任以及理智的教育力量，發展了這種抗衡。他提倡一種強制性的、徹底淨化的詩歌，這種詩歌不再是人類生活的反映，而是著意美化謊言的語言。它是在『純化』的城邦中倫理的教化力的表達。」❻❽

在第十卷中，柏拉圖重複了他對詩歌的批判，並證明了城邦禁止詩歌的合理性。……在他看來，藝術本質上只是摹仿。畫家就是一個例子。蘇格拉底甚至把詩人與畫家都歸入「手藝工匠一類」。在繪畫這類表現性藝術中，繪畫雖與被畫的實在有聯繫，但前者僅僅是與後者即真正實在「相似的某種東西」，並且，畫家「純粹是一個現象的摹仿者，而非真理的摹仿者」❻❾。其作品愈完美，其欺騙性也就愈大，此類藝術，均以現象為媒介，而複製事物的外形又具有無窮之能力，因為它的目的非常明確，那就是欺騙。「藝術家像一個全能者，像一個魔術師或『智者』。」❼⓿

詩的目的在於，在閃爍不定的思辨的語詞背後向我們打開一個新的世界、新的天地。這種向世界的開放性也就是詩的真理之所在。事實上，詩的語言表達了它們與存在事物的關係，這就是它有悖於、並且超越於語言的日常用法的精義所在。這種精義就是：詩的語詞

---

❻❽　《全集》卷 5，頁201。

❻❾　同上，頁202。

❼⓿　《全集》卷 5，頁201。

有一種自明特性，它所表達的是它與存在的真正關係。

　　這是為什麼？高達美回答道：因為詩人是傑出經驗的思辨者，它將某種新的東西帶入到未說出的東西的領域中。它通過自己向存在開放而向存在中新的可能性開放。正如賀德齡告訴我們的，詩人首先有意識地使自己免除日常的、習慣的和陳腐不堪的語詞及其用法。當他環視自己周圍時，他好像才首次看見這個嶄新的和不可認識的世界。他的認識、他的眼界、還有藝術、自然——所有這一切，都中止在非確定上。這是存在和思維習慣模式的中止。這種中止能使偉大的詩人錘煉出一種新的思維和情感方式。❼ 高達美說：「詩的陳述是思辨的。就它沒有複製下現刻存在中的世界而論，它也沒有單純反映存在秩序中對存在的看法；相反，它倒是在詩的發明的想像中，向我們展開出一種對新世界的新觀點。」❼

　　高達美的詩的語言的本質特性其實表現的就是開放性，即真理。在〈論詩對探索真理的貢獻〉中，高達美又分析了這種開放性的真理之來源。他說：「在此，什麼是『真理』的意義？在古希臘哲學中，『真理』就已經具有了一種雙重的意義。它當被運用於古希臘人的活生生的語言中時，真理(aletheia)這一表達就被妙譯成了『開放性』。因為它總是與涉及到的談話的語詞相聯繫的。開放性意味著某人意想的東西。在這一熟悉的短語中，語言根本不是我們揭示自己思想的手段。因此，真理的源始意義，在於我們談說真實，我們談說我們意指的東西。」❼ 當然，這也是在追問「在此被揭示出來的

---

❼　見《真理與方法》，頁445、446；亦見帕爾默對高達美語言的思辯結
　　構的分析，載《解釋學》，頁211。

❼　《真理與方法》，頁446。

❼　《短論集》卷4，頁220。

東西」**❼** 。

　　高達美的這種詩的語言的揭示觀在很大程度上得益於海德格的語言的詩化觀。在《論人道主義的信》中，海德格斷言，我們在思考語言問題的時候，必須擺脫傳統邏輯和語言，這樣我們才能欣賞語言的詩的特點。「語言的特點是詩」。若是我們能從語法邏輯中將語言「解放出來」，那我們就能恢復語言的「更為源始的本質結構」，即「詩意的創造」**❼** 。詩的語言的開放性昭示了存在的真理本質，它建立了世界和大地，敞開與遮蔽。

　　最終，詩在高達美那裏成了真理的棲居的場所。因為詩的語言是有一種「接近性」，它接近我們人類的基本狀況。這種詩的語言使人感覺好像在家一樣。我們的基本任務是「使我們處於家室中」(Einhausung)，而非使真理放逐。語言作為存在之家談說著所有的真理。而詩的語言則高於其他語言，它是「所有語言的最高成就。」**❼** 因為它作為揭示的最高的完成而顯現出來。這些觀點，我們從高達美和海德格對里爾克 (Rilke) 和賀德齡 (Holderlin) 的分析中均可以見到。高達美與海德格的不同，在於他從海德格語言詩化觀中進一步發展出詩與真理的密切關係。

4.美學與解釋學

　　美學與解釋學有一種天然的淵源關係，二者始終是相互聯繫而非排斥的。解釋學的任務是理解，理解必然包含藝術作品。如果從狹隘的意義上去定義解釋學的任務，即將其定義為「溝通兩個精神

---

❼　同上。

❼　《海德格基本著作》，第5章「論人道主義的信」，頁194。

❼　《短論集》卷 4，頁224。

之間個體的或歷史間距的橋樑，那麼藝術表現則似乎完全處於解釋學領域之外。」⑦ 但這是不可能的，因為「對於在自然和歷史與我們照面的所有事情來說，最為直接地向我們說話的當是藝術作品。」⑱ 高氏說：這種藝術作品「擁有一種神秘的親和力，這種親和力把握了我們的整個存在，似乎沒有一點距離，似乎與它的日常遭遇就是與我們的日常遭遇一樣。」⑲ 為此，高氏提到黑格爾，因為黑格爾把藝術視為一種絕對精神的形式，即他在藝術中看到一種精神的自我認識之形式。康德依照科學的認識概念和自然科學的實在概念來考慮認識的真理，這點我們很難接收。但在黑格爾《美學講演錄》中，我們卻看到所有藝術經驗所包含的真理內容。在黑格爾那裏，「美學因此而成為一種在藝術之鏡中反映出來的世界觀之歷史，即真現的歷史。」⑳

　　歷史雖在不斷變化，但是作品(無論何時的作品)與現刻的觀者之間，卻存在著一種「絕對的同時代性」。藝術作品的現實性及其表現力不可能被嚴格地局限於其原初的歷史視界之內，藝術作品始終具有自己的現刻。「藝術作品唯有以一種限定的方式才可將其歷史源泉保留在它自身之內。」㉑ 高氏因此而斷言：「藝術作品是一種真理之表現，此表現不可能被還原為它的創作者在其藝術作品中實際所想的東西。」㉒ 審美意識有可能訴諸於這一意識，即藝術作品與其

---

⑦　《哲學解釋學》，頁95。

⑱　同上。

⑲　同上。

⑳　同上，頁126。

㉑　《哲學解釋學》，頁96。

㉒　同上，頁95～96。

自身的交流。

但解釋學的視域遠遠超出了審美意識的範圍，它不僅讓作品與其自身交流，而且還「將美學經驗包容在自然和藝術中」⑧。藝術作品的全部世界經驗是傳達人類此在歷史性的基本結構。這就涉及到傳統。因為傳統既「包覆了慣例和生活形式，亦包覆了本文」⑧。更為重要的是，與藝術遭遇涉及到傳統之內的全部人類生活。但它對未來的態度是怎樣的呢？高達美說：

> 的確，是否藝術作品的特殊同時代性恰恰包含在它以一種無限的方式向新組合開放之中，這甚至還是一個問題。藝術作品的創作者也許傾向於他自己那個時代的大眾，然而其作品的真正存在，都是它能夠說出的東西，並且這種存在基本上超越了任何歷史的局限。在此意義上，藝術作品具有一種無時間的現刻存在。⑧

不過高氏又說，這一陳述並非意味著藝術作品不負有理解的任務，或者意味著我們未在其之內找到它的歷史遺產。凡是藝術作品，當它未被人從歷史角度有意加以理解，並且也沒有以一種絕對的在場呈現它自身時，它就還未允許有任何形式的理解。也就是說，評價一部藝術作品，一方面得考慮它的歷史性，另一方面，得考慮它的現刻存在，它的永恆價值。二者缺一不可。

作為一位對社會負責的哲學家，高達美是反對純粹的審美悅愉

---

⑧　同上，頁96。

⑧　同上。

⑧　同上。

和為藝術而藝術的虛無主義美學觀的。他認為藝術作品負擔著審美教化的任務，因而對社會是負有責任的。他反問道：「藝術作品在其源頭中難道不是宗教儀式或社會本文內的一種有意義的生命功能之承擔者嗎？而且，難道不是在這一背景之內，藝術作品才對意義有完整的確定嗎？」[86] 相反，有一種觀點不顧事實真相，將來自於過去或外來生活世界和被歷史地轉變成教化世界的藝術作品完全變成一種審美愉悅對象，而且一點不談它原來必須說的東西，事實果真如此嗎？答案顯然否定的。高氏認為正是對這一問題的探討，才使我們接近了「美學與解釋學」這一主題的真正方面。在分析了康德的「無利害審美愉悅」後，高氏說：「若要我們界定美學與解釋學之間的關係，我們就要確定藝術作品而非藝術美學的產生過程。無論如何，當我們說，藝術向我們訴說了某種東西，並且由此藝術作品也就從屬於我們必須理解的事物之母體時，我們的判斷才不是隱喻，而是具有一種有效的和可明證的意義。如此，藝術作品才成其為一個解釋學的對象。」[87]

　　現在再來看看解釋學。什麼是解釋學？高氏說，「解釋學照其原初定義，乃是通過我們自己的努力，澄清和傳達我們在傳統中遭遇到的人所說的東西」。[88] 這也就是說，「凡所說之內容不直接為人理解之處，解釋學都在發揮作用。」[89] 自德國浪漫主義時代以來，有人就把避免誤解定義為解釋學的任務。這一定義使得解釋學原則上已達到它應該達到的意義表現之領域。解釋學在此要處理語言事件，

[86]　《哲學解釋學》，頁99。

[87]　同上，頁98。

[88]　同上。

[89]　同上，頁98。

處理一種語言譯成另一種語言，要處理兩種語言之間的關係。這就涉及到理解。他說：「就我們只能由一種語言向另一種語言翻譯而言，若是我已經瞭解了所說事物之意義，並以其他語言為媒介重新構造它，那麼，這樣一種語言事件就預設了理解。」❾⓿

　　由於藝術語言問題以及藝術經驗的合法性問題，故解釋學與美學之間的聯繫也就變得可以察見的了。這裏先談談語言問題。語言問題為什麼對於美學和解釋學如此重要，後面有專章討論。這裏只是要說明：「對於有助於他人理解可理解物的每一種解釋，都具有語言的特性。至此，完整的世界經驗就在語言學上被傳達出來，傳統的最廣義的概念——此概念包括了並非是語言自身的東西，而是能夠從語言上加以解釋的東西——也由此得以界定。」❾①

　　藝術作品來源於歷史，它本身就是一個歷史文獻，但永恆對於每一件藝術作品來說，都是至為本質的。成功的藝術作品，無一不是「持續站立著的」。我們所要求的藝術作品的語言是藝術作品自身說話的語言，無論它是自然中的語言，還是非自然中的語言。藝術作品向藝術家訴說某事，正如它在過去也曾作為現存的和當代的事情特別向人訴說的那樣。如此看來，我們的任務就在於理解它所說出的意義，並使它對於我們自己和他人變得明晰可辨。因此，即使是非語言的藝術作品，都處於解釋學的合適職責的範圍之內。

　　由此，高氏得出結論說：正是「在這種廣泛的意義上，解釋學包容了美學。」❾② 解釋學為精神之間的間距架設了橋樑，並揭示了其他精神的外來性。當然，這並不單單意味著，揭示陌生的東西就等

---

❾⓿　《哲學解釋學》，頁98。

❾①　同上，頁99。

❾②　《哲學解釋學》，頁100。

於歷史地「重構世界」(事實上，完全的重構並不可能，亦不足取)，它也意味著把握向我們訴說的東西，這些東西所包含的內容總是多於公開宣佈的和已經被理解的意義。理解談話並非只是去理解談話的措詞，而是透過措詞去理解在所說的東西背後所表達的內容。對藝術的體驗不僅在於理解一個可以認識的意義。「理解藝術作品向我們說話乃是一種自我遭遇。但是藝術經驗作為一種與本真性的遭遇，作為一種包涵了驚奇的複雜性，即是真正意義上的體驗，並且它甚至必須重新把握經驗所涉及到的任務：把藝術作品解釋成人對世界的定向和人的自我理解的整體」。❸

由此，高氏的結論是：「美學是一般解釋學的一個重要因素」❹，並且「解釋學透視的普遍性是包覆一切的」❺。雖然高氏說他的這一斷言「不是一個形而上學的斷言」❻，但似乎形而上學的追求無所不包的意味還是很重。不過，從另一方面看，高氏強調歷史和傳統，強調探索作品語言背後的意義，強調作品的現刻存在比作者本來意圖更為重要，這些既表示了他反對美學上的主觀主義的姿態，同時也為他將要論述的歷史真理埋下了伏筆。

以上便是高達美在藝術經驗中的對真理的問題的重新審視。通過這種審視，他清除了美學中的主觀化傾向和科學化傾向，從而使美學轉向對人類生存和人類生活的揭示，這便是他從海德格那裏繼承而來的藝術真理，這種真理是建立在藝術作品的本體論意義之上，並且這種真理還需要人們參與。當然，高達美對藝術經驗的分析，

❸ 同上，頁100～101。

❹ 同上，頁102。

❺ 同上，頁103。

❻ 同上。

目的並不限於美學領域，它只是其體系展開的一個出發點，相反，他是想從這種分析中引出一種普遍的理解模式，這種模式可以推及對世上的一切東西——本文、歷史、以及任何通過活的傳統傳給我們的東西——的理解。正像高達美所說：「的確，人們本來就必須這樣寬泛地理解解釋學，即解釋學可以包括整個藝術領域及其所提出的問題。每一部藝術作品（不僅是文學作品）正像任何其他需要理解本文一樣，都必須被理解，而且這樣一種理解應當是行之有效的。由此，解釋學意識就是一個廣泛的領域，此領域甚至超出了審美意識的範圍。美學必須被併入解釋學中。……理解必須視為意義事件之一部分 (ein Teil des Sinngeschehens)。在此理解中，一切陳述的意義（包括藝術陳述的意義和其他所有流傳物陳述的意義）才得以形成和完成。」 ⑰

　　但是，這種藝術中的理解，這種藝術作品中的真理又是歷史的，它處於傳統的遺產之流中。因此高達美的結論是：「藝術雖然不是歷史意識的單純對象，但是對藝術的理解卻總是包含著歷史的中介。」 ⑱ 這樣，高達美就從藝術經驗的領域轉入了歷史經驗的領域。

　　高達美的美學觀與其真理觀的思想是一致的。這首先體現在他對主觀主義的批判上。藝術是人存在的模式，它並非人主觀控制的領域。他之所以強調對主觀性的批判，是為了將藝術與科學及其方法的這種實施主觀控制的人為措施區分開來。藝術同遊戲一樣，既非主觀亦非客觀，它並不是我們人所能操縱的東西，而是人存在本身的顯現和描述。這就將主觀主義以及主客觀二分的科學方法排除

⑰　《真理與方法》，頁157。

⑱　同上，頁158。

在藝術的主導思想之外。

其次，在唯美主義流行的今天，高達美重提其藝術真理觀也有其不可忽視的意義。他認為藝術並非是博物館式的與世隔絕、與人類生活無關的藝術。藝術的產生有它一定的社會背景和思想背景。藝術也表現和描述了這種背景。人為地排除藝術中的社會因素，提倡「為藝術而藝術」的唯美主義思想，只會使藝術在象牙塔式的與外界隔絕的環境中衰落。因為藝術在抽掉其社會和道德因素、僅僅沉浸於主體的審美愉悅時，已失去了其原始的生命力。高達美的這種積極的入世主張，與馬克思主義的美學理論（藝術源於生活又高於生活）的主張有很大程度上的相似性。當然他與馬克思主義美學理論所要發揮的主張卻是有很大差別的。馬克思主義美學是想通過藝術與生活的接近來證明其唯物主義的物質第一性的基本觀點，並表明藝術是為勞苦大眾服務的，藝術是表現生活的方式或手段之一，這種方式或手段在高達美看來有一種工具主義因素在其中。而高達美本人則認為藝術是存在的方式，是「存在的擴張」。他這種本體論的藝術觀是與馬克思的藝術理論根本不同的。

再次，藝術既然是存在的展現和擴張，是真理的揭示，認識的揭示，那麼，藝術就必須具有開放性。這種開放性正是高達美真理本身的主要特性。因此，高達美在分析藝術作品時，引進了詩的例子。他認為詩不僅表現了存在，與存在有一種「獨一無二的關係」，而且詩並不摹寫現實，單純地反映現實，或證明其內容與現實的事物相符合。相反，在詩中反倒有一種辯證的因素。詩用新奇的語詞、新奇的意義向我們展示了一個新的眼界、新的世界。它擺脫了傳統邏輯和語言，恢復了詩的更為根本的創造功能。這就是詩的開放性，也是真理的開放性。高達美的上述幾種觀點都對解釋學美學作出了

開拓性的貢獻(姚斯就從他的美學理論中發展出「接受美學」的體系),也為他下一步走向歷史和語言的真理掃清了道路。

第五章　歷　史

　　高達美說：「歷史學的基礎也是解釋學。」❶ 這句話也可以反過來說，解釋學的基礎也是歷史學。高達美在分析藝術經驗中的真理問題時，已經涉及到了理解的歷史性問題。人們之所以對同一組作品會有不同的理解和解釋，正是因為人的歷史性。因為對藝術的理解總是包含著歷史的中介。正如高達美本人所說：「解釋學在精神科學範圍內的核心作用，要歸功於歷史意識的出現。」❷ 可見歷史性(Geschichtlichkeit)這一概念在高達美解釋學中所佔有的地位。因為它構成了精神科學的核心。高達美之所以將他的《真理與方法》第二部分定名為「真理問題擴大到精神科學的理解問題」，其用意也正在於此。理解不僅貫穿到美學之中，而且還貫穿到傳統和歷史之中。因為理解歸根到底是人在世的基本模式。理解是人類生活本身的原始存在特性。任何東西——如藝術作品，本文傳統和歷史，均可還原為這種基本模式。高達美不僅把藝術，而且把歷史納入他的理解範圍，這更進一步地表明了理解問題，甚至可以說，解釋學問題的普遍性。本章探討的是高達美所論的歷史經驗中的認識和真理。這種認識和真理體現在三個方面：一是精神科學中的理解問題；二是

---

❶　《真理與方法》，頁187。

❷　同上，頁157。

真理在理解的歷史性中的凸現；三是解釋學經驗的真理。高達美深受海德格影響，在歷史問題上也與海氏一樣，同樣構成了他探究的核心。照他看來，其效果歷史意識在對任何本文的解釋中都會發生作用。因為任何本文都存在一個歷史間距的問題。真理就是在不斷地對本文意義的解讀和與本文的對話中產生的。

高達美在這部分充分發揮了他淵博的哲學史知識，他對解釋學的發展及其西哲史系列上經典概念，如解釋學循環、成見、傳統與權威、經驗、應用和問答辯證法等都作了重新解釋，並且都納入到他的效果史意識之中，從而創立了歷史的真理觀，當然這種真理觀首先是通過將方法轉向傳統以及對歷史主義的批判而獲得的，最後又在他的問答邏輯中得到完滿的展現。關於他的歷史論著，研究古希臘哲學和黑格爾哲學當屬其中之一。另外還有一些散見的文章，如〈近代德國哲學中的歷史問題〉、〈歷史的連續性與生存的瞬間〉、〈解釋學與歷史主義〉、〈歷史意識問題〉以及〈西方思想中的時間觀〉等等。這些歷史論著中的觀點，在《真理與方法》第二部分「真理問題擴大到精神科學中的理解問題」中均有系統而典型的表達。以下我將首先論述高達美精神科學中的理解問題。

一、精神科學中的理解問題

按照高達美的思想，在精神科學中也像在藝術經驗中一樣，也涉及到超出科學範圍之外的認識和真理。精神科學 (Geisteswissen-schaften) 研究的是各種人的歷史的流傳物 (überlieferung, 也就是廣義上的本文)，在他看來，我們對歷史流傳物的經驗時常居間傳達了我們必須一起參與其中去獲得的真理。

歷史與藝術同為通向真理的非方法大道。在精神科學中的理解也能與自然科學中的解釋同等重要，並且不可取代。這樣，我們看到，高達美在批判方法時也使方法轉向了傳統，轉向了歷史。因為我們都生活在傳統、歷史中，歷史性是我們人類存在的基本事實。在肯定人類的歷史性時，高達美批判了傳統的歷史意識，從而從新的角度提出了精神科學的理解問題。

1. 從方法轉向傳統

高達美對方法的批判如前所述，是為了轉向真理，但這種真理首先表現在傳統、歷史之中。藝術作品從其本質上看，仍然是屬於歷史，仍然表現在傳統之中。作為歷史的傳統無處不在，它構成了人類生存的基礎和根基。高達美說：「……自從歷史意識……出現以來，理解就更成為一項任務，並需要方法論的指導」。❸ 但是方法論普遍有效嗎？高氏深表懷疑。他在《真理與方法》一書中強調的是；真正起作用的並非方法論，或現代歷史科學方法論，因為這種方法論使歷史上產生物和歷史流傳物淪為一種如同試驗結果那樣的「凝固起來」的「對象」，這種對象既陌生又不可理解。真正起作用的是效果歷史(Wirkungsgeschichte)，即辯證地顯示出歷史理解的有效性的歷史。它「支配著現代的、歷史的和科學的意識」❹，當然也包括科學的客觀化方法。

笛卡兒曾讓西方認識論站在一個不容置疑的定點上，即主體的我 (Cogito)，但卻忘記了我是處於傳統之中的，我是人類歷史存在的一部分。主體的我把歷史作為思想觀念的對象，這一事實本身就

❸　《真理與方法》，頁XIX。

❹　同上，頁XX。

揭示了每一思想體系的相對性。在這種意義上，狄爾泰所要求的絕對「客觀地再現」的方法既不可能又毫無意義。在高達美看來，方法、尤其是自然科學方法與人文主義傳統不同，它們是沒有歷史的。因為沒有方法能夠超越解釋者自己的歷史性和這種歷史性由之表現出來的傳統，也沒有真理能夠超出這種核心的真理。傳統在我們之前，在我們的理解之前，我們是先屬於傳統然後才屬於自己的。❺

傳統 (Tradition) 在《真理與方法》中扮演了一個至關重要的角色。傳統作為理解的程序，永遠不可能最終完成。高達美像尼采、弗洛伊德和海德格一樣，否認自我意識的完美性，相反，他將意識看作總是在完善自身的程序。意識在不斷地克服自身，但又總是留有未克服的東西。此即黑格爾的著名概念「惡無限」(此概念也是高達美極力要維護的)。❻ 傳統以及與傳統相關的歷史，就是在這種「惡無限」中執行的。

由此，高達美就使方法轉向了傳統，因為真理就蘊含在傳統之中。當然，這種傳統是通過表現於本文之中的藝術和歷史——歸根到底，語言——展示出來的。在他看來，真理與方法唯其如此才不會對立，它們只是處於未解決的張力之中。理解(Verstehen)與傳統密切相關。理解亦是對傳統的理解。它作為人存在的基本模式滲透到了人的每一傳統即歷史之中。在高達美看來，人的理解根本不是

---

❺ 參見《全集》卷2，頁498。

❻ 《全集》卷2，頁505中，高達美說：「我致力於挽救『惡無限』(Schlechten Unendlichkeit) 的名聲」；在〈黑格爾遺產中〉，高達美也公開稱他是『『惡無限』的擁護者，而惡無限意味著終點不斷地推遲到來」。見《科學時代的理性》英文版，頁40。其實，高達美是想用「惡無限」來表示他對話的開放性。

一個方法問題。理解並不是某種活動，它是與人類其他活動有別的。若把理解看成是主體的一種活動，那是一種誤解。嚴格地說，理解是一種發生 (Geschehen)，是一個事件 (Ereignisse)，一種遭遇，它比方法更為基本。❼ 方法是在理解之後的事。視方法先於理解的思維習慣本身就立足於一個錯誤的前提上，即方法能與個人主體分離而作為「中立的」或不帶任何個人主觀成見的公共工具。這樣就抽掉了認識者自身的歷史性，抽掉了基於這種歷史性的傳統。在高達美看來，這一前提大成問題。因為我們都生活於傳統之中，生活在這一傳統與另一傳統的對話之中。❽ 歷史性是人類存在的基本事實。歷史的間距不可克服，歷史的成見也不可消除，因為成見就是理解真理的條件。它並不一定會歪曲真理，歷史的未決狀態永遠需要人們不停地作出解釋。歷史的局限性構成了歷史的開放性，歷史的模糊性使歷史成了不竭的意義之源泉。歷史的真理也不是一個方法問題。歷史給人創造出方法，人又以方法來再造歷史；當歷史給了人方法，人又反過來以方法去征服歷史。這是一種錯誤的惡性循環。相反，方法並非是為歷史搭築的橋樑。方法史能將歷史傳統變成非歷史的圖畫，如將規律納入到歷史之中以對之作出「合理的解釋」，或將歷史的經驗成份如模糊性、偶然性等剔除乾淨，讓歷史成為一堆由結構、規律和真理組成的觀念。結構主義就是這麼做的，它看重的是結構、同時性方法而輕視歷時性方法。於是，歷史在那種「合理」的解釋中消失了，剩下的只是由方法堆積而成的系統。

　　高達美告訴我們：「科學告訴我們的真理本身是關於世界的一種

---

❼　見《超越客觀主義和相對主義》，頁113；《真理與方法》，頁XXV。

❽　參見《真理與方法》中的「問答邏輯」一節，頁351～359。

特定態度，它根本不可能要求成為整體。」❾ 這就是說，科學的範圍
和作用是有限的，它的真理也是有限的。它雖然能解決一些技術、
試驗上的難題，為人類帶來福利，但它仍舊不能解決人類生存的意
義問題。科學家能夠發明出原子彈，但是如果不能理性地運用它，
它就不僅不能保障人類的幸福，而且還能將人類推向毀滅。這說明，
科學並不能作為整體去取代人類的一切，尤其是不能取代人文科學
中的真理。因為照高氏看來，真理之整體即是人類生活意義之整體，
是精神科學的理解之整體。它是為科學的方法論意識所不能把握的。
所以，也正因如此，高達美才始終強調解釋學並不是一種「方法」
或「技巧」，而是一種「對話」，並聲稱我們都不能超越「我們所是
的對話」❿ 他追問道：「……與我們的整個哲學遺產──我們自身
就處於這種遺產之中，並且作為哲學家，我們就是這種遺產──進
行對話是無意義的嗎？難道還需要為那種使我們得以存在的東西進
行辯護嗎？」⓫ 這種哲學遺產就是傳統。而傳統的本質亦即人的本質
就在於能夠打破傳統、批判傳統並消解傳統。

這樣看來，高達美之所以緊緊地固守傳統是為了展示由傳統表
現出來的過去精神創造物──藝術、歷史和語言；而解釋學經驗則
牢牢植根於這種傳統。為了維護這種傳統和歷史，高達美在其歷史
理解中也極力批判了在歷史學派中頗有影響的歷史主義和狄爾泰的

---

❾　《真理與方法》，頁425。

❿　見哈伯馬斯〈解釋學的普遍性要求〉一文，載《解釋學與意識形態批
　　判》，美茵法蘭克福，1980年，頁133。原句為："Das Gespräch, das
　　wir sind, nicht transzendieren können." 里柯在〈解釋學的任務〉中也
　　引述了這句話。見里柯《解釋學與人文科學》，紐約，1982年，頁62。

⓫　《真理與方法》，頁XXIII。

歷史方法論。

2.歷史意識批判

高達美在立足於傳統、歷史的同時，也批判了在當時有相當影響的歷史學派的歷史方法，以及狄爾泰的科學方法。他認為這兩種方法都沒有把握住歷史的真實，即歷史經驗的真理。

「歷史主義」(Historismus) 一詞是由德國思想家赫爾德 (Johann Cottfried Von Herder，1744–1803) 率先提出來的。但它也常被用來指十七世紀意大利哲學家維柯 (Giovanni Batista Vico，1668–1744)的思想，以及後來的狄爾泰、黑格爾、以及當代的科林伍德的思想。在高達美著作裏，歷史主義常指德羅伊森、蘭克這兩位歷史學家以及黑格爾的歷史理論。維柯最早的「一切皆為歷史」這一著名斷言，強調了人類生活的歷史構成，使歷史意識開始萌生，繼後這種歷史意識在狄爾泰那裏達到頂峰。當然按狄爾泰的看法，他是與歷史主義區別開來了的，並對之作出了批判。歷史主義作為一種理論，認為人類世界的一切都是時間之流的一部分，也就是歷史之一部分。歷史主義否定永恆價值的存在與啟蒙運動的自然規律的思想。它認為一切文化現象，包括傳統上以為是永恆不變的價值和規律，都是現實世界創造力的產物，這種創造力可以是自然、歷史或生活。歷史始終在運動，所以每個時代都有它的價值體系。歷史主義強調人類行為是有意識的活動，歷史在很大程度上都是心靈自由創造的產物。這種歷史主義思想對狄爾泰產生了積極的影響。但是狄爾泰在受其影響的同時，也看到了歷史主義否定的一面，即它的局限，這就是它的道德懷疑論與歷史崇拜。既然歷史是不斷的創造，它永遠在運動，因而就沒有永久的價值體系。這種懷疑論實際

上反映出歷史的虛無觀和歷史的相對主義思想，這正是狄爾泰所要反對的。高達美認為，歷史主義破壞了相信理性能認識任何真理的信仰，把歷史浪漫化，即把歷史看作是某種創造性的力量——如人的心靈、時間或生活的表現。這是一種對歷史的盲目信仰。因而具有很強的相對主義和懷疑主義色彩。

這就促使了狄爾泰對歷史主義的反擊和揚棄。狄爾泰一方面同歷史主義一樣，贊同歷史中的創造、歷史中的運動，並以歷史的精神、歷史的理解來反對當時佔主導地位的實證主義，但另一方面，他又抱有一種歷史的客觀主義理想，認為人雖不能克服歷史的間距，但他可以通過「客觀精神」來重建，或者說重新把握過去，恢復過去，使人達到對歷史的客觀的、科學的理解。❷ 所以高達美認為，儘管作為「解釋學問題之父」❸ 的狄爾泰力圖使精神科學徹底獨立於自然科學，主張精神科學有其自己的方法，但由於狄爾泰的科學的客觀化理想貫穿於他的歷史觀中，所以他不僅沒能擺脫歷史主義的殘餘。而且反而陷入了歷史主義的困境。

所以高達美在〈理解的循環〉中說：「所謂的歷史主義的天真之處，在於它迴避這樣一種反思 (這種反思即是要人保持自己的偏見，保持自己歷史開放的可能性——譯注)，並且在信任它的研究程序的方法論時忽視了它自己的歷史性」， 而一種真正的歷史思維方式則應當「放棄追求歷史客體的幻影」，「牢記它自己的歷史性」❹ 。狄爾泰雖然「超越了他原來的認識論起點，也正是他把解釋學引進到哲學中來」，但是，「他實際上從未完全放棄他在心理學中尋求到的

---

❷ 　參見布萊希爾《當代解釋學》，頁23～26。

❸ 　帕爾默《解釋學》，頁123。

❹ 　《全集》卷2，頁64；亦見《真理與方法》，頁283。

認識論基礎」**⑮**。高達美說:「狄爾泰在盡力為人文科學提供解釋學基礎時,他發現自己是與認識論學派對立的,這種學派不時試圖在一種新康德的基礎(即由文德爾班和李凱爾特所發展的價值哲學)上建立一個人文科學的基礎。認識論的主體對他來說似乎是蒼白無血的抽象。然而,無論他本人怎樣受追求人文科學中的客觀性的願望所激發,他仍舊未能擺脫這一事實:認知主體,即理解著的歷史學家,並不純粹與其對象即歷史生活相對立,相反,他自身就是歷史生活的同一運動的一部分。」**⑯**

　　狄爾泰是歷史主義客觀化代表,而在他之前的黑格爾則是歷史主義的主觀化代表。為了批判黑格爾等人的主觀主義歷史理論,高達美曾專門撰寫了一篇長文,題為〈解釋學與歷史主義〉,作為《真理與方法》的附錄發表。他在其中批判了黑格爾主觀化的歷史方法。因為在黑格爾看來,歷史乃是人主觀心靈的創造,它由主觀精神出發,經過客觀精神,最後又回到了主觀精神。精神的自我運動最後在自我意識中達到頂峰,也就停止了,現實的歷史在普魯士國家中達到頂峰,也不再發展了。對這種主觀主義的保守的歷史理論,馬克思和恩格斯也曾經作過激烈的批判。在高達美看來,歷史性的真諦既不繫之於主體,也不繫之於客體,更不繫之於主體與客體的二分。他認為,十九世紀德國古典解釋學和形形色色的歷史主義理論雖然是想表明人文科學的合理性,但是由於接收了以主—客體相分裂為基礎的主觀與客觀的區分,就把人的歷史性、存在的歷史性作為阻礙獲得客觀真理的東西加以排斥和否定掉了。

　　高達美一方面反對那種對於歷史的「科學客觀主義」態度,他

---

⑮　同上,頁387。

⑯　《全集》卷2,頁388。

認為歷史並不是一個歷史學家可以身處於它之外而加以客觀研究的對象，不是一個由歷史學家或解釋者重新發現或複製的東西。由於理解者總是帶著自己的成見去理解，所以就無所謂還歷史的本來面目的問題。當人理解歷史時，他就實際上參與了歷史，從這我們可以看出，歷史並不是對象。另一方面講，高達美也反對黑格爾等人對歷史所抱有的主觀主義態度。他雖然很欣賞黑格爾比別人所具有的更強烈的歷史意識，但認為在黑格爾的思想中主觀的反思意識太過於濃厚，這實際上導致了歷史的主觀化。這也是他要反對的。他的主張是歷史既非主觀亦非客觀，而是涵蓋一切的程序和關係。也就是說，歷史是主客體的交融和統一。他認為在他之前的歷史學家們都未能達到這一點。要捍衛人文科學中的理解的真理，就必須堅持這種存在的歷史性。這也是海德格在《存在與時間》中的主題。這一主題在高達美這裏，則發展成為一種系統陳述的體系，在此體系中，高氏重新提出了精神科學的理解問題。

3.理解問題

精神科學是「關於人類事務的科學」❼，它研究的是各種歷史的流傳物，對這種流傳物的體驗時常表達了我們必須參與其中去獲得的真理。對於自然科學，人們只能作出說明，而精神科學則有一個理解的問題。這種理解是對人的歷史及其流傳物的意義的理解。對這種意義的理解和揭示，就構成了精神科學的真理。「理解首先就意指其自身對某種內容的理解，其次還意指區別並理解他人的見解。所以解釋學條件中的首要條件仍舊是對物的理解，即與同一事物打交道⋯⋯解釋學必須由此出發，即無論誰想去理解，都要與在流傳

❼　《讚美理論》，頁68。

物 (Überlieferung) 中用語言表達的事物相聯繫，並與流傳物所說的傳統具有或者獲得某種聯繫。」⑱ 這是超出了科學知識和科學方法範圍內的真理。因為真理作為理解的真正事件，「超出了我們通過方法上的努力和批評的自我控制來理解他人談話時提出的東西」⑲。

任何理解、任何解釋都依賴於理解者和翻譯者的前理解 (Vorverstandnis)，這是海德格在其《存在與時間》中率先提出來的。要弄清海德格理解的前結構，首先得弄清他的理解的原意。在他看來，理解並不是人們所具有的主體性意識，而是人處於世界中的方式，即人的存在模式。理解正是作為一種存在的模式，才成為一切解釋活動的基礎。存在或世界指個人生活於其中的境況，人生來便被抛置於其中。無論人是否理解這一點，事實是他已在理解著，並以理解的方式展示他的存在。這就是人的前理解。⑳ 人的前理解結構包括三個方面：前有(Vorhabe)。人不是生活在一個真空中。在人具有自我意識或反思意識之前，他已預先置身於他的世界中了。這個世界包括他的文化背景、傳統觀念和風俗習慣等。正是由於這個世界即歷史與文化，才使我們有可能去理解它們。二是「前見」(Vorsicht)。解釋總是根植於我們預先看見的東西，即前見。如果我們要對某物作出解釋，就得選擇一種可能性，也就是說，選擇一個特定的觀點和視角，即解釋的入手處。任何在我們前有中已經理解的東西，我們都前見地把他們的見解加於其上。三是「前把握」(Vorgriff)。前把握指我們在理解之前已經具有的觀念、前提和假定

---

⑱ 《全集》卷 2，頁59。

⑲ 同上，頁132。

⑳ 參見海德格《存在與時間》，北京三聯，1987年，頁181～188(第23節：領會與解釋)。

等。在開始理解之前，我們必須有已知的東西，才能推出未知，即使是一個錯誤的前提或假定，也是理解的必要條件。海德格的前理解的三重結構是指人的存在狀態，指人的預先被拋入的存在，而非指意識或主體。理解必須由前理解開始，而非由主體開始，它本身先於區分主體與客體的意識。他以這種方式去確定理解，就使理解回到主－客體分裂前的人的存在狀態，這就是他的「此在解釋學」的本體論意義。

高達美秉承海德格的思想，在表明「理解從來就不是一種對於某個被給定的『對象』的主觀行為」以及肯定「理解是屬於被理解的東西的存在(Sein)」之後，❹再一次地肯定了海德格的前理解，並將這種前理解發展成為「前判斷」即「成見」(Vorurteil)這一概念。❷古典解釋學、施耐爾馬赫、狄爾泰等人都念念不忘要人們抹殺傳統給他們的「成見」的束縛，抹殺「自我」，以達到客觀的理解。十八世紀英國和法國的啟蒙運動更使成見成為一個否定性的概念。高達美則相反，他首次提出了要對成見重新評價和定義，以恢復成見的合法地位。他在〈解釋學問題的普遍性〉中重新表達了他在《真理與方法》中反覆表達過的觀點：「與我們存在有關的，與其說是我們的種種判斷，不如說是我們的種種成見。這是一種易於引起爭論的表述。……我們可以看到，成見並非必須就是無道理的、錯誤的，以致它會歪曲真理。事實上，成見存在於我們生存的歷史性中。成見從其語詞的字面含義上看，與早先對我們全部的經驗－能力的判斷有關。成見乃是我們向世界敞開的有偏見的態度。」❸問題和本質

---

❹　《真理與方法》，頁XVII。

❷　參《真理與方法》第二部分「成見作為理解的條件」一節，頁261～269。

❸　《全集》卷2，頁224。

乃是敞開和開放的可能性。但要敞開和開放，並不能像歷史客觀主義那樣，去假定自己的無知。事實上，我們只賦予偏見充分發揮作用的餘地，才能使它與他人協作起來，並且，也使得他人能充分發揮作用。

高達美說，當我們想去理解一篇本文時，我們並未使自己處於置身於作者的「內心狀態」(seelisch Verfassung)，我們只是置身於他們觀點之中，而且是帶著我們自己的觀點置身於其中，這並不排斥我們會盡力保證他人所說的內容之正確性。倘若我們想要理解他，我們就會盡力加強他的論證。在對話中如此，在書面作品中亦是如此。高氏這樣說，是為了避免他的「成見」概念帶有主觀性之嫌。他主張我們應當在一個有意義的維度內活動，這個維度全身可理解的。但又無需訴諸他人的主觀性；而「解釋學的任務，就在於闡明這一理解奇蹟，這種奇蹟並非一種神秘的靈魂之交流，而是對共同意義的一種分有。」❷❹

有成見，就不能保持中立，就必須站在自己的立場上去理解和解釋。表面上看，這似乎限制了研究者的視野，為其理解設置了限制。但高達美對此有一番完全不同的解釋。他說，一種帶有偏見並受到解釋學訓練的意識，必須一開始就易於接收本文的不同之處，也就是說他必須保持一種開放的心理，但這種開放既非預先假定研究對象的「中立性」(Neutralität)，亦非自我消解，而是將自己的前見解即成見與本文同化，實現一種新的理解。「人必須發現他自己的成見，以使本文可以在其他者 (Seiner Andersheit) 中表現自身，並且，由此可能在反對固有之前見解時獲得其實際的真理。」❷❺

---

❷❹　《全集》卷2，頁55。

❷❺　同上，頁58。

　　這裏，高氏的觀點來自於海德格，他說，在海德格的分析中，解釋學循環獲得了一種全新的意義。在海氏以前的理論中，理解的循環結構一直被局限於個體與整體的一種形式關係的框架之中。照此看來，理解的循環就在本文之中來回運動，等到本文被理解了，循環也就完成了。海氏的觀點則相反，他認為對本文的理解，始終是由前理解的前把握運動所確定。高氏在此所描述的不是其他，正是使歷史意識具體化這一任務。「這就要求人意識到自己的前見解和成見，時常將理解行為滲透到理解的活動之中。」❷⑥ 高氏又說：「當海德格在所謂『那裏存在』(dasteht)的『閱讀』(Lesen)中揭示出理解的前結構時，他給予了一個完全正確的現象學描述……他要求依據事實本身擬定前有、前見和前把握，以『保護』論題的科學性。」❷⑦

　　這種成見也就是海德格所說的理解的前結構。高達美完全承襲下來，並根據自己獨特的理解發揮了海德格的這一洞見。在他看來，傳統在我們之前，在我們的理解之前，我們是先屬於傳統然後才屬於自己。是傳統預先帶給了我們成見，而沒有成見，理解就不能發生。成見並不一定是錯誤的和毫無道理的，它並不一定會歪曲真理，相反，在高達美的歷史觀中，成見還是理解的條件 (Vorurteile als Bedingungen des Verstehens)，更確切地說，是真理產生的條件。因為成見、尤其是合法的成見會產生積極的、「生產性」的理解。這就是高達美極力維護存見的本質所在。精神科學要使理解發揮作用，必須通過前理解的結構，即存見，才能使我們深深扎入歷史和傳統之中。並且，我們還可以用我們的存見來檢驗傳統、批判傳統並且消解傳統，以讓真正歷史的經驗即真理從歷史性中向人展示出來。

---

❷⑥　《全集》卷2，頁58。

❷⑦　同上。

二、理解的歷史性

人只有深深地紮根於歷史性中才能理解傳統、理解歷史。這種歷史性的理解也構成了人的存在模式。在高達美看來，歷史中的人不僅不能擺脫理解，而且還是在理解和前理解的不斷循環中去認識歷史、投入歷史的。但是歷史確實向人提出了這一難題，即歷史間距的克服問題。因為在他的歷史理論中，只有克服了歷史由於時間上的距離所造成的疏異化之後，才能達到視界融合，進而走向效果歷史的真理。效果歷史的真理無處不在，但是效果歷史意識並非人人知曉，所以，效果歷史構成了其歷史觀的關鍵。凡效果歷史起作用的地方，才會有真理出現。因此，只有我們對效果歷史的真理有清楚的認識之後，我們才會將這種真理擴展開來，這就是高達美從解釋學角度來分析的應用。

1.時間間距與視界融合

海德格在其《存在與時間》中首先肯定存在的時間性和歷史性。高達美繼承了這一路線，並將此發展成時間間距(Zeitenabstand)這一概念。時間間距意味著：時間總是表現為過去、現在和將來，它不可避免地具有一種時間性的距離，這種距離由於歷時久遠而成為我們讀解古典遺傳物及古典本文的障礙，它妨礙我們對它們的理解。古典解釋學的任務，就是要使陌生的、遙遠的、時空中分離的東西變成現刻的、熟悉的、跨越時空的東西。一句話，就是要克服時間間距，克服由於歷史間隔所造成的文化上、語言上和心理上的隔閡，克服歷史帶給人類的成見。

　　高達美對此觀點提出了異議。他認為，時間間距根本不是像古典解釋學所主張的那樣，是一個為了達到正確的理解必須加以克服的障礙；也不是像歷史主義幼稚地假定的那樣，我們必須置身於時代的精神中，我們應當以它的概念和觀念、而不是以我們自己的概念和觀念來進行思考，從而能夠確保歷史的客觀性。相反，時間間距實際上是理解的積極的和建設性的可能性，意義發現的無窮程序就是通過它來實現的。高達美說：「事實上，具有重要意義的是，在於把時間距離看成是理解的一種積極的創造性的可能性。時間間距不是一個張著大口的鴻溝，而是由習俗和傳統的連續性所填滿，正是由於這種連續性，一切流傳物才向我們呈現出來。」❷❽只有時間間距才能使解釋學的真正批判性問題得到解決，也就是說，才能真正使產生理解的真成見 (wahren Vorurteile) 和產生誤解的假成見 (falschen Vorurteile) 區分開來。❷❾因為時間間距不是一個封閉的東西，而是本身在不斷運動和擴展著。它消除那些不適當的、錯誤的成見，也產生那種使真正理解得以清楚出現的成見。高氏說，最重要的，是要把時間間距視為理解的一個積極的和創造性的可能性，它是由習俗以及傳統的連續性所充滿。正是由於這種連續性，一切流傳物才向我們呈現自身。高達美又說：「在時間間距發揮作用之地，它就提供了一個特殊的批判性的幫助，因為人們時常是在此時才去注意變化，而各種不同的區別也只有在此時才易於被人察覺。譬如，要評價同時代人的藝術就存在著諸多困難，這點我早在自己的闡述中就已特別思考過了。」❸❿時間間距使歷史不僅不成為我們理

---

❷❽　《真理與方法》，頁281。

❷❾　《全集》卷2，頁64。

❸❿　同上，頁9。

解的障礙，而是我們不斷產生新理解、新真理的意義之源泉。這種不斷產生的新理解和新真理就是「視界融合」(Horizontverschmelzung)。它使意義和真理的認識超出了每個理解者的局限而達到一個新的階段。

視界概念最初由尼采和胡塞爾引進到哲學中，用來表示思維受其有限的規定性束縛的方式，以及視野範圍擴展的規律的本質。從此詞的本意上看，視界就是指視看的區域，它包括人從某個立足點出發所能看到的一切。但此詞在高達美那裏，則又有更深一層含意。首先是視界的基礎是歷史性，人如果不把他自身置於這種歷史性的視域中，他就不能真正理解歷史遺傳物即歷史本文的意義。其次，也是最重要的，是理解者和解釋者的視界不是封閉的和孤立的，它是理解在時間中進行交流的場所。視界同歷史一樣，總是不停地運動。當這一視界與其他視界相遇、交融，於是就形成了新的理解，這就是高達美所謂的「視界融合」。正如他所說的：「人類此在的歷史運動就在於：它不是束縛於任何一點上，因此，也決不可能有真正封閉的視界。視界其實就是我們活動於其中並且與我們一起活動的東西。視界對於活動的人來說總是變化的。」**❸** 正是在視界的融合中，過去和現在、主體與客體、自我與他者都融為了一體，而構成了一個無限的統一整體。這樣，歷史就在視界的不斷運動和相互融合中成為了效果歷史。

2.效果歷史

效果歷史 (Wirkungsgeschichte) 是歷史的真正實現。「效果歷史屬於事情本身，這是一個人即使在此場合也不可忽視的解釋學的真

---

❸　《真理與方法》，頁288。

理。」❷ 即在效果歷史裏，歷史才真正顯出它的有效性。理解從本質上看是一種效果歷史的關係。高達美這裏的意思是說，我們從屬於傳統，我們始終已經被「拋入」傳統，所以我們只能在傳統中進行理解。傳統有一種強大的力量來影響我們和形成我們，它構成了我們存在的一部分，歷史就是通過傳統的「效果」(Wirkung) 而起作用的。在一種真正的解釋學中，理解一定具有歷史的有效性，這就叫「效果歷史」。 歷史的研究對象既非主體，亦非客體，而是二者的統一，或一種關係。高達美告誡人們：所謂的歷史主義的素樸就在於它自身逃避這種反思，並且在相信它在處理方法時忘記了它自己的歷史性……一種真正的歷史思維方式也必須記住它自己的歷史性，只有這樣它才會放棄追逐（我們）不斷研究的歷史對象之亡靈，而且學會在對象中認識它自己的他者，由此而認識自己和他者。「真正的歷史對象根本就不是對象，而是這種一與他的統一，是一種關係，在這種關係中同時存在著歷史的真實性以及歷史理解的真實性。一種名副其實的解釋學必須在理解本身中顯示歷史的真實性。因此，我把需要的這樣一種東西稱之為『效果歷史』。 理解按其本性乃是一種效果歷史事件。」❸ 高達美認為他論證的意義是：效果歷史的規定性也仍然支配著現代的、歷史的和科學的意識。只有在效果歷史中，我們對某一事物的理解才成為了可能，因為效果歷史原則已成為「理解的一個普遍的結構要素」，而且「具有絕對的有效性」❹ 。在效果歷史中，非歷史—理論的東西和歷史的東西之間的對立。傳統和歷史科學之間的對立，古代和現代之間的對立，都不再是一種

---

❷　《全集》卷2，頁6。

❸　《真理與方法》，頁283。

❹　同上，頁XIX。

絕對的對立。照高達美看來，任何事物一旦存在，必定處於一種特定的效果歷史中，因此對任何事物及任何歷史遺傳物的理解，都必定具有效果歷史意識。他說：「理解從來就不是一種對於某個被給定的『對象』的主觀行為，而是屬於效果歷史，這就是說，理解是屬於被理解東西的存在。」❸ 即使對於歷史科學來說，效果歷史的反思也是歷史描述和歷史研究的基礎。

高達美的效果歷史意識曾引起其他學者的許多誤解，他們把高氏此舉看作是純粹為傳統和歷史辯護，是保守姿態。對此高達美說：「當然，人們必須正確地閱讀我的《真理與方法》中有關效果歷史意識這一章。在此方面，人們不要把它看作是自我意識的一種變形，如看作是有關效果歷史意識或者甚至於看作一種以此為依據的解釋學方法。……我們人人都處於效果歷史之中，它是我們決不能完全徹底地認識的東西。正如我當時所說的，效果歷史意識是『存在多於意識』。」❸

其實，高達美的效果歷史意識主要是指解釋學處境的意識。在他看來，處境這個概念意味著我們不是在它之外來理解，因此也不可能對它有客觀的知識。我們始終處在一個處境中。解釋學處境也就是我們從中發現與我們試圖理解的傳統有關的處境。效果歷史的反思即是要闡明這種處境。但這種反思不可能完全獲得。這倒不是由於反思本身的缺陷，而是由於我們歷史存在的本質，這種本質是有時間性的，因而是懸而未決的。「歷史的存在意味著自我的知識決不會是完全的」❸ 。但是，有限並不等於封閉，我們的知識儘管是

---

❸ 同上，頁XVII。

❸ 《全集》卷2，頁11。

❸ 同上，頁285。

有限的，但卻是開放的。這構成了效果歷史意識的本質方面。由於這種開放性，真理便在效果歷史中不斷地向我們展示出來。脫離了效果歷史意識，我們便無從去理解，更無從從歷史中去獲得認識和真理了。所以效果歷史意識構成為我們認識存在、認識真理的基礎。不僅如此，效果歷史意識還揭示了解釋學的另一重要功能，即應用。因為有效果歷史意識中，溝通過去和現在的理解還包含著應用的真理。

3. 應用

　　應用(Applikation)也是解釋學的一個主要功能。按照浪漫主義解釋學的觀點，解釋學只有理解和解釋功能，而無應用功能。倒是在古典解釋學、尤其是在法學解釋學和神學解釋學中，應用功能還有一席之地。它是一切理解的一個不可缺少的組成因素。理解不是方法，而是歷史中的活動，「理解本身表明自己是一個事件 (Ge-schehen)」❸。這種活動和理解事件就表明了解釋學也是一種實際的運用。這就是高達美首先要訴諸已經被遺忘了的歷史──即司法解釋學和神學解釋學的原因。因為那兩種解釋學都把運用放在了顯要地位。對於司法解釋學來說，僅僅去理解是遠遠不夠的；而神學中的教義更是存在一個運用問題。高達美還藉亞里斯多德的理論知識和實踐知識的區分來闡明這一點，認為解釋學知識完全不同於那種脫離任何特殊存在的純粹理論知識，解釋學本身就是一門現實的實踐的學問，換句話說，理解本身就「證實自身是一種效果方式，並知道自身是這樣一種效果」❸。

---

❸　《全集》卷2，頁293。

❸　同上，頁323。

這就是高達美要求解釋學的普遍性的理由。既然解釋學理論亦有運用的功能，那麼他就拓寬了解釋學的範圍和界限。當這樣做時，高達美實際上就使他的解釋學理論的真理進入到運用的真理。而且，從高達美學術的晚期活動來看，他一直在闡發這種運用的真理，即實踐的解釋學。這種解釋學也是一種倫理學，它從純理論、純思辨的玄學問題轉向了有關的現實的實踐和理性問題。他這種哲學上重心的轉移是其思想中的一個很值得注意和研究的現象。一般人總是談他的哲學解釋學，談他的美學、歷史和語言觀，卻不太去談他的倫理觀和價值哲學，這是十分片面的，這不是對他的整個思想的全面的瞭解和研究。⓪ 應該說，他的後期解釋學思想雖不太冠以真理二字，但同為他真理觀的一個重要部分。運用的真理與前期的理論的真理具有同樣舉足輕重的地位。而且，從其整個解釋學真理觀的走向來看，運用的真理才是他真正的歸宿。如果說，真理便是他所要尋找的家，那麼，他的實踐哲學便是他最後的家，即「家中之園」、「家中之家」。

三、解釋學經驗

高達美在分析效果歷史意識時主張：「效果歷史意識具有經驗的結構。」④ 在這一節中，高達美重新定義了經驗概念，這種概念與科

⓪ 狄申索的《解釋學與對真理的揭示》和格龍丁的《解釋學的真理?》我認為都存在著這一缺陷，因為他們都很少去談論高達美的後期思想，即他的「運用」。相對來說，伯恩斯坦的《超越客觀主義和相對主義》反倒能在此方面給人予更多的提示和啟發。

④ 《真理與方法》，頁329。

學上的經驗概念是截然不同的。在他看來，作為人存在模式的理解，其實也是人的世界經驗的一個基本模式。黑格爾教我們懂得了經驗的歷史性原則。經驗是有限的，它必須不斷地獲得，所以經驗的未完成性又決定了經驗的開放性。這種深深紮根於歷史性的開放性經驗構成了高達美解釋學經驗的特徵。最後，他的開放性經驗進一步表現在他的問答邏輯即問答的辯證法上。在他看來，歷史的本質、歷史的真理正是在這種開放性經驗和問答的邏輯中展示出來的。

1.經驗和解釋學經驗

　　高達美在《真理與方法》一書中重提經驗概念具有重要的意義。這種意義首先表現在兩個方面。其一是對經驗的重新定義。經驗(Erfahrung)在過去是一個嚴格的自然科學術語，這種經驗強調的是科學的客觀性質，這正是高達美所要反對的。因為人文科學畢竟不同於科學，人們不能用科學的客觀性及其客觀化方法去研究它。人的歷史也不可能被「客觀地復原」，只能對歷史加以「重構」。通過與歷史的開放性對話，使歷史的意義在理解中得以產生。其二是經驗作為解釋學歷史觀的重要因素，表現在效果歷史意識之中。作為人的存在模式的理解，也是人的世界經驗的一個基本模式。解釋學經驗的開放性將歷史真理給我們展示出來。這種開放性構成了經驗的本質。

　　在近代興起的經驗是與科學的發展息息相關的。培根是經驗歸納方法的典範。他的經驗方法動搖了當時在經驗哲學中佔主導地位的簡單枚舉法的歸納理論，超出了日常經驗所具有的無規則性和偶然性，為知識的獲得和純化奠定了基礎。❷ 以後，由於經驗的歸納

---

❷　《真理與方法》，頁330～331。

邏輯的性質，它已經隸屬於一種認識論了。自培根以來，科學的客
觀性就是以經久不變和可以重複的經驗為基礎，從而排除了經驗中
一切歷史和文化的因素。但是，那種永遠不變和可以重複的經驗已
經不是原初的經驗，而是被抽象提取出來的規律圖式。❸狄爾泰企
圖用「客觀精神」來保證我們獲得或恢復原始本文作者的經驗，他
希望人文科學方法的整個過程也能像自然科學方法的試驗一樣，可
以檢驗和證實，這其實是不可能的。因為這樣就抽掉了經驗的歷史
性。所以高達美說：「事實上，迄今為止的經驗理論(包括狄爾泰的
缺陷)，在於它完全定向於經驗，因而沒有注意到經驗的內在歷史性。
科學的目的是將經驗客觀化，以至於不再有任何歷史的要素附著於
其上。」❹既然經驗只有當被證實時才是有效的，既然經驗的聲望依
賴於它的原則上的可重複性，那麼，這就意味著經驗要丟棄自己的
歷史並取消自己的歷史。而這正是高達美所要批判的。

　　高達美認為，黑格爾是經驗的辯證要素的最重要的見證人，因
為在黑格爾那裏，「歷史性贏得了它的權利」❺。黑格爾的經驗是一
種辯證的經驗，歷史性的經驗，這種經驗的真正特性在於它的否定
性。正如沒有兩片相同的樹葉一樣，我們也不可能有兩次同樣的經
驗。經驗並不是重複不變的，新的經驗包含著舊的經驗，新的真理
包含著舊的真理。新的經驗並不只是意味著推翻舊的經驗，而只表
示知識處於一個更新、更高的階段。這種經驗的否定性因素乃是黑
格爾的辯證法要義之所在。但是黑格爾的意識的經驗運動最終導致
了不再有任何異於自身的自我認識。由此，經驗得到了克服，意識

---

❸　同上，頁329～330。

❹　同上，頁329。

❺　《真理與方法》，頁336。

也達到了完成，即完成了意識和對象的同一。「經驗的辯證運動必須以克服一切經驗為告終」❻。所以，黑格爾並沒有把經驗的歷史性原則進行到底。

在高達美看來，「經驗的真理時常包含與新經驗的關聯」❼。這就是說，經驗的辯證法不是在確定的知識中完成的，而是在經驗的開放中完成的。「經驗的辯證運動的真正完成並不在於某種封閉的知識，而在於那種對於經驗的開放性，這種開放性是通過經驗自身的自由活動促成的。」❽這意味著經驗必須不斷地去獲得，它是一個歷史程序，是人歷史本質之一部分。

經驗的獲得是一個歷史程序，因為人的理解始終是有限的，所以經驗也始終是人有限的經驗。高達美說：「經驗也就是人類有限性的經驗。」❾真正的經驗者知道他既不是時間的主人，也不是未來的主人，因為他就是以有限的方式紮根於這個世界的。而人的有限性又在於人的歷史性。所以高達美說：「真正的經驗就是對我們自身歷史性的經驗。」❺⓪正因為有限，它才能對無限開放。他對於上述觀點的總結是：開放性和有限性構成了經驗的一般結構，而解釋學的經驗正反映了上述結構。解釋學經驗牢牢紮根於經驗的歷史性，這種歷史性乃是人的存在歷史性，是人的理解的歷史性。因為理解是有限的，它並不是終極的和整體的認識和真理，同時正因為它的有限，它才能不斷地去理解，不斷地闡釋意義，闡釋歷史。

---

❻　同上，頁337。

❼　同上，頁338。

❽　同上。

❾　同上，頁339。

❺⓪　《真理與方法》，頁340。

高達美反對科學的經驗概念同他反對科學方法論一樣，是為了以此肯定人類基本生活經驗的歷史特性，肯定解釋學經驗的有效性，維護人文科學的真理，因為歷史流傳物作為「你」並不是對象，你與我 (Ich-Du) 是一種關係 (Verhältnis)，一種對話。在對話中，我一你相互傾聽，相互理解，相互開放。這都是通過開放性經驗即對話實現的。「我們都不能超越我們所是的對話。」❺ 對傳統開放就是和傳統對話。對話使問題揭示出來，使新理解成為可能。這種對話的形式就是問答邏輯。它是揭示真理的主要手段。

高達美說，只有在兩條「似乎可行」的道路，一條是從辯證法回到對話 (Dialog)，回到交談 (Gespräch)，高氏本人試圖在其哲學解釋學中走這條道路。另一條是德希達的解構之路。這條路不是要在活生生的對話中重新喚起已經失落的意義，而是要消除之，從而「實現對形而上學的真正粉碎」❺ 。後一種道路正是他所要批判的，顯然不可行，於是只剩下前一條路，即他的對話、交談，即辯證法之路。

這裏，我們可以看到，高達美繼續貫徹了他的真理的開放性原則。理解既然是發生，是遭遇和對話，那麼它就必須是懸而未決的，它在立足於歷史傳統的基礎上讓新的東西出現和產生。

2.問答邏輯

高達美表明，問答即是對話。凡是對話，必有所指，並且，我們見到的對話，還常常是兩種操著各自語言的人的對話。他說:「拉康說得對，不指向某個他人的言詞是空洞的言詞。這恰好構成了交談優先權，這種交談在問答中自身展開並由此建造著共同語言。在

---

❺ 見本章❿。

❺ 《全集》卷 2，頁367～368。

那些說著兩種陌生的語言而又能半通不通地理解對方的人們的交談中，有一個人所熟知的經驗，即：在此基礎上人決不可能交談，而是實際上進行著一場漫長的鬥爭，直到交談雙方只說其中一種語言，雖然交談的一方還說得如此差勁。這是一種任何人都有可能獲得的經驗。其中有一種意味深長的指示。如此交談不僅發生在從屬於不同語言的人之間，而且還同樣發生在以同樣的語言去進行每一次交談的對話夥伴的相互適應中。首先是現實的或可能的回答，才使得一種語詞變成另一種語詞。」❺❸

高達美認為，一切經驗都具有問答的結構 (Die Struktur von Frage und Antwort)。經驗的開放性意味著問題性。我們只有取得某個問題視域，才能理解本文乃至歷史遺傳物的意義。「理解一篇本文意味著理解這個問題。」❺❹ 問題的本質就在於：「問題具有某種意義。」❺❺ 所以我們「如果要考察解釋學經驗的特殊性質，我們就必須考察問題的本質。」❺❻ 因為問題的出現打開了被問的東西的存在，它本身就預設了答覆。這就是問答的辯證法，即問答邏輯 (Die Logik von Frage und Antwort)。高達美的問答的邏輯深受柏拉圖對話中的蘇格拉底辯證法的啟發。高達美表明，柏拉圖的蘇格拉底式的對話是一種極特殊的對話，直到現在，這種對話也依然是一切對話活動的典範，「因為在對話中被反駁的不是他人的語詞，而是他人的靈魂。」❺❼ 所以蘇格拉底的對話不是為了獲得更好的理解，而是為了回

---

❺❸　《全集》卷 2，頁365。

❺❹　《真理與方法》，頁35。

❺❺　同上，頁345。

❺❻　《真理與方法》，頁35。

❺❼　《全集》卷 2，頁370。

憶，這種回憶「最終只有對肉體墮入的靈魂來說才是可能的，而且是作為交談來進行的」⑱。蘇格拉底首先強調說話者的無知。這種極端的懷疑導致了一種認識的辯證法，為提問確定了前提。因為一切提問和求知慾望都是以無知的知識為前提的。正是有某種確切的無知，才導致了某種確切的問題。在這種意義上，柏拉圖的對話表明，提問題比答覆問題更困難。我們從柏拉圖所描述的問題和答覆、知和無知之間的戲謔性的替換中，包含著承認問題對一切認識和談話的優先性。

高達美說：「我所嘗試的解釋學向交談的轉向，在其自身的意義上也不僅僅是要回到德國唯心主義辯證法的背後，也就是說要回到柏拉圖的辯證法，而且也還要深入到蘇格拉底對話的轉向背後去達到其前提，這個前提，就是在邏各斯中被尋找並且被喚醒的回憶(anamnesis)。這一從神話中吸取具有最高理性意味的重新回憶(Wiedererinnerung)不僅是對個別靈魂的重新回憶，而且總是對『把我們聯繫起來的精神』的重新回憶，（這裏）我們即是一種交談。然而，在交談中意味著超出自身，意味著同他人思想，作為某個他人而回復到自身。」⑲由此，高達美表明，他要從交談出發，從在交談中被尋找的和自我構成的共同語言出發，在這種共同語言中表明自身是決定性的東西。「它（問答邏輯）打開了相互理解的一個維度，這種相互理解超越了語言的固定陳述，由此也超越了在辯證法獨白的自我理解意義上的無所不包的綜合。」⑳

這就是辯證法的進行方式，即問和答。如高達美所說：「提問

---

⑱　同上。

⑲　《全集》卷2，頁369。

⑳　同上，頁370。

就是進行開放。被提問的東西的開放性在於回答的不固定性。被提問的東西必須懸而未決的，才能有一種確定的和決定性的答覆。以這種方式顯露被提問的東西的有問題性，構成了提問的意義。」一言以蔽之，「提問就是開放」❻。這裏我們看到，它與我們前面所談到的真理的含義不謀而合了。因為真理同它一樣，也是揭示、去蔽和開放。問題與理解密切相關。「提問和理解之間所表現的密切關係首次給予解釋學經驗以真正的向度。」❻ 理解一個問題，就是對這個問題提出問題。理解一個意見，就是把它理解為對某個問題的回答。同時，問題也與意義密切相關。提出問題，就是打開了意義的各種可能性，因而就讓有意義的東西進入自己的意見中。我們也只有取得問題的視界，才能理解本文的意義。並且，這種意義還必須是不確定的、懸而未決的，這樣才能保證問題的開放性，才能保證精神科學的真理的開放性，因為這種真理的可能性恰恰是「仍處於懸而未決之中」❻。

　　最後，高氏提出了這種提問和回答的辯證法的重要性：「『理念』的採納與其說是指示一種學說，不如說是為提問指導方向，這種提問的內涵在當時就已是哲學的任務。這就是要發展和討論柏拉圖辯證法的意義。辯證法是一種引導談話的藝術，這包括了與人本身的對話，也包括了與他本人的對話所達成的一致結果。那是思維的藝術。但是這是一門提問的藝術。即依靠某人的所說所想，對他實際所意想的東西進行提問。依靠這種工具，一個人才會走上路途。要

❻　《真理與方法》，頁345。

❻　同上，頁356。

❻　同上，頁357。

確切地說，依靠這種工具，人才已經上路。」**❻**

　　高達美的歷史觀向人們展示了許多有創見性的東西。人們要理解精神科學，並不是要探尋理解它的科學的客觀化方法，或主觀化方法，而是要人們深深扎入自身的存在，扎入這種存在的歷史性之中。人不能擺脫歷史傳統，他是在傳統中謀求對傳統的理解。歷史並不是對象，人不能在與它的分離中對它進行瞭解和研究。歷史性是人的基本屬性，人與歷史是一種關係。效果歷史意識和解釋學經驗表明，歷史是開放的。在這種開放性問答邏輯中，真理顯現出來。高達美同海德格一樣，維護人的存在的歷史性，但他與海氏不同的是，他將海氏的存在時間性變成一種對歷史的系統的闡述，變成一種效果歷史意識。在這裏，高達美對黑格爾歷史經驗的辯證法和柏拉圖對話中的辯證法的維護是顯而易見的，這招致了赫施、里柯、哈伯馬斯等人對他批判。赫施站在與高氏對立的立場，重新論證了歷史的客觀性；哈伯馬斯批判了高氏對傳統的維護是一種保守的姿態，是一種「政治上的保守主義」；里柯則採取了一種調和的態度。主觀與客觀、方法與非方法、本體論與認識論他都兼而有之。他的真理也不像高氏所指的單一的真理，即人文科學的真理，而是將它區分為三個層次：科學真理、道德真理和存在的真理。

　　在歷史觀上，高達美除了具有保守主義思想外，還流露出一種相對主義的傾向。他在批判實證主義和客觀主義觀點時，捍衛了理解的開放性，真理的開放性。但是，正因為意義的不確定性和理解的不確定性，所以高達美的歷史就表現出一種相對主義的思想傾向。歷史無客觀方法可言，也無客觀真理可言。高達美雖然維護了歷史理解和歷史真理的開放性，但他的真理仍是一種相對主義的真理。

---

❻　《全集》卷2，頁502。

為了這種真理，他又不自覺地滑入了他所要批判和揚棄的主觀主義思想之中。人們普遍認為，二十世紀是一個相對主義氾濫的時代，當代一些著名歷史學家如克羅齊、波普爾、柯林武德等人都是這種相對主義思想的代表。他們或者認為一切歷史都必須根據現代來解讀，一切歷史都是當代史，甚至說，一切歷史都是在當代的重演；或者乾脆就主張一切歷史都是思想史，都是人心靈的表現。高達美雖然也批評過柯林武德等人的唯心史觀，但他還是不自覺地參加到這一相對主義的行列中去了。這種相對主義思想是與馬克思的歷史具有客觀性的主張相悖的。研究高達美的著名學者伯恩斯坦也認為我們不僅應超越狄爾泰等人的客觀主義，同時還要超越高達美的相對主義。他的這種觀點對我們是很有啟發的。

但是，無論如何，高達美的歷史真理觀還是向我們展示了一個新的視野。這首先表現在歷史並非科學，它不是用科學的客觀化方法就能進行瞭解和研究的，因為它涉及到的是精神科學的理解問題；其次，高達美的歷史是一種辯證的歷史，它呈現為程序，它既有理論也有運用，但絕非主觀和客觀；第三，這種辯證和歷史即表現在對傳統的維護，同時還表現在對傳統的更新。經驗的開放性和問答邏輯的開放性保證了真理的出現，也保證了歷史流傳物對我們展開的無限意義的可能性。這就是高達美歷史觀的意義。他與波普爾、克羅齊和柯林武德等人一道，開創了當代歷史理論的新方向。

由於歷史同藝術一樣，最終表現為語言，歷史流傳物、歷史本文和歷史的開放性對話都必須通過語言才能表現出來，所以高達美就轉向了語言。這種以語言為主線的轉向不是一般意義上的轉向，而是本體論意義的轉向。因為語言作為理解，乃是存在的一部分。這就是我們以下將要論述的存在的語言性，或語言的本體化功能。

第六章　語　言

　　高達美的真理觀與語言有著不解之緣。他用施耐爾馬赫的話來表達他自己的觀點:「在解釋學中所預設的一切僅僅是語言。」❶語言即是人的存在,即是真理的展露。真理必須通過語言表達出來,但這並不是說,語言就是手段、就是工具。因為在高達美看來,語言具有一種本體論的功能。它是理解的模式,也是人的存在的模式。從《真理與方法》一書的體系上看,第一部分論述的是藝術觀,第二部分論述的是歷史觀,第三部分題為「以語言為主線的解釋學本體論轉向」,論述的是語言觀。在高氏看來,「『藝術』觀以及『歷史』觀自身都是理解的模式」,❷而「理解本身唯在語言中才得以實現。」❸

　　從解釋學歷史來看,解釋學與語言問題從來都是密不可分的。我們從解釋學一詞的詞源 Hermes(赫爾墨斯)── 這位負責向人類傳遞並且闡釋神的資訊的眾神使者身上,就可察見到這種關係。解釋學的演變儘管歷時久遠,並數易其貌,但始終與語言相伴而行。

---

❶　此句原文為: "Alles Vorauszusetzende in der Herneneutik ist nur Sprache." 載《真理與方法》,頁561。

❷　同上,頁452。

❸　同上,頁366。

但是，在高達美的解釋學中，語言問題更是至關重要。由於高達美在《真理與方法》中斷言了「能被理解的存在就是語言」❹，所以解釋學就被帶入一個新階段，即本體論語言學階段。解釋學是通過語言與存在和真理的遭遇。最終，高達美又斷言了人類實在本身的語言性，並使解釋學完全陷入語言與存在、語言與理解、語言與歷史——概而言之，語言與真理——的哲學問題中。縱觀現代西方哲學現狀，各派哲學都在不約而同地完成這種語言學的轉向。但究其實質，英美分析哲學與結構主義主要研究的是數理邏輯語言或工具語言，而如今德法等國的一些著名解釋學家里柯、德希達、哈伯馬斯等人同樣重視對語言的研究，但他們卻是從語言的負面或反面來進行的。他們側重研究的是神話語言、隱喻語言、有礙正常交往的語言、或消解了結構的語言。這些語言都與高達美本體化的語言相去甚遠，故不在本文探討之列。倒是高達美先師海德格的本體化語言，還與高氏有著密切關係。

高達美畢生都貫穿著對語言的關注。他的詢問為什麼語言問題能同思維概念一樣佔據哲學的中心地位。❺ 不是哲學在指導語言，而是哲學為語言所引導。正是在這種思想的支配下，他圍繞《真理與方法》的語言觀，撰寫了大量有關語言的文章，如〈人與語言〉、〈語義學與解釋學〉、〈文化與語詞〉、〈語言在多大程度上規定了思維?〉、〈語言的無助性〉、〈宗教與詩歌語言〉、〈事物的本性與物的語言〉等專論，至於其他散見的論述，更是難以統計。本來，高達美是以真理為最終關注對象的，但是何謂真理? 無論答案如何，

---

❹ 此句原文為："Sein, das Verstanden werden kann, ist Sprache." 載《真理與方法》，頁450。

❺ 《全集》卷2，頁219。

真理的最終定義和最後表達都離不開語言。真理是關於人的真理，語言也是關於人的語言。語言是人的存在的本質，因此唯有生活在語言中的人才生活在真理之中。語言不僅與高達美早期的哲學解釋學的理解理論有關，也與他後期的修辭學對話即倫理學的實踐有關。一句話，語言與高達美的真理學說密切相關。他的真理既不是主觀性的真理，也不是客觀性的真理，而是主——客體混然未分的真理。他的語言也具有同樣的性質，它既不繫之於主體，也不繫之於客體，而是深深根植於人類存在的本體論經驗之中。這也就是語言具有無所不包的性質的原因。

在本章中，將要展示高達美語言觀的三個方面。首先，他為了創立自己的本體化語言，詳細追溯了語言的興起和嬗變。在語言演變的三個階段(古希臘、中世紀、近代)中，他為自己的語言觀和工具主義的語言觀找到了藍本。其次，為了樹立自己的語言真理觀，他極力批判了工具主義語言觀，並由此而呈現了語言的揭示功能：對文化遺產的揭示和對生活世界的揭示。這種揭示也是對真理的揭示。語言的揭示功能還表現在語言的辯證特性、即辯證的對話之中。第三，他的語言作為本體化的語言乃是存在的模式。這種模式與理解密切相關，也與解釋學經驗密切相關。最後，我還將說明高達美解釋學中語言學轉向對真理有何重大的意義。

一、語言的興起和嬗變

早在古希臘，亞里斯多德就提出了關於人的本性的經典定義，根據這一定義，人是具有理性(Logos)的動物。即人是具有邏各斯的動物。❻邏各斯在其原初意義上並非理性、思想，而是語言、言談。

故上述定義也同時意味著：人是擁有語言的存在物。這就與動物區分開來，並表明只有人才有共同的想法、共同的意義和共同的真理。在《聖經・舊約全書》的創世故事中，上帝通過允許第一個人隨意給一切存在命名來授予他對世界的統治權。這具有重要的意義。此外，在聖經故事「沒有建成的通天塔」中，也展示出語言對於人類生活具有根本的意義❼（「通天塔」係《聖經》中的一個典故，內容是說古巴比倫巴別城的人想建造一座巨塔，高達天庭，上帝以其狂妄而責罰之，使建塔者各操不同的語言，彼此不能相互瞭解，於是此塔終究沒法完成）。這些都是高達美從對古希臘語言的追本溯源中所要肯定的東西。

語言 (Sprache) 本身乃是一個詞和概念。但高達美向我們表明，語言還具有其歷史淵源。語詞與客體本是一個不可分離的統一體。但以後發展起來的工具主義卻使二者分離，將語言作為一種符號工具去指稱客體，接近客體和研究客體，這違背了語言的本意。在追蹤語言的興起和嬗變這條線索時，高達美著重論述了古希臘、中世紀和現代工具主義的語言觀。

1. 古希臘語言觀

早先的希臘人並沒有我們稱之為的語言這個詞。語詞與客體是融為一體的。在他們那裏，最早出現的並不是語言的概念，而是無語詞的言談，即邏各斯。這是另一種活生生的、主—客體沒有分離

---

❻ 亞里斯多德《政治學》，北京商務，1981年，頁8；亦見《讚美理論》，頁12～13。高氏在〈人與語言〉中亦對此有過分析。見《全集》卷2，頁146。

❼ 《全集》卷2，頁147。

的語言。高達美對這種語言很為讚賞，認為這才是真正的語言，它能揭示存在的真理。此外，高達美還認為，在古希臘哲學的語言中，日常語言與哲學不僅不可分，而且前者還是活生生的，更加充滿活力。而之所以如此，「是由於當時還可以不受打擾地繼續保持同活生生的語言的關係，能夠使概總分析展示其自身的啟示力。因為，概念史的啟發性成就，現在就在於通過概念性和自然的語言使用之間不斷存在的聯繫，使概念的陳述含義具體化，甚至從走樣的教條化中解放出來。」❽

照高達美看來，現代工具主義也源於古希臘，尤其源於柏拉圖的《克拉底洛篇》(Kratylos)。在古希臘，語詞就是onoma，即名詞或名稱，尤其指「合適的名詞」❾。古希臘哲學或多或少以這種看法開始：「語詞僅僅是一個名稱，它並未代表真正的存在。」❿ 照此看來，語詞與客體就並非一個不可分離的統一體。這種觀點在柏拉圖那裏有著典型的體現。在《克拉底洛篇》中，柏拉圖討論了以下兩種與語言有關的理論，⓫ 這兩種理論都以客體開始。柏拉圖認為，一旦我們擁有客體，我們一方面就可以說，語詞是被賦予客體的；另一方面，我們也可以說，語詞是為客體而發明的。照第一種看法，客體是被賦予的一個名稱。客體如同嬰兒，乍來到世界還沒有名字，以後就接收了一個名字。照第二種看法，語詞並不是被構成而且被賦予給客體的，而是為客體發明的。這就是約定俗成的語言理論(Konventionalistische Theorie)。

---

❽　《全集》卷2，頁83。

❾　《真理與方法》，頁383。

❿　同上。

⓫　同上，頁383、384。

柏拉圖之所以討論這兩種理論，乃是「為了確定語詞與客體的不同的關係」⑫。他雖不贊同這兩種語言理論，但也沒有絕對否認二者，因為他持有一個與它們共同的前提，即知識對語言的在先性，因為他的重點放在理念這種非語言的知識上。⑬ 這種知識與語言分離的觀點使高達美將《克拉底洛篇》與現代工具主義聯繫起來，因為工具主義也主張知識與語言、或內容與形式的分離。而事實上，在高達美看來，語詞與事物、內容與形式應是一個不可分離的統一體。

柏拉圖約定俗成的語言理論則表明了語詞是為客體而發明的，並且語詞也是可以隨意改變的。如果寫「十八」一詞不便，我們還可以把它寫成 "XVIII" 或 "18"，或 "n"。關鍵的問題是要實用。因為倘若語言是一套指示客體的符號系統，那麼它就只是一個工具，此工具即可以達到其目的，也可以為更好的工具所取代。因此，在高達美看來，在《克拉底洛篇》中這種得到明確闡述的語言觀導致了十七至十八世紀的普遍語言圖式，也導致了二十世紀更為普遍的「人工語言的建構」⑭。同時也導致了這種觀念，即語言是服務於技術的手段，思維和思維客體是獨立於語詞的。因此，在柏拉圖身上，已經模模糊糊存在著語言的技術化。⑮

然而，在高達美看來，語言並非是一件隨不同意志、希望和主觀性而改變的工具。高達美尤為欣賞喬治(Stefen George)的詩句："Kein Ding sei, wo das Wort gebricht"，即「語詞破碎處，萬物不

---

⑫　同上，頁383。

⑬　《全集》卷2，頁384、385。

⑭　《真理與方法》，頁395。

⑮　同上，頁395；維恩謝爾默《解釋學》，頁231、232。

復存。」⑯ 沒有與理解的語言相分離的事物，也沒有與事物相分離的語言，它們彼此從屬，不可分離。人工語言圖式觀的缺陷，在於知識對語言的在先性。柏拉圖雖然覺察到語言與存在之間不可見的相互關係，但語言仍被看作了力圖迴避、或力圖取消的障礙。所以它就成了「最終邁向現代語言的工具理論和推理的符號系統的第一步」⑰。

高達美認為，西方哲學思想過去並沒有把語言的本性放在它思考的中心位置上，這在西方中世紀表現尤甚。因為「西方基督教的宗教傳統恰恰以某種方式阻礙了對語言的嚴肅思考」⑱。不過也有例外。如中世紀基督教的化身概念(Inkanation)就肯定了語詞的重要性。⑲庫莎的尼古拉通過將語言的創造性與神性的創造性結合起來，而積極想像到了人類語言的多樣性。⑳

2.現代語言觀

高達美以上探討的語言問題的幾個不同階段，都是為了展示它們與現代語言哲學和語言科學、尤其是工具主義的淵源關係。高達美將威爾海姆·馮·洪堡 (Wilhelm von Humboldt) 稱為「現代語言哲學的奠基人」㉑。洪堡並不反對這種觀點，即語言來自於表達在語言中的世界；相反，他使人們認識到，「每一種語言都被理解為

---

⑯　同上，頁464。

⑰　《真理與方法》，頁395。

⑱　《全集》卷2，頁147。

⑲　《真理與方法》，頁395。

⑳　同上，頁411～414。

㉑　同上，頁415。

一種特殊的世界觀」❷。他發現，語言在本質上是人的語言，人在本質上是一個語言的存在物。洪堡最精彩的闡述之一，是他認為人類語言結構有多樣性。語言的力量包含在使得「有限手段無限運用」之中。❸ 他的結論是：必須將語言看作是脫離任何特殊內容的形式。對他來說，每種語言都表達了一個世界，正如每個語詞都表達了一個內容。但是洪堡並未將這條路走到底。高達美認為，內容與形式的二分首先導致了他的作為一種形式手段的工具主義語言觀；其次，還導致這一觀念：世界為一物，語詞又為另一物，它們儘管可以彼此相關，但卻為不同之物；最後，我們看到，當他假定了語言有無限威力時，每個世界都不僅相對於其語言而存在，而且還為語言所確定。上述每一種結果，都是由於洪堡想建立一門語言科學這一根本試圖造成的。語言與內容相分離的觀點在以後的歷史比較語言學、結構主義語言學和轉換產生語言學中，都有典型的體現。

洪堡以後的瑞士語言學家索緒爾 (F. de. Saussure) 對以後的語言科學、尤其是語言哲學影響更大。自《普通語言學教程》問世以來，語言學界普遍接受了他的關於「語言是一種表達觀念的符號系統」❹ 這一看法。而他的象棋這一例子，則是他對於這一看法的形象的譬喻和說明。❺ 索緒爾將語言看作是音義結合而又分層組裝的

❷ 同上，頁416。

❸ 同上，頁417。

❹ 索緒爾《普通語言學教程》，商務，1980年，頁37。

❺ 索緒爾認為，語言是一個系統，它只知道它自己的秩序。這有如國際象棋，有著它自己固有的系統和規則。我們可以將木頭棋子換成象牙棋子，這種改變對於系統是無關緊要的。但假若我減少或增加了棋子的數目，那麼，這種改變就會深深影響到「棋法」。關於象棋的例子，索緒爾多次談到。詳見《普通語言學教程》，頁46、128、155。

符號系統，並對這個系統內部各種結構關係進行共時態的靜研究和
描述，以求達到「就語言和為語言而研究語言」的科學目的。他的
語言是符號系統的工具主義語言觀在現在的語言哲學和語言科學中
居於統治地位。正是基於上述情況，高達美才著手對語言哲學中形
形色色的現代語言觀進行了批判，從而揭示了語言的非工具特性。

二、語言批判和語言揭示

高達美為了創立自己的語言觀，首先發起了對現代語言觀的批
判。他所批判的語言觀，如結構主義、分析哲學等流派按他的分析，
都屬批判之列。在批判工具主義語言觀時，他又像對真理的研究一
樣，運用了現象學的基本方法，即既不將語言繫之於主體，也不繫
之於客體。語言乃是二者的同一或統一。工具主義的缺陷，就在將
語言當作客體，即當作符號工具，並用這工具去達到對事物或真理
的認識。他指出，不是工具功能，而是揭示功能才構成了語言的本
質。語言哲學唯一關心的是語言的形式，但高達美認為，語言的形
式與內容是密不可分的。語言不是事物的符號，而是原型的摹本。
正是在摹本中，被描摹的原型才得以表現並獲得繼續存在。概言之，
語言是對人的世界和文化遺產的揭示。揭示性的語言具有思辨的特
點，它表現為辯證的對話。正是在這種辯證對話中，人類才能相互
理解，達成一致，揭示真理。

1.對工具主義語言觀的批判

工具主義語言觀的特點，是將語言當作客體、對象、或者當作
符號工具，它注重的是語言的形式而非內容。結構主義和語言哲學

是目前工具主義語言觀的典型。高氏說，自然科學發展了自己的特殊語言(Sondersprachen)、專門語言(Fachsprachen)和人工符號系統(künstlichen Symbolsysteme)，並且借助於這些系統「獨白地」(monologisch) 行事。㉖ 這導致了高達美對工具主義語言觀的批判。照他看來，語言既不是可以加以經驗地研究、從而被人掌握的事實，也不是一個客體，而是包括了一切可以稱之為客體的東西。語言哲學唯一關心的是語言的形式。但高達美認為，語言的形式與遺傳物的內容「在解釋學經驗中是密不可分的」㉗。為此，他反對工具主義語言觀。與強調語言的形式和工具功能的觀點相反，他指出了活生生的語言特性和我們對語言的介入。若是剝奪了語言的這種原始力量，它們就只能成為指示者的工具，這樣，「談話和思維的關係就轉化為一種工具關係」㉘。語詞被看作是人類交流其思想的工具，它與被思之物完全分離開來，並為主體所支配。高達美指出，現代語言學和語言哲學一般都錯在將語言的形式當作其基礎和核心焦點。㉙但是，語言真是形式、真是人類主體的工具、真是與人類經驗和真理無關的東西嗎？

高達美的答覆是否定的。在他看來，語言不是屬於人的，而是屬於境況的某物，語詞的構成不是反思的，而是經驗的產物，它是存在的表現。當然，從某種意義上看，語言本身確實是一種符號或工具，或達到目的的手段，這目的就是交流思想。但是從另一種意義上看，又遠非如此。高氏是在語言的更深層面上來談論語言現象的。

㉖　《全集》卷2，頁257。

㉗　《真理與方法》，頁417。

㉘　同上，頁410。

㉙　同上，頁381、382。

在他那裏，語言不僅是思想，而且還是存在的一部分。我們被圍困在語言之中。這也照應了海德格的觀點：說話的是語言，而不是人。

> 正如海德格所說，就我們實際上並未主宰語言、控制語言而言，是語言說我們，雖然，當然沒有一個人反對我們說語言這一事實。海德格的斷言在此並非毫無意義。⓾

　　由此，高達美才強調，我們不應當按形式，而應當按語言歷史地向我們傳達的東西來使語言模式化。語言不能與思維分離。語言像理解一樣，是一種環繞一切的現像。語言永遠不可能像事實一樣，它是媒介而非工具。語言的作用在於揭示，它與真理的「去蔽」具有同樣的功能。

2.語言對世界的揭示

　　語言的功能並不在於指示事物，語言的指向也不是從主觀性通過符號工具到被指示的事物；相反，它具有另一種概念和轉換功能。這樣，高達美選擇了揭示或表現的概念。他認為，語言揭示了我們的世界——不是我們周圍的科學世界或宇宙，而是我們的生活世界。世界與環境不一樣，因為人只有一個世界。要擁有一個世界，人必須能夠向他面前的空間開放。⓿ 在空間中，這個世界能如其本身那樣向他打開。因為語言創造了人能夠擁有世界的可能性。動物雖然有相互理解的方式，但它們並沒有世界，也沒有語言。語言作

⓾　《哲學解釋學》，頁236。

⓿　關於高達美「世界」(Welt) 的含義以及他對人的世界與動物的世界所作的區分，見《真理與方法》，頁423、429。

為能夠向人揭示世界的開放能力，這點動物並不具有。因此，高達美的結論是：「誰擁有語言，誰就擁有世界。」❷ 在語言中並通過語言，人類才根本達到了擁有世界的可能性。而把語言基本認作是主體性的所有物或財產則是一個謬誤，這是現代主觀定向思維的錯誤。這種主觀定向與當代日益發展的科學技術有關。他說：「工業時代被扯平了的生活形式對語言的影響必定能出現。如同事實上語言詞彙的貧乏正造就著驚人的進步，從而也導致語言向技術化的符號系統靠攏一樣。」❸ 科學語言與哲學語言，甚至與日常語言都有區別，前者通過其精確性，從而為語言設立了界線，也可以說是囚籠。人類的多產性經驗和人與人之間的問答都不能逾越突破之。如物理學家可以用準確的語言來表述其公式、推理和結論，但卻不能使某物變成內涵豐富的隱喻，不能用這些隱喻使自己和其他門外漢理解其研究成果，而是使之變成大量的實驗證實。他說：「相反，哲學就沒有那樣一種同語言——思想就是在語言中運作的——相對抗的機關可用。我們只能在語言之內才可控制語言所從事的誘騙。」❹ 高氏說，古希臘的膝蓋(Knie)和數學中的角(Winkel)這兩個詞，現在就超越了它們的感情使用而獲得了明確的意義。但哲學語言還不同。哲學語言不僅要超越語言的感性使用，而且「還要不斷堅持其本源的意義」❺。如高氏對於真理本源意義的堅持，即可證明這一點。

　　語言給我們揭示出來的世界乃是我們生活於其中的生活世界，這個世界是由我們的文化遺產所構成。我們的文化遺產表現為傳統

---

❷　同上，頁429。

❸　《全集》卷 2，頁231。

❹　《全集》卷 2，頁81。

❺　同上，頁82。

流傳物，表現為本文。語言對文化遺產的揭示使得高達美所說的效果歷史的真理顯現出來。在這種真理中，不僅過去與現在溶為一體，而且歷史也成為永不枯竭的意義之源泉。文明是一種外在的、技術的生活組織，它以進步和繁榮為標誌；文化則是一種內在的東西，它可能就是將我們聯合在一起的思想和觀念。文化作為人類傳統歷史的積澱，是人在歷史中創造的精神財富的總和。它包括人的心理、情操、習俗、修養和道德觀念等。高達美借用赫爾德的觀點，認為文化與文明之間存在著一種對立因素。❸ 當然，他所要維護的是文化，而不是由現代科學支撐起來的文明。他認為對這種文化的瞭解越多，這種瞭解就越來越成為一種對話。這種對話就是以人類擁有的語言為前提的。語言的揭示能力甚至超過了時間和場所。人能夠依靠最令人驚奇的準確性，將一篇長期消絕無息的本文從過去存在於人與人之間的語言學世界中呈現出來。這樣，我們自己的語言世界，在理解其他傳統和場所的能力中，就有某種普適性。高達美斷言：「我們生活於其中的語言世界並不是一道妨礙認識存在本身的障礙物，相反，它基本包括了能夠擴展和提高我們洞見的一切東西。那些在特定的語言傳統和文化傳統中長大的人觀察世界的方式，就肯定不同於那些從屬於其他傳統的人。在歷史程序中一個接著一個地產生的歷史『世界』肯定既不同於其他世界，也不同於今天的世界；但是，無論我們認為這個世界在什麼傳統中，它都總是人類的世界，即一個向我們展現自身的語言學上的構成的世界。」❼

　　譬如，語言學習就與世界觀的形成有非同一般的關係。學習說話和獲得世界定向 (Weltorientierung) 一般可以被看作是人類教化

---

❸　《讚美理論》，頁10。

❼　《真理與方法》，頁423。

史上的一個不可解的結。也就是說要瞭解世界就得學習語言，而學會了語言，也必然能瞭解世界。這個程序永不終結。他說：「一般來說，一個人的語言限能只能在自己的母語中實現，也就是說，只能在他成長和生活的地方所說的語言中實現。這就表明人學會了用母語的視角來觀察世界，反之，自己語言能力之最初顯示，也是在對自己周圍世界的觀察中開始被明確表達出來的。」❸

還有，語言是束縛嗎？我們很多人可能都會對此認可。中國古人的「言不盡意」似乎也表明了語言有局限性的一面。當我們身處於自然美景中，突然會發現語詞表達的無力。這可能是我們人人皆有過的日常經歷。不過，對此問題，高氏與我們又有不同。他說：「語言儘管有其先行的不可超越性，但並不是精神的巴比倫牢獄。同樣，巴比倫語言混亂並不像聖經流傳物所認為的，僅僅意指語言家族的多樣性和導致人類罪孽的語言多樣性。毋寧說，它包含著人與人之間顯示出來並始終製造著新混亂的全部生疏性。不過，在其中卻也包含著克服這種生疏性的可能性。因為語言即是交談。我們必須尋找語詞，並且能找到達於他的語詞。所有這一切都是語言本身能夠做到的。」❸ 這就是語言的力量，它無所不能，無所不在，無所不包，這是否走向了另一個極端，將語言的界線無限擴大、將語言的作用無限神話？也許有一點，但語言的作用非其他東西可比，這卻是毫無疑義的。

3.語言的辯證特性

高達美認為語言自身有一種內在的「思辨結構」 (spekulative

---

❸　見《全集》卷 2，頁8、9。

❸　《全集》，頁346。

struktur)。它並不是被固定地和教條似地確定的。但是，它作為揭
示的事件，總是處於歷史程序之中。所以它就在移動、轉換，在完
成將事物帶入理解中去的職責。活生生的語言運動正不斷抵禦著單
調的和最後的陳述的固定性。例如說話就是這種活生生的語言運動
的典範。高達美認為書面語言乃是語言的異化形式，唯有說話才表
達了語言的真正本質。他認為邏各斯在其原初意義上並不是指理性、
根據和判斷，而是無語詞的說話、言談。說話發生在日常生活中進
行著相互理解和交流的人們之間。❹ 在說話中，說出的東西伴有未
說出的東西，以致二者密不可分，結成一個統一體。但說話與說出
的東西這二者卻是不同的。使自身能夠成為統一體的是通過說話，
而不是通過說出的東西。因為說話具有一種不可把握性，而這種不
可把握性恰恰表現了語言的思辨結構。他說：「……當黑格爾把辯
證法安排到一個有關科學和方法的概念中去時，事實上他就掩蓋了
辯證法自身的來源，即它在語言中的起源。由此，哲學解釋學看到
了在被說出的東西和未被說出的東西之間發揮作用的二者的思辨的
統一……。」❹

　　說話的最完滿的表現是對話。這是由於在對話中，存在著對真
理的辯證的揭示。在高達美看來，對話即是辯證法。它不同於科學
的對話，因為那種對話是獨白似的。解釋學經驗自有一種辯證的對
話模式。對傳統開放就是和傳統對話，就是理解的一個對話事件。
這也就是要把人放進一種傳統向他說話的開放態度中。高達美在其
學術晚期，更進一步地強調對話就是實踐，就是團結，對話者生活
在共同體中。對話就是一種修辭學，通過這種修辭學，人旨在達到

---

❹　《真理與方法》，頁445。

❹　《全集》卷2，頁370。

善和幸福，而非旨在獲得一種對話的技巧和技術。

　詩的語詞與說話類似，它也具有一種思辨的結構。「正像我們以上所說的，說話者把一種與存在的關係帶入說話中。」❷ 而同樣，「詩的語詞也表達了它自己與存在的關係」❸。因為它把某種新的東西帶入到說出的東西的領域中。詩的語詞向人們打開了嶄新的和不可認識的世界。它通過自己向存在開放而向存在中的新的可能性開放。它使一切都中止在非確定性上。這是存在和思維習慣模式的中止。這種中止能使偉大的詩人錘煉出一種新的思維和情感方式。❹ 海德格也曾在《論人道主義的信》中說，我們必須在擺脫傳統的邏輯和語言之後，才能真正欣賞語言的詩的特點，以恢復語言的「詩意的創造。」「語言的特點是詩。」海德格又曾在《通過語言之途》中說：語言就是語言，人不是語言的主人。他既不在語言之外也不在語言之上。人的生活意義都是由語言的具有創造力的開放性所建立的。人僅僅是語言這個家的「守護人」❺。高達美繼承了海德格思想，認為解釋者必須終止語詞和思維的習慣模式，必須具有詩人的某些東西，即向新的可能性開放的態度。解釋不是赤裸裸的重演，而是新的創造，是解釋中的新事件。

三、語言、交談與思想

1.物與語言

---

❷　《真理與方法》，頁445。

❸　同上。

❹　同上，頁445～446；另見帕爾默《解釋學》，頁211。

❺　克勒爾 (David Krell) 編《海德格基本著作》，紐約，1977年，頁193。

　　高氏並非孤立地去談論物(Ding)和物的語言，而是從事物的性質與物的語言這兩種表達方式出發去談論物的語言的。在〈事物的性質與物的語言〉(Die Natur der Sache und die Sprache der Dinge)中，高達美研究了兩種不同的言談方式(Redensarte)，這兩種言談方式表面相同，但其實質有別，在它們之間存在著一種張力。表述之一是：「這是事物的性質」(Es Liegt in der Natur der Sache)；表述之二是：「物不言自明」(Die Dinge sprechen für sich Selber)，或「物說一種無誤的語言」(Sie führen einen unmissverstandliche Sprache)。**⑯**這裏有兩個基本術語 Sache 和 Ding，二者都指物、事物，二者所指的，都是沒有要加以精確地定義之物。在英語中，二者都用thing表示。但實際上，Ding在海德格那裏卻是特有所指的。**⑰**

　　高氏說，如果我們更為仔細地觀察和探索語言使用的內在差異，我們就會明白，Sache與Ding是不可替換的。事物(Sache)與概念相對，由人來標識和說明，並且人對事物具有明顯的優先性。「物與人的這種對立意義人們原初是在人對物的明顯的優先性中發現的。」**⑱**物受人利用，受人安排處置，而人卻是受尊敬的。但是「事物的性質」這一短語表明，事物實際上有其自身的存在，我們不能

---

⑯　《哲學解釋學》，頁69。

⑰　關於Ding，海氏在1950年發表的《林中路》中有所提及。照高達美的分析，海氏分析物和物性(Dinglichkeit)入手，區別了三種傳統中關於物的觀念形式：1.表徵的載體；2.感覺多樣性的統一；3.有形的品質。海氏認為唯有第三種才是第一重要的，因為它根據形式與質料的理解方式來說明物，因而具有某種直接的說服力。這種物是製作的模式，海氏稱此為「用具」。另外，關於物，高達美在〈藝術作品的真理〉一文中有所分析。見《全集》卷3，頁249～261。

⑱　《哲學解釋學》，頁70。

不恰當地使用它。這表明，事物有其自身的特性，這種特性不能順應人，相反，得人順應事物。因此，「事物的性質是我們不得不去適應的不可改變的既定事實」⑲。因此，通過要求我們放棄所有關我們自身的想法，甚至迫使我們懸置所有人的考慮，事物的概念就能以此來保護它的重要性。

對客觀性(Sachlichkeit，事實性)的弘揚由此而產生。在古典哲學家中，這種客觀性的最偉大的擁護者是黑格爾。他的觀點是：事物是能動的，它並不僅僅是我們觀念的自由活動。不過黑氏在此表達的仍是精神的外化即客觀化階段。一旦精神回復到它自身，客觀也就變成主觀的了。本世紀初胡塞爾現象學所提出的著名口號「回到現象自身」(Zur Sache Selbst)也表達了與黑格爾同樣的傾向。這是哲學的一個新方向。如高氏所說，「現象學分析揭示了那種未受控制的推論，這種推論包含在不合時宜的、偏執的、任意的建構與理論中。」⑳

在古羅馬，法律概念 res 與 Sache(事物)還有區別的，後者反映的內容更多。德語 Sache 之含意首先是 Causa，即正在考慮的引起爭議的「事物」。確切地說，客觀性意味著尊重事實，反對偏執，反對為了局部利益而濫用法律。從法律含義上來講，「事物的性質」這一短語指為立法者任意頒佈法律、解釋法律限定界線。也就是說，它指一種擺脫人願望的秩序，同時也意指活生生的正義精神戰勝法律文字。因此「事物的性質」同樣斷言了自身的權利，我們必須予以尊重。

之後，高氏考慮了「物的語言」(Ding)這一表達式的內容。他

---

⑲　同上。

⑳　《哲學解釋學》，頁71。

說:「物的語言也是我們應當更加注意的某種東西。」❺ 高氏藉對這一內容的考察,重申了現代科學由於對自然的算計與控制因而造成的對物的掠奪。他說,現在,人們通過科學的合理性,使物處於人對自然的算計與控制之下,而根本不傾聽事物本身。他說:「物的語言」表述了這一事實:「在一個日益技術化的世界中談論對物的尊重,這變得越來越不可理解。」❺ 事物「正在消失,唯有詩人還仍忠心於它們。」❺ 人們怎樣才能談物的語言呢? 高氏說,只有當我們真正記得物的真正面目,即物「不是被使用和被消費的材料,不是一種被使用和拋在一旁的工具,而是相反,如海德格所說的,是自在地具有其存在的某物,以及並『未受迫使去做某事』的某物,只有這個時候,我們才能談論物的語言。」❺ 高氏又說:「物自身的存在被傲慢人類的操縱意識所忽視,物就像語言,我們傾聽它是至關重要的。」❺ 高氏在此的一個注釋中表明,他在〈海德格的晚期哲學〉中已經論述過這一觀點,這種觀點是海氏晚期著作體系的出發點。❺ 「物的語言」在高氏看來並非神話的或詩化的真理。這雖然是一個普普通通的術語,但它能喚起人們對物本身的興趣。

由上可知,在某種意義上,「事物的本質」與「物的語言」這兩個術語實際上表述了同一條真理。我們必須謹記這一點,以抵制我們粗暴的任性。

不過,在當今哲學中,在這兩種表述之間存在著一種微妙的張

---

❺ 同上。

❺ 同上。

❺ 同上。

❺ 同上,頁71~72。

❺ 《哲學解釋學》,頁72。

❺ 同上,頁81。

力，當今哲學的任務，就在於調節這種張力。堅持「事物的性質」這一尊重客觀事實的觀點，就哲學思維而言，是反對唯心論，尤其是反對十九世紀後半期新康德主義唯心論的有力武器。新康德主義雖有「回到康德去」的口號，但它們並沒有回到康德的物自體和表象的二元論。他們重新解釋康德，以唯心論觀點，主張認識能完全決定客體，甚至也以我們知識的進步這一概念去理解物自體的概念，這在科學研究中得到最終的證實。舍勒爾反對新康德主義，導致哈特曼步其後塵，從而發展了哈特曼的形而上學知識論，哈特曼藉這種知識論來反對任何形式的超驗主義。在他看來，知識並不帶來對已知事物的改變，更不意味著它的再生產。相反，事物與已知或未知無甚關係。

高達美對上述主觀主義傾向的批判，其用意是要恢復事物自律，反對意志主宰物，主宰一切。他表明，人決定事物的意志是有界線的，現代主觀主義者就未意識到這一點。新康德主義在發展科學文化時，趨向了片面極端。古典形而上學的超越性在於：它一開始就通過設想其先在的相互關係，超越了一方面是主觀性和意志，另一方面是客體和物自體的二元論。古典形而上學的知識與客體相符合這一真理概念表現為神學上的相互對立。當然，現代哲學已廢棄了這一神學基礎，但是，哲學仍不會對這種符合(Koresspondenz)真理視而不見。如何達到物與心靈、主觀與客觀的符合？這就得通過「語言這條途徑」❺。

在高氏看來，「近幾十年來語言現象成為哲學研究中心，這並非偶然。」❺語言研究甚至成了溝通大陸哲學與英美哲學之間的橋

---

❺　《哲學解釋學》，頁75。

❺　同上。

樑。無論是胡塞爾、海德格還是維根斯坦，語言都構成了他們的共同主題。❺⑨

卡西爾也將語言放置在中心地位，強調語言、藝術和宗教都是表現的「形式」，即以感情之物來表達精神之物。但高氏認為卡西爾沒有證明語言現象的獨特性。因為「語言實際上不是與藝術、法律和宗教平行的，而是代表了所有這些精神證據之持續的中介。」⑥⓪ 語言並非符號形式，並非被表現之精神中的一種特殊形式。「相反，人要把它認作是符號形式，那它就還未在其真正的方面完全被人認識。」⑥①

這裏，高氏又回到了原來的主題；語言更多的是事物的語言，而非人的語言。自古以來，語言與事物的關係就是西哲史上難題（詳見「語言的興起和嬗變」一節）。在高氏看來，現代主觀主義之後果，就在於讓自我解釋居首要地位，而不去經過事實之證明。語言主觀是其意識主觀的典型反映。人類的自我理解非常有限，我們應認識到這種限制。由此，藝術和歷史才能「避免意識主觀性這一意義上的解釋」。藝術與歷史皆「從屬於解釋學的領域」，而這一領域的特徵，「是由超越個人意識的語言之操作模式以及語言之實在體現出來的」⑥② 。

最後，我們從高氏的另一篇〈藝術與模仿〉中可以看出他對物在現代工業社會文明中的命運所持的關注態度：

　　我們生活於其中的現代工業世界……在一種恰當的意義上它

❺⑨　同上。

⑥⓪　同上，頁76。

⑥①　同上。

⑥②　《哲學解釋學》，頁80。

也成功地摧毀了「物」……❻

這就是高達美對現代科技社會所最終表達的批判性的結論。

2.人與語言

根據亞氏的想法，人是擁有理性的動物。理性 (Logos) 在其源初意義上既然指語言，那我們也可以說，人是擁有語言的存在物。人們思考、說話，他通過說話來傳達他們要表達的一切。人通過言說和對話，使人才有共同的意義，共同的想法。這就保證了我們去思考人的本性時語言所擁有的特權地位。

然而，高氏對西方哲學思想史上對語言的處理持一種批評的態度，這是過去因為西方哲學並不重視對語言的思考，語言被放在很次要的地位。西方基督教的宗教傳統阻礙了對語言的研究。到了啟蒙時代，才有人以新的方式提出語言的起源問題。真正堪稱有重大貢獻的，是赫爾德和洪堡。尤其是洪堡，他發現「語言從本質上看是人的語言，人在本質上是一個語言的存在物。」❻ 高達美說，他這一看法對人的世界觀有根本的意義，但他考察的是語言能力的結構法則，如語言的語法、句法和詞彙等等，不僅沒有拓寬、而且還限制了人與語言的關係這一問題。現代的語言科學在研究語言的形式上很出色，但偏離上述問題就更遠了。語言不僅是自我意識的產物，而且是無意識的產物，這是語言本性之一部分，即「語言完全具有一個深不可測的自身無意識」❻。在語言運動中，思考者的思考乃

---

❻ 同上，頁102～103。

❻ 同上，頁61。

❻ 《哲學解釋學》，頁62。

是由於語言的無意識的操作。高氏說，我們只能在語言中思考，而且恰恰我們棲居於語言之中的這種思考，才是語言展示給思想的深刻之謎。

　　高氏說我們棲居於語言之中，這首先在於我們是在學習說話的環境中長大的。在學習說話中，我們瞭解了人和我們自己。學習如何運用語言，學習如何說話，這都「意味著獲得一種熟悉性，意味著熟悉世界本身，並熟知世界如何與我們對立。」❻「事實上，我們總是已經棲居於語言之家中，正像我們棲居於世界中一樣。」❼ 亞里斯多德對一個人學習語言的程序，曾經給過一個最為廣泛的描述。亞氏想要描述的東西並非學習說話，相反，倒是思考，即獲得普遍概念。在表象之流變中，在變幻不定的印象之洪流中，那永恆之物究竟如何產生？肯定首先是保持能力，即記憶能力，這種能力使我們認識到某物是相同的，這種能力是抽象的偉大成就。從現象之流變中，共同的因素隨處可見。對這種共同因素的認識產生了經驗，並產生了普遍的概念知識。這種概念知識對形成人類共同的語言起了很大作用。

　　我們在思考和認識時，始終已經是由於我們對世界的語言解釋的傾向所決定的。高氏說：「形成這種語言的解釋意味著在世界中成長。」就此程度來說，「語言是我們有限的真正標誌」❽。語言是否存在，不能以個人意識為標準。「語言總是超越於我們之上。」❾ 個人意識並不是語言存在能被以此尺量的標準。「確實根本不存在

---

❻　同上，頁63。

❼　同上。

❽　《哲學解釋學》，頁64。

❾　同上。

口頭語言實際出現於其中的個人意識。」⓻

　　高氏在將語言與人聯繫起來時，區分了三種情況：首先是本質上從屬於語言的自我遺忘。由語言科學所制定的語言的結構、語法和句法都意識不到活生生的語言。現代教育均在用自己本族的語言而非如拉丁語那樣僵化的語言來教習語法和句法。語言的實際使用，也就是說活生生的語言使用具有很大的力量，它能「使語法完全消失於任何給定時間內所說的東西之後」⓸。如我們在學習語法和句法時，那些傳遞大量外國趣聞和知識（如凱撒或卡爾大叔的事）範句就產生了意想不到的副作用，即範句的範例作用變得微不足道，相反，僅僅能引起人們注意的，只有所講的語言。高氏說：「語言越是一種活生生的操作，我們就越少認識它。這樣，就可從語言的自我遺忘性推斷出：語言的真實存在只包含於所說的東西之中。在語言中所說的東西構成了我們生活在其中的共同世界，傳統的全部偉大鍊條也從屬於共同世界，這個來自於死的和活的外語文獻鍊條影響著我們。」⓹

　　語言存在的第二種性質即是語言的無我性。誰說別人不懂的語言，誰就等於白說。說意味著對某人說。語詞應當是正確的語詞。然而這並不單單意味著它代表我意指的對象，相反，它把它放在與我談話的對方面前。高氏說：「人們很久就觀察到，說話的現實性包含於對話之中。」⓺但在每一次對話時，一種精神佔據傳統地位，無論這種精神是壞的還是好的，是固執、猶豫不決的，還是你我之

⓻　同上。

⓸　同上，頁65。

⓹　同上。

⓺　《哲學解釋學》，頁66。

間輕鬆交流的。遊戲就體現了後一種情況，即：使對話變得像遊戲一樣輕鬆、快活、自由，充滿著成功之樂。

　　第三種特點高氏稱之為語言的普遍性。語言之所以無所不包，正是由於「語言並不是可說者的一個限定領域而與其他不可說的領域相對立」**⑭**。我們的說話能力始終與理性的普遍性相伴而行。因此，「每次對話也有一種內在的無限性，而且沒有終結。一個人打斷說話，既因為該說的已經說完，也因為不再有東西可說。但是，每一次這樣的中斷都同對話的恢復有一種內在的關係。」**⑮** 實際上存在著這樣一種對話，即不斷詢問和不斷予以回答。由此可以看出，「所說的東西並非單單是在自身中才有其真理，相反，其真理指的是前前後後未說出的東西。」**⑯** 翻譯也是一個例子。通過翻譯，操不同語言的人就有可能交流和對話。但是翻譯不是複製，而是理解和表達之程序。翻譯者必須翻譯的東西不是被準確地說出的東西，而是他本人想說而很多未說出的東西。翻譯者必須通過他的複製（翻譯）而達到這樣一個空間，「在此空間中，唯有對話才有可能，此空間即是屬於一切共同理解之內在的無限性。」**⑰** 高氏因此得出結論說：語言對人類來說，像人呼吸空氣一樣不可缺少。因此「語言是人類存在的真正媒介」**⑱**，「我們應當讓人類的一切對我們都是可說的。」**⑲**

---

⑭　同上，頁67。

⑮　同上。

⑯　同上。

⑰　同上，頁68。

⑱　同上。

⑲　《哲學解釋學》，頁66。

3.交談能力

交談 (Gespräch) 是一門藝術。但在高氏看來，交談這種藝術現在正在消失，因為在現代社會中，交談無能 (die Unfähigkeit zum Gespräch) 已成為自我異化和孤獨化的特殊經驗。交談無能成了「我們的文明的一種普遍現象」，而這種文明是「同科學—技術的思維方式密切相聯的」[80]。交談無能是對理解的斷然拋棄和拒絕。在現代，這種情況時時會遇到。

照理，交談能力 (die Fähigkeit um Gespräch) 是人的一種自然裝備。亞里斯多德曾將人稱為擁有語言的生物，而照高氏的看法，「語言僅僅存在於交談之中」[81]。將語言編輯成詞典，從中總結出文法規則，用語言編寫成文獻，並使其保持相對的穩定性，但這並非語言的生命力之所在。語言的生命力在於它的新陳代謝，過去的東西變得陳舊了，然後再自我更新。這才是活生生的語言，並且這種語言發生在說話者之間活生生的互相交流中。

但是關鍵是如何確定在人類之中的交談作用有多大。為此，高達美舉了兩個相反的例子來說明。一是他親眼見到這一場景：在柏林的一家旅館裏，一個由芬蘭軍官組成的軍事代表團在一張大圓桌旁默默無語地坐著。高氏說他們每人之間的心靈如同凍土 (Tundra)，隔閡之深令人恐懼。另一個場景高氏例舉的是在歐洲北部，當人去那裏旅遊時可能會驚訝於這一景象：人與人之間的交談持續不斷，似洶湧之波 (Brandungwelle)，如同西班牙或意大利南部國家的集市和廣場上轟然發出的聲響那樣。這裏也許是交談缺乏和交談充分的

---

[80] 《全集》卷 2，頁207。

[81] 同上。

兩個極為相反的例子。但高氏說，這還不是嚴格意義上的交談。高達美引用了近代史上一些不同思想領域的思想家來確信了他們有著一致的地方，這就是：真理之路在於交談 (der Weg der Wahrheit das Gespräch ist)。

那麼什麼是交談？高氏說，交談是「發生在人類之間的一種程序」❷。在交談中，人類的表現多樣性和潛在的無限性展示出來，人類的團結和統一也由此而得以表現。交談之所以成為交談，是因為裏面能通過與他人的交流而經驗到某種新的東西，即某種「在我們的世界經驗中還未遇到過的東西」❸。交談具有一種轉變的力量，凡交談成功的地方，都給我們留下了某種東西，又使我們多生了某種改變。在暢懷的交談中，還有可能產生友誼。高氏說：「因此交談同友誼處於一種奇妙的鄰里關係之中。」❹朋友就是在這種交談中建立的，因為每個人都與他人在談話中溝通了思想，都在交談中發現了對方，並在對方身上發現了自己。

在古代，交談的聖哲們曾改變過這個世界，如東方的孔夫子和佛陀，西方的耶穌和蘇格拉底。我們現在只能依靠前人所記錄的文獻去閱讀他們的談話，去再現他們談話的原始魅力。問和答，言說和「使自身成為言說者」，這種生動的自發行為都展示了那種原始魅力。這些都不是靠現代的資訊技術——如書籍和報紙等所能辦到的，它們缺乏那種像交談那樣有力的穿透能力。這是交際萎縮現象。交談無能僅僅是現代交際萎縮現象的一種。

高氏從教學法交談角度來說明我們所遇到的交際無能。他說教

---

❷　《全集》卷 2，頁211。

❸　同上。

❹　同上。

師與學生之間的交談是交談經驗的原始形式之一，如古代的對話大師就是教導青年的榜樣。但作為教師，要掌握交談能力還是相當困難的，「講壇危險」時時處處都存在。為此，高達美聯想到他早年在胡塞爾主持的一個研究班時的情形。當時的胡塞爾已聲名日隆。他作為弗萊堡的現象學宗師，從事著一項富有意義的哲學教學活動。高氏認為胡塞爾作為現象學大家當之無愧，但作為交談大師，他似乎還欠缺很多。那天，胡塞爾在研究班上提出了一個問題，有一位學生作了簡短的回答，他表示同意，然後他就開始了沒完沒了的獨白，時間長達兩小時之久。講完後，他和他的助手海德格離開講座走出大廳，這時他對海氏說：「今天真是一場令人興奮的討論。」其實他並沒有悟到，這是獨白而決非討論，講座危機正是由這種獨白而引起的。❽ 這是交談無能的一個例子。無能之責，首先在於教師。由於其自視為現代科學和現代理論的權威代言人，故在他們那裏，很少有提問和辯駁。其實，憑心而論，高氏所說的情況在當代學校裏仍比比皆是：文科教師如此，理科教師更是如此。

交談只能在小範圍裏才顯親切。在大課堂中，學生太多，環境太雜，真正暢意的交談很難進行。柏拉圖早就觀察到與許多人同時進行交談的不可能性。交談只有在充滿個性化的交談情境中才能真正發揮其功能。這裏，高氏列舉了三種類型：談判，療談及密談。❽但高氏在此只談及了它們之中的前兩種。首先是談判。談判有生意談判和政治談判等。在談判中，通過條件互換而達到某種調解。但首要條件是將他人作為他人來對付，即考慮他人的利益，這樣就能

---

❽　《全集》卷2，頁212。

❽　同上。

達到自行聯合。因此,「為了能夠交談,必須學會傾聽。」❽ 其次是療談 (Heilgespräch)。此詞由治療 (Heil) 和談話 (Gespräch) 組成,它針對的是交談無能這一症狀。這種交談無能「構成了病態的障礙」❽,它使病人不知所措,無法與其同時代人進行自然的溝通和交往。而要治療交談無能,就得重新學習交談,重新學會傾聽他人的談話。療談是一種心理分析方法,其特徵在於:只能用交談的方式去治療交談無能。還有另一種交談無能,即不負責任的交談無能,其表現是:無能力交談者不承認自己無能,而是將這種無能推諉給他人,如說,「和你沒什麼可談的」就是這種情形。高氏對此的診斷是:此人使自己游離於交談之外而非交談之中,故他不能成功地與人交談。高氏的這番論證讓我想起高氏與德希達關於善良意志的爭論。從高氏對德希達的指責看,德希達幾乎也有交談無能之嫌(關於這場爭論之具體內容,詳見本書第九章)。反觀我們周圍,也有許多這種明明自己交談無能卻獨斷地指責別人無能、因而拒絕與別人交談的人,這種人在學界和非學界中都有存在。

高達美提醒大家,有兩種無能須得注意,一是主觀方面的無能,一是客觀方面的無能。主觀方面指無能傾聽 (unfähigkeit zu hören),它表現為錯聽或漏聽。為此高氏談了他自己的一小段經歷來加以說明。為一件無關緊要的小事,高氏曾在萊比錫監獄裏呆過。在獄中,不斷有傳訊受審犯人的聲音。每次聽見這聲音,高氏都以為在叫自己。這急切的期待易於造成一種幻覺,即覺得像是在叫自己。這就是漏聽或錯聽。由於緊張和衝動,他只能聽見自己而聽不見別人在說什麼。當然,這是在非正常的情況下。能夠傾聽別人,才能顯示

---

❽ 《全集》卷 2,頁213。

❽ 同上。

人類的友愛。另外還有一種客觀方面的無能。高氏將造成這種無能
的原因歸咎於當今的科學文明之發展。他說：由於我們日益習慣了
我們當今科學文明之所造成的獨白狀態，並且放棄語言，將它交付
給無名方式的資訊技術，於是語言作為人類交流之媒介便日趨瓦解
和消失。❽ 如住在豪華住宅中，電視、收音機俱全，資訊俱全，說
話就有可能被荒廢。

那麼，恢復人的交談能力，恢復人的共同語言，其前提條件是
什麼？是共同語言。既然是人們之間的理解創造了某種共同語言，
那麼理解就必須以共同語言為前提。人與人之間之所以相互異化，
就在於他們不再講共同的語言。如果缺乏共同語言，理解就很成問
題。這一道理，我們在國別不同、社會背景不同、年齡不同的人之
間，都可以觀察得到。若通過耐心，通過敏銳的感覺，通過同情與
寬容，通過對理性無條件的依賴，即使語言缺乏，但人們還可能「達
到相互理解。」這可能是克服交談無能的最佳途徑。

4.語言與思想

思想與語言素來有一種淵源關係。語言能對思想產生影響，高
氏說「無人會對此加以否認」❾ 。原因很簡單：「我們用語詞來思想。
思想即是自己思想某事；思想某事即是對自己說某事。」❾ 為此，高
氏比較欣賞柏拉圖，他認為柏拉圖就正確地認識到了思想的本質就
在於「靈魂與自身的內在對話」❾ 。這種在懷疑和反駁中的對話不

---

❽　《全集》卷2，頁214。

❾　《真理與方法》英文版，頁491。

❾　同上，頁491～492。

❾　同上，頁492。

斷地超越其自身，並返回到自身，返回到其自身的意見和自身的觀點。
倘若人類思想表達了某物的話，那麼它正是這種與我們自身的對話，
這種對話永無固定之所，並使我們有別於一種無限精神的理想。世
界之所以在所有理論之領域向我們呈現，世界之所以變得有序，正
是得益於我們的語言經驗，得益於我們自己與自己所進行的内在心
靈的對話習慣，但要達到此，惟得通過概念或共相，捨此別無他途。

　　早在亞里斯多德，就提出了從經驗上升到概念或共相之道路。
此道路即：如何從眾多的知覺中構成單個經驗之統一體，以及如何
從經驗的多樣性中產生某種普遍意識的東西，這種東西通過生活經
驗的變動方面而持續保存下來。亞氏為此還找到一個優雅的比喻。
一支潰敗的軍隊正面臨愈來愈近的敵人。有個士兵開始回頭看敵人
離得有多近。他覺得不太近，於是就停了下來，第二個人、第三個
人也停了下來，最後是整個部隊都停住了。如何達到共相？亞氏認
為得通過積累經驗，通過產生同一種經驗，而最終使人們能認出這
些經驗。亞氏這裏例舉的情況，實際上與學習語言的情況相同。第
一個詞並不存在，然而我們卻在學習程序中，增加了對語言和世界
的知識。

　　語言與思想雖能相互產生影響，但也畢竟有所不同，有時二者
亦有矛盾。有時，一個人的思想、一個人的自我理解並不能完全達
到這一步，即能夠完全表達出來所說的東西。首先是完美的思想、
完美的理解不可能，其次是完全適當的言說亦不可能。高氏說，「這
二者——即完全的理解和足夠的表達——都是我們的世界定向以及
我們同自己無限内在的對話之限定的例證。」❸但高氏又認為：「恰
恰因為這種對話是無限的，因為在預先形成的談話圖式中假定的這

　　❸　《真理與方法》英文版，頁493。

種事物定向進入到我們相互理解和自我理解的自發程序中，所以才向普遍理解的東西，以及我們在知識方面專有的東西開啟了無限性。靈魂與其自身的內在對話並不存在任何界線。」❾❹

正是基於此，即基於語言對話的無限性和非約束性，高氏反駁了「對語言是一種意識形態持懷疑態度」的觀點。❾❺ 高氏這裏指的是哈伯馬斯。因為哈伯馬斯否定高氏所說的解釋學具有普遍性、語言具有普遍性的觀點。哈氏認為，在語言經驗之外，還有「其他非語言方式的現實經驗」，如「對統治的經驗和對勞動的經驗」，「這是他用來反對解釋學要求普遍性的兩個證據」❾❻ 。但高氏說，誰也不會否認我們自身的人類機能不僅有存在於說話之中。所有語言性的世界經驗所體驗到的是世界而非語言。我們通過語言性解釋表達了同現實的遭遇。正是由於我們遭遇到統治和非自由，所以我們才形成了自己的政治思想，在勞動的世界中才發現了我們人類的自我。這一切都與語言有關，即與我們的語言性的世界經驗有關。因為我們是在一個語言性的世界中生息活動著。借助於某種通過語言而預先形成的經驗，我們熟悉了我們自己的世界。但這並不排斥我們批判的可能性。相反，當我們與他人和不同思想者對話和遭遇時，就已使自己經受著新的批判的考驗並面對著新經驗。

解釋學理解的普通性要求，以語言為媒介的世界經驗的普遍性要求，只有在一種真正無限的對話中才能完全實現。自洪堡以來，產生了語言就是世界圖像 (Weltbilder)、語言就是世界觀 (Weltsichten) 等觀點。但這仍局限於語言的世界圖像中。高達美還引用尼

---

❾❹ 《真理與方法》英文版，頁493。

❾❺ 同上。

❾❻ 同上，頁495。

采權力意志中一條格言的解釋：上帝的真正創造行為在於上帝創造了語法，即他把我們放入一種可以掌握我們的世界圖式之中，以使我們不能破解這種語法，而我們又必須依賴這種語法。高氏說，這種強制性的依賴也體現在思想對說話和語言習慣的依賴上。小而言之，我們的整個哲學概念語言和科學概念語言都只是世界觀中的一種。形而上學語言亦是如此。而對這種語言的諸範疇的認識都來自於語法，來自於主詞和謂詞，以及名詞和動詞。

語言的力量及其影響太大，語言的滲透性太強，語言無時不有、無處不在，這是否又是一個新的語言神話？尤其是高氏對語言普遍性的強調，以及他藉施耐爾馬赫的話說：「在解釋學中所預設的一切僅僅是語言」，更加重了人們對他的「語言神話」的懷疑。高氏看到了這種懷疑，稱這種懷疑不是「多餘」，而是「確鑿的事實」。他以否定的態度回答道：語言並非預設好了一切。語言如果萬能，那就會成為在世界歷史之前的世界歷史命運中投下的一粒骰子，能決定我們的思想，但這是不可能發生的。

最後，我們再回到思想與語言的關係問題上。關於這個問題，高氏從克萊思特 (Kleist) 那裏找到了一個精彩的表述：思想如一個飛輪，它必須運用語言飛速運轉，才能富有成果。反過來，在說話這一方面，你與我之間的問答爭辯，也能擴展我們的思想。語言自發地湧現，在說語言時，語言就將人導入一個說話者本人也許還未意料到的後果和目標。那麼，什麼是說話？「背誦」是說話嗎？不是。高氏說，只有當我們試圖冒險去建立某種新東西並傾聽其涵義時，才是說話。理解的語言性向我們展示了「持續說話和相互訴說的無限性，展示了自己說和允許自己聽人說的自由。」[97] 當語言富於

---

[97] 《真理與方法》英文版，頁498。

生殖力和創造力時，語言才成其為語言。

四、語言作為存在的模式

高達美在對工具主義語言觀進行批判之後，強調了語言的真正特性在於表現或揭示。語言揭示了我們的生活世界，也揭示了我們的文化遺產。這種生活世界和文化遺產即是他和海德格所稱之為的存在。所以高達美反覆再三強調的是，語言是對存在的揭示。語言即是理解，亦即存在的模式，也可以說，是世界構成的無所不包的形式。「能被理解的存在就是語言」，這表明了語言是存在之家，真理之家。因為真理的揭示與語言息息相關。藝術真理和歷史真理從其最終歸宿來看，都統一於語言。這種語言絕非科學語言、工具語言，而是本體化的語言。高達美正是依靠語言，才實現了他的哲學解釋學的本體論轉變，故他給他的《真理與方法》第三部分定名為「以語言為主線的本體論轉向」，也正是這個道理。

本節分為三個部分。第一部分強調語言即是理解，任何理解都是語言學意義上的理解。唯有擁有語言的人才能去理解，才能去解釋。而解釋，正是理解的完成形式，或是實現了的理解。語言作為理解，乃是存在的模式。語言的環繞一切的性質正體現在它與存在的密切關係之中。語言不是符號，而是原型的摹本，這種摹本使作為原型的世界得以表現並繼續存在。由此，高達美使語言觀上升到世界觀的高度。第二部分論述語義學與解釋學的關係。二者雖然都以語言為出發點和研究對象，但究其實質還是有所不同的。第三部分論述的是高達美本體論語言學轉向的意義。這種意義在於：他的語言包容了一切，替代了一切，本體論的「邏各斯中心主義」最

終走向的是「人類中心主義」。 所以這種轉向的意義最終不僅是本體論的，而且還是人類學的、倫理學的。

1.理解、存在與語言

高達美認為，理解與語言有著密切的關係。語言即是理解，亦即存在的模式。它們二者都揭示了存在。語言是理解的媒介。在語言中並通過語言，理解的對話才得以發生。但是這種媒介不是工具，不是客觀性的，就像不能把它看作符號系統一樣；另一方面，語言也不是主觀性的，它不是反思思維的創造，我們也不能將它歸結為個人的主觀意識。語言是主觀與客觀的統一。

在高達美那裏，理解 (Verstehen) 與解釋 (Auslegung) 不僅密切相關，而且都在語言學的基礎上統一起來。解釋是發展了和實現了的理解。「解釋潛在地包含在理解中。它僅僅使得理解明晰可辨。」❾❽而理解本身「與語言卻有一種基本的聯繫」❾❾。高達美說：「事實是：語言學表現的問題已經是理解問題本身。所有的理解都是解釋，所有的解釋都發生在一種語言的媒介中，此媒介允許其對象進入世界並同時成為解釋者自己的語言。」❿❿當我們關注語言學的本文的理解和解釋時，解釋在語言媒介中自身顯示了理解為何物：即將所說的內容同化，使之變為自己的。「語言學的解釋乃是所有解釋的形式。」❿❿ 即使當被解釋之物本質上是非語言學的 (如它不是一篇本文而是非語言的雕像或音樂作品)，但它卻預設了語言。❿❿

❾❽ 《真理與方法》德文版，頁376。

❾❾ 同上，頁373。

❿❿ 同上，頁336。

❿❿ 同上，頁376。

❿❿ 同上，頁376、377。

理解的重要性在於：「它創造了一個解釋學視界，本文的意義就在這個視界中體現出來。」[103] 但是為了表達本文的意義，我們必須根據本文把它轉譯成我們自己的語言。高達美有一著名的浪漫主義公式，就是：我們都不能超越「我們所是的對話」。他反問道：「與我們整個哲學遺產進行對話是無意義的嗎?」[104] 而表現為書面文字的遺產或傳統恰恰存在於語言中介。因此，「解釋偏愛的對象(Gegenstand) 即是語言的本性」[105]。他認為，在書面文字中，語言獲得了其真正技術的特性，「因為當人遭遇到書面傳統時，理解意識才獲得了其完全的統治。」[106]

綜上所述，均在於表明：語言作為有意義的理解，本身就是存在的模式；本身就含有普適性方面。因此，所有的理解都是語言學的。然而，這一切都是因為「語言就是存在的家。」[107] 海德格的這一斷言被高達美以另一種方式表達出來。這就是：「能被理解的存在就是語言。」

對存在的語言，即本體化語言的關注，乃是高達美語言觀的關鍵所在。其解釋學中的本體論轉折，就是在語言的指導下完成的。高達美的本體論解釋學重在突出存在這一極，由於存在與語言的密切關係，所以語言問題又成為「哲學思考的中心課題」。

語言不僅是表達思想的工具，而且更重要地，是人的存在形式。海德格更早地意識到這一點，並突出地表現在他的「語言就是存在

---

[103] 《真理與方法》德文版，頁373。

[104] 同上，第2版序言，頁XXIII。

[105] 同上，頁367。

[106] 同上，頁368。

[107] 《海德格基本著作》，頁193。

的家」這一著名的論斷中。這段出現在《論人道主義的信》中的原文是：「……當人在思考存在時，存在就進入了語言。語言就是存在的家。人棲居於語言這個家室中。那些用語詞進行思考和進行創造的人都是這個家的守護人。」⑩ 海德格在此思考的是「通達語言的途徑」。　高達美承襲了海德格的思想，認為我們通過語言揭示了存在。語言作為理解，即是存在的模式。他說：「語言就是我們的在世(Sein-in-der-Welt)起作用的基本方式，是世界構成的無所不包的形式。」⑩ 人的本性，也必須規定為存在的語言性。他存在著，用詞句來回答存在的要求。人既不在語言之外也不在語言之上，因為人的存在就是由語言的開放性所建立的。對於高達美來說，語言不僅是存在的表現，而且還是存在的一部分。他由此得出的結論是：「能被理解的存在就是語言。」　這是由於語言揭示了我們的世界。換句話說，語言是我們遭遇存在的方式。人以語言的方式擁有世界。因為語言帶給人一種對於世界的特定態度和關係。因此，「語言觀就是世界觀」⑩。

　　語言觀作為世界觀還表現在另一個方面，即語言不是事物的符號，而是原型的摹本。因為符號本身沒有絕對的意義。它只有在同使用符號的主體相關時才有其指示意義。符號的指示意義就是它所代表或指稱的事物。這只是語言的「語面」、即語言的表層方面，而非「語裏」。但摹本卻不一樣，它的作用不是指稱而是表現，並且是原型的表現，存在的表現。按照柏拉圖的理念論，原型 (Urbild) 和摹本(Abbild)乃是第一性的東西(理念) 和第二性東西(現象)的關

---

⑩　《海德格基本著作》，頁193。

⑩　《全集》卷2，頁219。

⑩　《真理與方法》，頁419。

係，理念優於現象，原型也優於摹本。但是高達美運用現象學的方法，顛倒了以往形而上學的這種本質和現象、原型和摹本的主從關係，認為原型必須通過摹本才能表現並繼續存在，作為原型的世界(存在)也必須通過語言這種摹本才得以表現和繼續存在。他說,「在某種較難理解的意義上說，語詞幾乎就是一種類似於摹本的東西。」⑪ 這也從另一個角度印證了洪堡的命題，即「語言觀就是世界觀」。

2.解釋學與語義學

語義學(Semantik)以語言為研究對象,這點它很類似於解釋學。二者都以表達思想的語言形式為出發點，二者在當代哲學的各個方向中起著特殊的作用，並且，更為重要的，二者都顯然具有「真正的普遍性」⑫。「因為，在語言現實中，有什麼不是符號，以及有什麼不是達到理解程序中的一個因素?」⑬

語義學與解釋學的區別關鍵在於對於語言符號的描述一個是從外在進行，一個是從內在進行。語義學是外在地描述語言事實的範圍。美國的查爾斯‧莫里斯在其《符號、語言和行為》(紐約，1955年)以及《符號理論的基礎》(芝加哥，1938年)中對語義學作出了很大的貢獻。相對來說,解釋學的核心之點放在符號世界(Zeichenwelt)的「內在方面」，或者更確切地說，放在「說話的內在程序」。解釋學與語義學按高氏的話說，這二者按自己的方式以語言所表述的我們與世界的關係的整體性為主題，並且二者都是在語言的多重性下

---

⑪　《真理與方法》，頁394。

⑫　《全集》卷 2，頁174。

⑬　同上。

進行研究的。

在高氏看來，語義學分析的優點，在於「使人意識到語言的整體結構，並由此指出了單義性的符號和語言的邏輯形式化可能性的虛假理想」❶❶❹。高氏肯定語義分析有其「重大價值」，這種「重大價值」特別在於它突破了孤立的語詞符號所產生的同一性的表象(den Schein der Selbigkeit)，雖然這種突破採用了不同的方式：其一，使人意識到它的同義；其二，更為重要的是，證明單個語詞的表達決不可譯成其他術語，或與其他表達互換。在前面兩種方式中，高氏更著重第二種，因為它基於某種超越所有同義性的東西。一種特定的文字表達，其同義性越少，它也就越具特色和個性。在同義性概念最少的地方，僅有一種表達正確，其餘均屬錯誤。史詩、戲劇和抒情詩等以至於詩創作、詩本身，均強調文字使用具有特色和個性。如許多抒情詩不可翻譯，就是這點的最好證明。其實，高氏在其他場合也提到語言的不可翻譯性，其用意在於表明完美的翻譯和正確翻譯都不存在。但總的說來，高氏還是贊同翻譯的，因為翻譯是他證明理解和解釋的最好例證。❶❶❺

為了說明文字使用的個性，高氏舉了伊默爾曼(Immermann)的一句話："Die Zähre rinnt"，大意為「眼淚（不住地）流動」❶❶❻。在德語中，除Zähre指眼淚外，Träne亦指眼淚，而且後者更為常用。那麼作者為什麼要選用Zähre而非Träne呢？這就是詩人用詞造句的

❶❶❹ 同上。

❶❶❺ 見《真理與方法》，頁388。高氏的「翻譯」意義十分寬。他說：「閱讀即是翻譯，翻譯則是再翻譯」。又說：「翻譯程序本質上包括了人類理解世界和社會交際的整個秘密。」亦見《哲學解釋學》，頁497。

❶❶❻ 《全集》卷2，頁175。

個性之所在了。這點常人是難以理解的，正如詩人之思在常人眼裏也是難以理解的一樣。Zähre與Träne，這二者雖然意義相同，但其美學意義——即表述情感或和諧悅耳方面，卻有著質的差別，二者不可互換。

語義分析還明顯地超越了意義理論，這種意義理論將文字從本文中抽象出來進行分析，因而只具有局部的有效性。語義分析還能反映由不同時代精神反映出來的語義變化。所以語義分析似乎能夠「瞭解時代的差異和歷史的進程」⑰。隱喻(Metapher)也表明語言在不斷地產生出新的使用領域。

但語義學也有一定的限制。這種限制主要來源於這一衝突，即語言個性化的發展趨勢與語言的習慣上的固定意義趨勢之間的衝突。一方面，人不能背離語言習慣。如果一個人按誰都不懂的語言習慣說話，那他就等於白費口舌。但是，另一方面，若說話者在詞句和風格的選用上完全依照習慣，那麼其語言就缺乏風格上的魅力。術語與活生生的語言就典型地體出了上述的張力。然而，即使是術語，最終也只能生存在活生生的語言所體現的多義、模糊的表達方式中。為此，高氏又重提他對科學及其方法的批判。他說，科學術語受單義性影響，但卻缺乏交流能力，更缺乏豐富事物的能力。當然，科學概念術語的單義性可以防止由於多義性所造成的含糊不清的混亂，但是「方法論上的『純淨』(Reinheit)總是只有在特殊領域內才能達到」⑱，世界定向的關係——此關係建立在語言的世界關係上——先於上述特殊領域。

由於語義學的限制，所以我們要超出它自身。語義學研究符號，

⑰　《全集》卷2，頁176。

⑱　同上，頁177。

是關於語言符號的理論。它將符號當作工具，人可以隨意使用，然後棄之於後。對於這種工具主義的語言觀，出現了另一種質疑，另一種研究方向，這就是解釋學方向。

解釋學探討的不是語言學現象本身，而是語言現象背後所隱蔽的意義。高氏在此區別了擴展談話的兩種方式：「首先，是未說出但卻在談話中展現出來的」，其次是「通過談話恰恰隱蔽了上述東西」。讓我們先看第一種方式。第一種情況依賴偶然性，即依賴於使用某一表述的時機 (Gelegenheit)，它在確立所說之事物時發揮巨大的作用。「解釋學的分析可以表明，這種時機構成了語言的本質。」⑲ 未說的東西在所說的東西中指示其自身。那種疑問句、強調語勢都能表現這點。還有一種形式是暗指，它已不再是單純的陳述，其目的也不在於僅僅交流和傳達資訊，詛咒、祝福、希望或抱怨等都有其暗指內容。上述這些都與時機有關。另有一種情況與時機無關，相反，它在「任何時候」都不可理解，這就是「文獻」，如科學文獻、法律文獻、文學批評文獻等。解釋學研究的目的，就是喚醒它僵化在文字本身中的意義。

第二種形式，也是「解釋學的另一種形式」，與講話所隱蔽的東西有關。語言或說話「能隱蔽某種東西」，如說謊。在詩的語言表達上，這種「隱蔽」（即說謊）具有其自身的語義結構。在這裏，說謊並非是錯誤的東西，它是一種既隱蔽又瞭解某事的說話。由此，若要解釋詩歌創作之目的，就是要看破謊言，看清謊言背後作者的真實意圖。「與謊言相對的是以完全不同的方式對錯誤的遮掩。」⑳ 錯誤(Irrtum)並非解釋學的現象，「錯誤斷言了錯誤意見的『正確』表

---

⑲　《全集》卷2，頁179。

⑳　同上，頁180。

達，但它作為表述現象與語言現象，並不特別與正確意見之表達相對立。」⑫ 因此謊言是無害的。高氏之所以強調謊言的無害，除謊言本身確實存在，它就根植於世界的語言行為之中外，而且更重要的，還因為謊言假定了講話的「真理價值」。⑫ 當謊言被識破或揭穿，這種真理價值就能得到確定。由此，我們可以觀察到談話的包羅萬象的一面。當遇到說謊和遮蔽，即自己與他人的交流出現障礙時，解釋學便會發揮重要作用。為什麼要探討這兩種說話隱蔽形式？高氏說，主要因為這兩種形式「與確定人與世界關係的那種語言遮蔽有關」⑫。

最後，高氏強調解釋學反思的普通性避免了現代科學方法以及意識形態批判的局限性。「當解釋學反思調集起自我反思，以反思其自身的批判努力——即自身的局限性與依賴性時，解釋學才獲得了自身的生產性。」⑫ 他又說：「無論如何，我認為解釋學的開明意識產生了更高層的真理，在此真理中，它將自身帶入對自己的反思中。」⑫ 解釋學的反思是對思維進行自我批判，這種批判將所有的抽象觀念和科學知識都帶入到人的全部世界經驗之中。在此，解釋學與語義學、也與科學方法和意識形態批判都全然區別開來。

3.語言學轉向的意義

默里 (Micheal Murray) 在《海德格與現代哲學》的序言中曾說，

---

⑫　同上。

⑫　同上，頁181。

⑫　《全集》卷2，頁181。

⑫　同上，頁182。

⑫　同上，頁183。

二十世紀分析哲學的發展常被描述為一種「語言學的轉向」，而大陸哲學也在胡塞爾、梅洛—龐蒂、高達美和里柯的作品中、尤其是在高達美的《真理與方法》中追蹤這種轉向。㉖因為高達美的語言不僅是存在之家，而且是真理之家。他說：「語言難道不總是家鄉的語言，不總是在世界上普遍在家的程序？這一事實，難道不意味著，由於語言準備擁有言說的無限可能性，故它不知道有何限制，也從不會被打斷嗎？我覺得，解釋學的維度在此進入到它發生在對話中的說話的內在無限性之中，並證明了這種內在的無限性。」㉗既然語言是環繞一切的媒介，那麼高達美就是在語言中探測真理的事件的。他通過把真理置於人類的語言性理解之中，來捍衛人的存在的獨立性，人文科學的獨立性，以展示生活世界的科學。

自古以來，傳統哲學的主要傾向，就是為一切科學陳述、為知識「找到一個絕對不容懷疑的基礎」㉘，找到一個堅固的阿基米德點。這種努力到現在一直持續著，但選擇的卻是一條「羊腸小道」㉙，即放棄形而上學的總體性構想，去尋求知識最根本的基礎傾向。英美語言分析哲學就是典型的一例。它們力圖用一種精密的科學語言代替日常語言，然而，「這不過是舊的絕對性理想藉以表現的典型形式：應該用絕對精確來代替絕對知識。」㉚另一方面，當知識和信仰已不再能滿足現代人的精神需要，相反，近代技術的巨

㉖ 見默里(Micheal Murray)《海德格與現代哲學》一書序言，倫敦與新哈維，1978年，頁XIV。

㉗ 高達美《哲學解釋學》，頁239。

㉘ 斯太格繆勒 (Wolfgang Stegmüller)《當代哲學主流》英譯本，多萊希特，萊德爾出版公司，1969年，頁9。

㉙ 同上。

㉚ 同上，頁10。

大發展卻使人逐漸疏異、對立並轉而統治人時，就導致了懷疑意識
的加深，從而使人陷入隨之而來的生活危機、價值危機和信仰危機
之中，由此也就產生了形形色色的西方非理性主義思潮，主要是歐
洲大陸哲學。現代西方這兩大思潮目前都具有這種共同特徵：急劇
分化，而且分化得連對話的可能性都喪失了。如英美語言分析哲學
認為，研究傳統的思維與存在的關係無意義，它們的是非真假是無
法證實的；真正的哲學只在於對科學經驗、命題和語言進行邏輯分
析，尤其是分析語言的語法和語義；而大陸哲學則是一種關於通曉
人生指南的哲學。它們企圖通過對人文科學的研究來尋找一種哲學
的救世之方。以克服當今的人在精神上的一種巨大分裂，即生活危
機、價值危機和信仰危機。這也就是斯太格繆勒(Wolfgang Stegmü-
ller) 在其《當代哲學主流》序論中所分析的「現代哲學的分化」❸。
是否能消除這種分化和隔閡，使各派哲學家攜起手來，進行新的、
「生產性」的對話？大陸和英美哲學家目前對語言的共同關注即「語
言學的轉向」似乎預示了這種對話和合作的可能性。維根斯坦的「全
部哲學即是語言批判」和他對文化價值的關注，❸ 開了這種合作對
話的先河；羅蒂用分析哲學語言對分析哲學的致命癥結的總結之所
以能引起各界同人的廣泛共鳴，原因也正在於他反映了目前分析哲
學家和非分析哲學家們潛在的普遍情緒。而高達美在其《真理與方
法》中對語言問題的研究和闡釋，無疑是這種合作和對話的最卓有
成效的一種嘗試。

---

❸　《當代哲學主流》，頁11～15。

❸　維根斯坦《名理論》，北京大學出版社，1988年，頁33。關於他對文
　　化與價值的關注，參見他的《文化與價值》，清華大學出版社，1987
　　年。

馬克思說過：「語言是思想的直接現實」，「無論是思想還是語言，都不能獨自組成特殊的王國，它們只是現實生活的表現。」⑬⑬高達美語言觀顯然與這相去較遠，甚至還可以說是根本對立的。因為他在反對語言工具觀的同時，還將語言拔高到了本體論的高度，將語言普遍化和寬泛化了。但同樣明顯的也是：二者顯然是從不同的角度來闡釋語言問題的。馬克思主張的是語言既來源於現實，又服務於思想。高達美則認為現實中(即存在中)本身就已潛含著一種語言結構，語言與思想即形式與內容是同一的(在現象學的意義上)，不存在主次之分和服務與被服務的問題。這點對於我們理解高達美的「能被理解的存在就是語言」這個斷言非常有用。語言之所以不服務於人和思想，不是一件我們可以隨便使用的工具，就因為在存在中潛含著語言，這種語言表現的是人的存在，人的世界。由於語言對存在的揭示和保護，所以它反倒成為「存在的家」。表面上看，是人說話言，是人在沉默(沉默也是語言的一種表現，即「無聲的語言」)，其實應該反過來說，是語言說人，是語言在沉默，這種語言像自然界的「天籟」，它自己發聲，自己說話，但卻傳達出了人的某種思想和情緒。

高達美語言觀的可取之處，首先在於他強調了語言的人文性和社會性。語言不僅是一套符號系統，同時更主要的它也是一套價值系統和文化系統。語言不僅有其「語面」，而且還有「語裏」。語面的下面即語裏中積澱著深厚的社會文化因素。⑬⑭正如語言學家帕爾默在《語言學概論》中所說的：「語言是所有人類活動中最足以表

---

⑬⑬　《馬克思恩格斯全集》中譯本，卷3，人民出版社，頁525。

⑬⑭　見本章注釋⑳。

現人的」，而「獲得一種語言就意味著接收某一套概念和價值」⑱。
這正是語言工具觀所忽視的。高達美試圖以語言中心論來反叛科學、
技術的統治，反對自然科學作為一種獨立的、統治的和操縱的方法
染指於人文科學。關鍵在於，高達美的這一作法能否成功。我認為
很值得懷疑。因為他在聲稱語言具有普遍性時，他實際上已將語言
的範圍和作用誇大化、寬泛化了。當然，人類離不開語言，但語言
也並非人類的一切，更不能代替人類的一切：哲學、藝術、歷史和
宗教，尤其是他抱有很深成見和他誤解了的科學。

其次，他強調了語言的無處不在性。語言即是理解，即是解釋。
解釋又是「人類思維的最基本的行為」，因為人類的生存本身，就是
一種「從不間斷的解釋程序」⑱。高達美之所以強調語言的涵蓋一
切的性質以及語言與世界的密切關係，是為了反對將形式與內容分
離開來的語言工具觀。但他同時又將語言不恰當地普遍化和寬泛化
了。事實上，他對工具主義的批判雖說並非有誤，但若從另一個角
度看，工具主義也未必是錯的。語言作為一種形式和符號系統的理
論也自應有其合理性和合法性。雖然這僅僅是「語面」即語言的一
個表層和形式方面。

第三，高達美在論及語言的思辨結構與詩時，強調了語言的創
造性、思辨性和產生性，因為他的解釋不是對本文的消極的開放，
不是赤裸裸的重演，而是新的創造。這就是高達美提倡「生產性」
的解釋和真正用意。其思辨性涉及到運動、開放和思維習慣模式的
中止。它也建立在一種創造性的否定性之上，這種創造性和否定性
在與高達美同時代的法國解釋學家里柯那裏，表現為語義的結構分

⑱　L. R. 帕爾默《語言學概論》，北京商務，1984，〈序言〉頁iii和頁148。
⑱　帕爾默《解釋學》，頁9。

析，表現為詩的語言與科學語言的對立，以及隱喻的多義性規則。
而二十世紀西方哲學不約而同的「語言學轉向」傾向，則已隱含了
要解放固定的語詞和語句，以訴諸語詞的多義性、表達的隱喻性、
意義的可增生性的努力。這實際上也就是語言的詩化和思辨化。正
如里柯所說，哲學家雖不能自命或自扮為詩人，但他可以通過「分
析和創造理解」而「達到詩的門檻」❼。因此可以說，高達美的語
言具有思辨性的觀點對於我們瞭解和分析現代西方哲學的發展趨向
是很有啟發的。高達美在《真理與方法》中表述的那種本體論語言
觀實際上已經初步蘊含了人類學的和倫理學的思想傾向。這種傾向
在他的晚期學術生涯中表現得更為明顯。這時，他進一步地擺脫了
他的本體論語言觀的純思辨色彩，將語言變成了一種倫理學意義上
的實踐。由此，他開始步入實踐的解釋學領域。如果說，他的語言
是存在之家，真理之家，那麼他的實踐則可以說是他的家中之家，
家中之園。因為，他的價值倫理學意義上的實踐才是他真理的真正
歸宿，才能使人實現完滿的人生，獲得善和幸福。

---

❼　里柯〈言語的力量：科學與詩〉，載《今日哲學》英文版，1985年春
　　季號，頁69。

第三部分　尋找真理之家：走
　　　　　向實踐的解釋學

第七章　作為理論與實踐任務的解釋學

　　高達美認為，解釋學不僅是一門理解和解釋的科學，而且還是一門實踐哲學。他說：「解釋學是哲學，而且是作為實踐哲學的哲學。」❶ 但是，他又認為解釋學的實踐不是科學的實踐，不是科學的運用，甚至不是一般的行為模式，而是在反思基礎上最廣泛意義的生活。這種反思表明科學並不能保證人類的理性，相反，唯有實踐才是社會理性的條件，才能給我們展示真理，展示生活世界的科學。這是在高達美晚年、即繼《真理與方法》發表一段時期以後的近些年所討論的主題。這裏，高達美就從其解釋學的真理進入到運用的真理之中。他說：「現在，實踐哲學肯定不是理智性本身的，它是哲學，它即是一種反思，亦即是對人類生活形態所是的東西的反思。在同一種意義上，哲學解釋學不是理解藝術本身，而是它的理論。」但是，使某人意識到某事的種種形式源於實踐，如果沒有實踐，就只是盲目的意識。這就是知識和科學人特殊意義。「從解釋學的問題來看，應該重新使這一意義合法化，此即是在完成了《真理與方法》之後的研究仍致力於達到的目標。」❷ 在他後期看來，運用的真理即實踐理性不僅比理論的真理更具誘惑，更為有效，而且還是理

---

❶　《科學時代的理性》，頁108。

❷　《全集》卷2，頁23。

解的真正歸宿。如他所說：「哲學不能放棄這樣的主張，即它不僅要認識，而且還要獲得某種實踐效果。」❸

倫理學便是這樣一種效果。實踐理性與人的反思和行為均有密切關係。高達美在晚年更是從柏拉圖和亞里斯多德的古希臘哲學中汲取營養。柏拉圖的辯證法與亞里斯多德的修辭學和實踐知識的倫理學均是其闡釋、運用和發揮的對象。關於實踐哲學、理性、生活世界、價值倫理學等論題，他有一系列的文章，如〈何謂實踐：社會理性的條件〉、〈作為實踐哲學的解釋學〉、〈作為實踐與理論任務的解釋學〉、〈論實踐哲學的理想〉、〈讚美理論〉、〈論理性的力量〉、〈生活世界的科學〉、〈哲學還是科學論〉、〈關於一種價值倫理學的可能性〉、〈價值的本體論問題〉、〈價值倫理學的可能性〉、〈價值倫理學與實踐哲學〉、〈理論、技術、實踐〉等等。❹ 這一系列文章構成了他後期的核心思想之所在。也正是由於這些文章，高達美才完成了從本體論到價值倫理學的轉變，即理論到應用的轉變。這種轉變在早期、尤其是在《真理與方法》中已露端倪，但後期則是在傾其全力去論證和闡述的。他說：「導致我研究繼續發展的另一個方向，包含了社會科學問題和實踐哲學問題。」❺ 高達美深得古希臘哲學三昧，故他在後期著述中，既力圖同蘇格拉底一樣，將哲學從天上拉回到人間，又同於亞里斯多德，力圖貫徹一種實踐哲學的理想。為了貫徹這種理想，他仍同其早、中期一樣，念念不忘對方法的批判，對社會合理性的批判，對科學的批判，並進而發展到

---

❸ 《全集》卷2，頁304。

❹ 這些文章大都載於《全集》卷2、卷4以及《科學時代的理性》和《讚美理論》中。

❺ 《全集》卷2，頁21。

對意識形態的批判。他認為只有如此，一種真實的理論和實踐、一種理性的自我反思、一種胡塞爾意義上的生活世界的科學、一種處於路途之中的對話，以及在對話程序中人類共同體的團結，才會得以實現。按高達美一生的思想體系和他所追求的目標來看，他走向的實踐解釋學才是他最終走向的真理之家、真理之園。真理是關於存在的真理、人的真理，而他的實踐作為人最真實的存在方式，便是這種真理。正是實踐才實現了他早中期闡釋不倦的理解，也才真正實現了他的「解釋學的普遍性」的目的。

在高達美那裏，理論並不純粹是一種脫離現實的理論，理論也是一種實踐。所以解釋學包含了理論與實踐任務的統一。理論歸根結底是統一於實踐的。實踐哲學的目標是要使實踐成為社會理性的條件，實踐哲學的理想是要追求一種完美的人生、善、幸福和真理。高達美認為，為了達到這個目的，我們必須堅信理性即自我反思是有力量的，是一定能夠克服科學理性和社會合理化，取得最後勝利的。對話，一致，團結，這些概念在高達美那裏體現了一種對人類前景的樂觀的展望。

一、　解釋學作為實踐哲學

在高達美的早期著述、尤其是《真理與方法》出版後，曾有人對他提出批評，說他從海德格那裏繼承而來的解釋學本體論過於空疏和玄奧，不過，令人驚奇的是，高達美晚年一改其學院似的純思辨風格，也擺脫了海德格晚年神秘晦澀的詩化色調和神性的思想傾向，將興趣轉向社會、人生和現實。六十年代末到七十年代初，高達美在與哈伯馬斯的論戰中，逐漸開始了這種轉向，即將哲學解釋

學轉向了實踐哲學，並將其抽象玄奧的哲學思想最終落實到社會和人生這一大主題之中。這就是他實踐哲學的思想，即「哲學解釋學的社會科學特性」。「唯有哲學才追問整體。當然，除此以外，哲學還有別的涵義，即自實踐哲學以來的實踐智慧 (Praktische Weisheit) 這種大眾化的含義。」❻ 早期他批判的是重方法而輕本體的認識論，晚期則從本體論轉向價值的倫理學。為了完成這種轉折，他從亞里斯多德的實踐哲學那裏尋找根基和靈感，以此來證明實踐並非理論的對立面和實踐哲學的首要性。最後，他在對當代社會現狀的分析批判中，闡明了實踐是社會理性的條件，以及實踐哲學的理想：完美的人生、善和幸福。

1. 從本體論向價值倫理學的轉折

　　從四十年代末開始，高達美在追隨海德格思想路線時，殫精竭慮創立了解釋學的本體論思想，即理解的本體論。這是對海德格在《存在與時間》中提出的「此在的解釋學」的發揮和發展。理解是存在的模式。藝術和歷史作為理解的不同模式是對存在的揭示和闡明，它們都統一於語言，而語言最終也表現為存在。當時高達美探討的理解雖然同是人的理解、人的存在，但卻是以一種抽象和思辨的方式表達出來的。他那時重在於理論上的創立和批判，重在對概念進行翻新和改造，以及重在從理論上證明他的解釋學理論的普遍性。這期間，他以廣博的西哲史知識旁證博引，勾玄索隱，其思想與言辭之晦澀玄奧，可以與他的先師海德格引為同類。當然，這也是德國哲學一貫的傳統。但在後期，當哈伯馬斯等人批判他的解釋學的普遍性要求並不一定能夠到達，並試圖以哈伯馬斯自己的知識、

---

❻　《全集》卷4，頁120。

旨趣來取代高達美的普遍性的理解時，高達美的思想重心發生了轉移，即將興趣轉向解釋學對實際生活、對人、對社會、對科學等是否起作用、是否具有普遍性這些倫理學問題上。這些倫理學問題都與人的價值有關。這時，他的解釋學開始以一種實踐哲學的面貌出現。他認為，惟有依靠這種實踐哲學，才能實現這些價值，即生存的意義，人生的意義。反之，依靠認識論的方法，依靠科學的控制意識，則不能實現這種意義。

　　高氏在反思自己的哲學時說：「……在此種哲學解釋學之中，理解和解釋以及解釋學科學的方法各自應該找到其合法地位。我藉此提出一個自一開始我就著力去研究的問題：何謂實踐哲學？理論和反思如何才能建立自己的領域，在那裏，確實不允許實踐保持距離，而是要求義務？此問題早就通過基爾凱郭爾的生存之激情而打動過我。這期間，我以亞里斯多德的實踐哲學為榜樣。我曾試圖擺脫理論及其運用的不恰當的模型，這種模型從現代科學概念來看，也單方面地規定了實踐概念。」❼ 科學的實踐概念是高氏所要極力反對的。用什麼東西才能反對科學的實踐概念？得用實踐哲學。高氏表明：「何謂實踐哲學，總的說來，這對近代思想的科學概念來說，仍是一種現實的挑戰。對此挑戰，人們不應視而不見。（我們）從亞里斯多德那裏懂得，希臘人的科學概念即Episteme意味著理性認識。這就是說，它以數學為範本，並非本來就包含著經驗。所以現代科學極少符合古希臘人的科學概念，即符合作為技術(Techne)概念的Episteme。不管怎樣，實踐知識和政治知識概念本不同於所有那些可以講授的知識及其應用的形式結構。」這裏，高氏才澄清實踐知識(Phronesis)的含義。他說，實踐知識「實際上就是出自於自身、

❼　《全集》卷2，頁22。

而為所有建立在科學基礎上的能力指定其位置的東西。這就是過去蘇格拉底所探究的、柏拉圖和亞里斯多德所把握的善的意義。」❽雖然，誰都相信科學具有強大的、無可爭議的能力，但科學畢竟有一個邊界，在邊界的另一邊，科學軟弱無能。相反，實踐理智和政治理智卻散發出強大的力量。在人類形態中，科學只能被人利用，就像人類利用其所有能力一樣。

高達美從理解的本體論向價值哲學的轉折表現為三個方面：一是從理論的真理到運用的真理的轉折。但這並不是說，他不重視理論了。理論與實踐都共同構成了解釋學的任務。理論的真理是高達美首先所要創立的目標。但是，他的解釋學正如他所論及的，不僅有理論，而且還有實踐。解釋學哲學的普遍性就在於它要取得一種實際的效果，即運用。如果沒有運用，理論便是一紙空文的東西。為此，高達美還引證了亞里斯多德的理論，因為在亞氏那裏，理論不僅是理論，而且還是實踐。❾理論的真理和實踐的真理共同完整地構成了高達美的真理學說。所以，高達美對理論的讚美，實際上也是對實踐的讚美。他考察道，理論在古希臘的含意是指觀察、沉思。理論這一概念是同最為古老的生活經驗聯繫起來的。古希臘人最早肯定了人應當過一種理論的生活。❿正因為人是一種理性的生物，或者說，「理論的生物」，所以，他才能自由地選擇善和自由地認識真理。⓫生活就是理論和實踐的統一。由此，對理論的讚美，也就

---

❽　《全集》卷2，頁22、23。

❾　參見《科學時代的理性》德文版，頁78～85；另見《真理與方法》，頁295～307。

❿　《讚美理論》，頁27。

⓫　同上，頁31。

是對實踐的讚美。「理論的幸福是人類生活的最高形式。」⑫

　　第二個轉折是從理論知識到實踐知識的轉折。這裏，仍是運用的功能在高達美的解釋學中發揮作用。理論知識 (Episteme) 與實踐知識 (Phronesis，一譯實踐智慧)的區分為亞里斯多德首創。高達美的解釋學就是力圖去溝通這兩種知識。他認為，解釋學知識是與那種脫離任何特殊存在的純粹理論知識完全不同的東西，解釋學本身就是一門現實的實踐的學問，或者說，理解本身就是「一種效果 (Wirkung)，並知道自身就是這樣一種效果。」⑬ 這種效果在精神科學理解中的具體體現就是效果歷史意識，這種意識展示了開放性的邏輯結構，使本文的意義得以重建和增生。這就是高達美後期著力強調實踐知識 (Phronesis) 的重要性的原因。

　　第三個轉折是從本體論到價值倫理學的轉折。完成了以上兩種轉折之後，高達美便自然而然地從理解的本體論過渡到價值倫理學。倫理學是為我們個人和社會的生活提供指南的科學，即生活實踐的科學。這便是一種實踐哲學。實踐哲學強調的是人對自己的實際生活所作的理解和自我反思，並將這種理解和理性的自我反思運用於社會生活中，以確保人生的價值和人生的真理不致於喪失。高達美的「真理」是一個十分寬泛的概念，它並不局限於實證主義者所熱衷的事實領域。真理主要表現在人的生活領域即「價值」(Wert) 之中。這種真理與價值是僅靠科學的客觀化方法所不能實現的。

　　然而，高達美的實踐哲學並不是憑空創立出來的。它也有其思想來源。這個來源就是古希臘亞里斯多德的實踐哲學模式。正是這種實踐哲學模式，才繼續引導高達美對解釋學現象作透徹的思考。

---

⑫　《科學時代的理性》英文版，頁58。

⑬　《真理與方法》，頁323。

2.亞里斯多德的實踐哲學

正像高達美在《科學時代的理性》中所說的，誘使他趨向亞里斯多德的實踐哲學模式有一個重要的原因。他說他受海德格的推動，緊密聯繫亞里斯多德《尼各馬可倫理學》第六卷，突出了Phronesis (Praktisches Wissen)。「在《真理與方法》中這一問題被移到了中心位置。」⓮ 這就是亞氏在《尼各馬可倫理學》中，從倫理學視野出發所推出的實踐—政治的生活理想。⓯ 因為無人不在思想。這就意味著每個人都要對生命和死亡、自由和人類生活以及善、幸福等問題形成一些概括的看法。亞里斯多德創立實踐哲學的主要意圖，在於為深化「精神科學」的意識提供一種合理性的證明，這正合於高達美創立哲學解釋學的目的。在亞里斯多德看來，實踐哲學具有一種特殊的獨立性，它「涉及到人類生活中善這個包羅萬象的主題」⓰。因而實踐哲學就是倫理學。亞里斯多德所開創的這種實踐哲學傳統的影響，一直延續到十九世紀。直到我們這個世紀，這種傳統才被所謂的政治科學或政治學所終結和取代。

在亞里斯多德的實踐哲學中，實踐知識佔有舉足輕重的地位。實踐知識是一種人類的美德，因為任何人類行為都得置於這種美德的尺度下。在亞里斯多德看來，實踐理性的美德不應被視為能夠達到正確目標的手段之能力，相反，它與「風尚」有關，而風尚則是所有實踐的—政治的啟蒙之出發點。

亞里斯多德曾有將理論哲學、實踐哲學和詩哲學的三分法。但

⓮　《全集》卷2，頁22。

⓯　《科學時代的理性》英文版，頁59。

⓰　《全集》卷2，頁304。

實踐處於極端的知和行之間，它是實踐哲學的對象。**⑰** 實踐所固有的根基構成為人在世界上的中心地位和本質的優先地位。這是因為從實踐的本質中引發的基本傾向即是指導人的實踐的理性，亦即實踐智慧。人的生活就是聽從這種理性的指導，而非受本能的驅使的。這種理性同時帶有責任，是存在於人的理智之內的自我責任心。**⑱**

這就是亞里斯多德發展起來的實踐哲學。亞氏把人的實踐提高到一種獨立的科學領域。這裏，「實踐」意味著全部實際的事物(Sache, 一譯「內容」)。高達美所說的「事物」並非是指生活雜事和世界萬物，而是有其特定含義的。他所說的事物指人最內在地理解了和共同分享了的信念、價值、以及習俗 (ethos) 等等，是構成我們生活整體的一切概念細節的總和。古希臘人稱這種事實性的全體為「倫理」**⑲**。國外有學者指出，高達美的「真理」概念正是「事實」概念的同義語，這種事實與我們關於生活的觀點有關，與韋伯(Marx Weber) 所稱之為的「價值」有關，當然也與「倫理」概念有關。**⑳** 在高達美看來，亞里斯多德是倫理學的創始者，因為他「明確地給這種事實性賦予了特殊的榮譽」**㉑**。倫理並非與生俱來的，它在於人與人的共同交往之中，是人在社會和國家的共同生活中共同遵行的信念和決定。它構成了人的存在和自我理解的尊嚴。

實踐還是一切人類行為和人在世界中的自我確定。實踐理性要

---

⑰ 《讚美理論》，頁74。

⑱ 同上，頁73。

⑲ 同上，頁74。

⑳ 見泰奧多爾·德·布爾〈解釋學中的幾個問題〉，載《哲學研究》，北京，1991年第2期，頁63～67。

㉑ 《讚美理論》，頁74。

求我們正確地運用自己的知識和能力。我們人類都有這種運用的要求，這是我們整個人類的共同目標，也是應用理論的解釋學的宗旨。這種應用理論的解釋學即實踐哲學不僅是亞里斯多德探究的目標，而且也是高達美後期為之奮鬥的方向。高達美之所以在後期的一系列著述中不斷闡發亞里斯多德的實踐哲學思想，其目的正在於此。

二、實踐哲學的目標和理想

高達美承襲了亞里斯多德的實踐哲學傳統，並進而肯定了介入生活就是介入「政治實踐」❷，亦即倫理學的實踐。柏拉圖追求至善的對話也是這種實踐。在高達美看來，我們不僅要將實踐當作社會理性的條件，而且還得實現實踐哲學的理想，即在柏拉圖和亞里斯多德那裏的最高的真理：完善的人生、善和幸福。高達美的實踐哲學與中國古人的知行觀和馬克思主義的實踐觀有一定的類似之處，但從根本上看，它們的實踐觀在內涵和程度上均有顯著的區別。高達美仍帶有知識分子所固有的濃厚的空想改良的色彩。

1.實踐作為社會理性的條件

我們在一般的字典上，發現對「實踐」(Prakitik,古希臘詞Praxis)一詞的解釋是：⑴重複做某事以變得熟練，有水準；⑵將某計劃、設想付諸實施、應用。高達美顯然是取的後一種含義，但又不完全局限於這一含義。他在〈何謂實踐—社會理性的條件〉中，專門闡釋和發揮了這一論題。他對這一問題闡釋的新穎之處在於：他從亞里斯多德的實踐概念出發，重新改造了現代科學的實踐概念，當然

---

❷ 《讚美理論》，頁27。

也重新改造了亞里斯多德的實踐概念（如他去掉了亞氏 Phronesis 中的中庸即是美德的原則）。理性即是批判性的自我理解和自我反思。科學和技術並不能保證理性和真理。唯有實踐才能擔此重任。也就是說，實踐才是社會理性的條件。在真實的實踐中一定會出現真正的團結和真正的共同體。

高達美還分析了在現代科學中產生的實踐觀。這種實踐是在反經院哲學、反教條機械的理論學說的背景中誕生的，所以人們一般又將實踐定義為理論的對立物。❷ 這種實踐反對的是生搬硬套的理論知識，而重視實際的生活經驗。這種實踐是按照科學運用的思路在行事。這與亞里斯多德的倫理學的實踐或生活行為的實踐是大相逕庭的。是科學導致了這種實踐的本來特性的轉變，也是科學使實踐從生活變成了科學的運用，即技術(Techne)。這正是高達美所要批判的。因為科學在現代僅僅變成了一種控制的方式。它不再是知識的精髓和值得人們認識的東西，而是變成了一種進入和滲透到未被開放和未被掌握的領域的控制方式。這種控制方式鑄就了我們的現代文明模式。生活在這種模式中的人都在使用由科學轉換而成的技術，都將自己委託給技術的作用。這種對科學技術的依賴使人放棄了與他活動能力相關的自由。

但是，我們當今的社會理性又提出了這一問題：科學技術的成功到底能在多大程度上為生活服務？答案顯然是否定的。因為按高達美的說法，二十世紀是人類第一次以技術起決定作用的方式重新確立一切的時代。在這個文明時代和文明環境中，技術知識從掌握自然力量擴大到掌握人的社會生活。這既是社會成熟的標誌，也是文明危機的標誌。危機中的人孤立無助，無力形成認同感，於是便

<hr>

❷　《讚美理論》，頁27；亦見《科學時代的理性》德文版，頁80。

產生了他所稱之為的異化和孤獨。

高達美正是在這種情況下提醒人們，必須對作為科學運用的實踐進行真正的哲學反思。他認為，人的實踐的基本特徵首先表現在勞動 (Arbeit)。這是向實踐邁出的第一步。❷ 在這種勞動實踐中，才會產生見解的選擇、合理的思考和正確服從公眾目的需要。最後，在實踐中又產生了理性，這種理性意味著抱有共同信念的人發現他生活於人類共同體的現實之中。這是人類在積極意義上的自由，因為人類可以在這種共同體中相互對話，表達自身，繼而達到真實的一致和認同。

不過，高達美認為，作為人的自我理解和自我反思的理性本身並不能保證它自身的實現。它只是一種意識形態的批判。所以要真正使這種社會理性得以實現，還得需要實踐，需要人類共同體的團結。正是在人類共同體的團結中，人類才能對話，才能持續地理解，才能最終將真理揭示出來。實踐不僅是反思，而且還是活動，這種反思的活動構成了他稱之為的「實踐理性」(Praktische Vernunft)。反思的活動即是團結 (Solidarität)。這樣，我們就可以看到，「實踐正在指導人，並在團結中活動。」❷ 這就是實踐問題的最終答案。說實踐是社會理性的條件(Bedingungen)，答案也正在這裏。這個答案與馬克思主義的實踐是認識的活動和實踐是改造世界的活動的觀點亦有類似之處。但高達美的「團結」與馬克思主義的「改造」，這二詞從含義上看和從輕重上看有著根本的不同。前者側重於改良，而後者則要求根本的變革。

---

❷ 《讚美理論》，頁136、137；亦見《科學時代的理性》德文版，頁62。
❷ 《科學時代的理性》德文版，頁77。

2.實踐哲學的理想

實踐哲學是關於人類事務的科學。它與精神科學的發展息息相關。但是，自自然科學興起以來，精神科學的地位則成了問題，因爲它明顯不像自然科學那樣能提供確證性和可知性，它充其量只能算是一門模糊的科學。近代的新康德主義學派及其馬克思・韋伯重新區別了自然科學與歷史科學，認爲歷史科學有價值，而自然科學則僅僅是事實，從事實中產生不出價值和意義。❷⁶ 狄爾泰在其對生命的解釋中也力圖維護精神科學的獨立性。但他採用的卻是科學的客觀化方法。胡塞爾的「生活世界」喚起了被人遺忘的真理，即前科學的真理。它是所有科學認識的前提。海德格的「此在的解釋學」更是將人扎入存在的真理之中。這些，既是過去哲學家們的理想，也是高達美實踐哲學建立的前提條件。❷⁷

那麼，什麼是實踐哲學的理想？高達美分析道，既然精神科學的本質並不是客觀性，而是「同對象的先前的關係」，所以，要衡量精神科學的學說有無內容或價值，就必須參與到人類經驗的真正陳述即對話之中。這是人人共同參與以期獲得真理和善的對話，也正是實踐哲學的理想。❷⁸ 這種實踐哲學同時也是一種對話的倫理學。對話是人類共同體的對話，這些共同體都有一定的信念、價值和習俗。依靠它們，人就可以過著一種受到引導的生活，即選擇一定的生活方式，擇善而從之。高達美的善是從柏拉圖和亞里斯多德那裏

---

❷⁶ 參見李凱爾特《文化科學和自然科學》，北京商務，1986年，第4、7、8、9、10節。

❷⁷ 《讚美理論》，頁71。

❷⁸ 同上，頁72。

借用而來，所以這裏有必要簡單地介紹一下柏氏和亞氏的善的觀念。

柏拉圖的倫理學說和社會政治學說同他的理念論和知識論是相互交融在一起的。後者是前者的理論基礎。他認為宇宙的本源是精神性的理念，宇宙在本質上是一個符合理性的精神體系；我們的感覺及感官所涉及的物質世界都是不真實的。精神、理性是崇高的，感覺、物質則是卑下的東西。因此，真正的幸福並不在於物質欲望的滿足，並不在於常人所謂的快樂，真正的幸福必定是善的，有道德的。而真正的德性必須超脫感覺世界，以真實的理念世界為其沉思的對象。柏拉圖在倫理道德問題與在知識論、本體論一樣，特別注重理性。有理性的生活也就是有德行的生活，是最高的善。這種生活才是真正的幸福。人的靈魂中除理性之外，還有意志和情感。相應的，也有三種美德：即智慧、勇敢和節制。智慧是關於理念的知識。理性的美德就是智慧。這三種美德協調行動，各司其職，便產生了第四種美德「正義」。具有上述四種德性的人就是有德之人。德性是與善有密切關係的。柏拉圖在《美諾篇》(Menon)中說：「希求美好的事物並且能夠獲得它，這就是德性」，而「希求美好的東西即是希求善」❷。他在《國家篇》卷六中又說：「給認識的對象以真理，給認識者以知識的能力的實在，即是善的理念……知識和真理可被認為是類似於『善』，但認為它們是『善』則錯了。善具有更大的價值，更高的榮耀」，因為「它是知識和真理的製作者，但又比它們更美。」❸ 柏拉圖把善比作太陽，認為善是至高無上的東西。「知識的對象不僅從『善』得到它們的可知性，並且從善得到它們

<hr />

❷ 苗力田主編《古希臘哲學》，北京，中國人民大學出版社，1992年，頁248。

❸ 同上，頁315。

自己的存在和本質，而善自己卻不是本質，而是超越本質的東西，比本質更尊嚴、更強大。」**❸①**

　　高達美早期一直是闡釋柏拉圖本文的著名學者，但那時基本上是考證性地闡發他的本文，而未將它運用於社會生活。晚年的高達美則從柏拉圖的善那裏看到人類共同的、壓倒一切的目標善。善是一般知識的最高對象，善的知識表現為一種混合的藝術，即尋求幸福的程序。**❸②**這種善的知識是通過對話達到的。這些思想，高達美都承襲下來。高氏在柏拉圖的本文中浸染太深。他的第一部著作就是關於柏拉圖的。在他從事哲學研究的漫長而又多產的學術生涯中，他一次又一次地回到對柏拉圖本文的闡釋和運用上來。柏拉圖的對話極大地啟發了他的思維和創造力，使他終生受益無窮。也正是柏拉圖的對話，才使他從知識和真理的探求轉向了知識和真理的更高目標——善的探求。

　　除柏拉圖外，高達美還吸收了亞里斯多德的善的觀念。亞里斯多德認為，無論人們做什麼事情，都是為了追求一個目的，這個目的就是善和至善。善也就是美德。所以，美德是人生目的實現。在亞里斯多德看來，人既是理性的動物，同時也是政治的動物。作為政治動物的人的美德就是行德；作為理性動物的人的美德就是知德。這兩種美德都統一於善。他在《尼各馬可倫理學》(*Ethika Nikomakheia*) 中首先論證了善是萬物所追求的目的，至善是行為的最後目的，以及美好的生活和善良的行為即是幸福的觀點。**❸③**由此，亞里斯多德進一步將這種觀點推及到《政治學》(*Politika*)，認為城邦作

---

❸①　同上。

❸②　《全集》卷2，頁307。

❸③　《古希臘哲學》，頁566、567。

為最高的共同體，旨在於達到某種善。他說：

> 我們看到任何城邦都是某種共同體，而一切共同體都是為了達到某種善而組合起來的（因為所有人所做的一切事情都是為了達到他們所認為的善）。所以，一切共同體都旨在於某種善。而擁有其他一切的、至高無上的共同體，其所追求的顯然是一切善中主導的善，是最高的善。這就是被稱作城邦的共同體，一種政治的共同體。㉞

高達美除了繼承亞里斯多德的善和觀念外，他的對話共同體也顯然是從亞氏的城邦共同體脫胎而來。此外，在如何實現美德、實現善這一問題上，亞里斯多德提出了「實踐智慧」這一概念。實踐智慧也就是人在活動中有所選擇，決定善惡的一種智慧。高達美將此概念來作為科學實踐的對抗物。這是在柏拉圖的倫理學中沒有的。

高達美從柏拉圖和亞里斯多德那裏借用來的不僅僅是一套思想和觀念，而且是為人類生活提供指南的救世良方，是展示人類生活的真諦，換句話說，也是他實踐哲學的理想，儘管這種理想帶有濃厚的空想色彩。

三、理性的力量與生活世界

高達美在論述實踐時涉及到理性 (Vernunft) 這一問題。何謂理性，為什麼需要理性，理性在當今社會中具有何種力量，以及科學能否保證理性，這些都是高達美所要迫切解決的問題。近代啟蒙和

㉞ 《全集》卷 2，頁583。

近代科學曾使人堅信理性具有無堅不摧的力量，高達美對此觀念提出了質疑。因為那種理性是科學的理性，它所產生的控制意識使得真正的人類理性軟弱無力。但是，儘管如此，高達美還是堅信理性必勝。不過這種理性已不再是科學理性，而是介入到人類生活之中並且指導著人的實踐理性，它與人類的自我反思密切相關。正如以上所言，實踐是社會理性的條件，而唯有社會理性，才能保證人以另一種異於科學的方式生活，才能保證生活世界的科學。也正是在這種理性的實踐中，人類生活的真理性才變得昭然若揭。

1.對科學理性和社會合理化的批判

　　理性 (Vernunft，希臘文Ratio) 概念源於古希臘的「奴斯」(nous)。奴斯本義為心靈，轉義為理性。古希臘哲學家阿那克薩哥拉曾用此概念來指一種最精細的、能動的、物質的東西。以後，邏各斯(Logos)又成為理性、思維(以及語言)的代名詞。古希臘哲學家赫拉克利特用邏各斯來指世界的普遍規律性，斯多噶派將它當作「宇宙理性」或「命運」，黑格爾用它來指理性、概念、絕對精神。

　　在西方哲學中，各派哲學對理性有著不同的理解。唯理論者認為理性是最可靠的知識源泉；十八世紀法國唯物主義和空想社會主義者以符合自然和符合人性為理性，以這種理性作為衡量一切現存事物的唯一標準(口號是：「一切都必須放到理性的法庭上為自己辯護」)，其目的是想建立理性和永恆正義的王國；在德國哲學中，理性與知性相對。

　　高達美在分析理性時，追溯了理性在啟蒙運動和近代科學中的興起和發展。由於當時理性成為衡量一切的標準，所以人們堅信它具有無堅不摧的力量。在現代，由於科學的繁榮和強大所帶來的一

系列問題，人類對科學在人類社會中的作用產生疑問，同時也對科學理性提出了質疑。科學的另一方面，即科學的破壞作用促使科學家和社會學家們的良心重新注意到科學理性給人類投下的深深的陰影。科學在當今的強大威力也使科學理性具有了強大的控制意識。科學只知道進步和發展，卻絲毫不去注意這種發展對人類生存的意義。也就是說，科學理性並未解決人類生活的難題。為此，高達美使用了實踐理性的概念來與科學理性相抗衡。他認為，正是這種倫理學意義上的實踐理性，才能決定人的存在的意義，才能決定人類生活的真理。這種實踐理性過去在科學理性面前軟弱無力。現在，高達美以一種樂觀的姿態提醒人們，要在「人類理性這種表面上軟弱無力的背後，看到希望和信心」，並堅信這種人類理性「終將獲勝」 ❸ 。

現在，科學理性不僅在科學領域內起作用，而且它還滲透到人的社會和人的日常生活中，使得人類生活變得機械，並且毫無特性可言。在人類享受社會福利的同時，是社會對人的控制，這種控制通過一種潛在的力量表現出來。高達美稱這種控制為「合理化」(Rationaliserung)。

馬庫色 (Herbert Marcuse) 在《單向度的人》中分析過這種合理化。他說，在發達工業社會，技術的進步創造了富裕，創造了一種生活方式，它可以調和反對這種制度的力量，可以同化那些發出不同聲音的人；結果是，解除物質上的匱乏，在以前是其他各種自由的前提，現在卻成為生產性的奴役力量。當人們的需要得到滿足，當人的一切都被安排得井井有條，一句話，當一切都被合理化了的時候，他們持異議和抗議的理由就被取消，他們喪失了批判思維的

---

❸ 《讚美理論》，頁52。

能力，變成了統治制度的消極工具。「單向度的人」這一標題就是
說人在這個文明社會中只有一個單一的方面即被動接收的方面，而
失去了第二個方面，這個方面是創造性的社會批評的唯一原則，即
否定的和批判的原則。

高達美同馬庫色一樣，激進地批判這種科學文明的「合理化」。
他說：

> 在科學理性(Wissenschaftlichen Rationalität) 中存在著某些
> 沒有任何洞見能與之抗衡的專制因素。這種科學理性在社會
> 現實中的實施被稱作典型的「合理化」(Rationaliserung) ……
> 合理化意味著這樣一種轉變 (Verwandlung)，即將可加統治
> 的社會環境轉變成一種根據合理的計劃、合理的方法論以及
> 合理的利用而建構起來的組織，這個組織是包覆一切的和總
> 體性的。[36]

高達美正是在對上述的科學理性和科學合理性的批判中，才重
新定義了理性這一概念。他的理性是實踐理性，是指導人行為的東
西。因為他的理性是建立在解釋學的基本原則──自我反思和自我
理解基礎之上的。

2.理性的自我反思與生活世界

高達美認為，古希臘人創造的「奴斯」(nous，理性) 概念表明
了他們的偉大之處，因為他們是在宇宙中去尋找「奴斯」，這個「奴
斯」在全部自然的形成程序中起著指導和分類的作用，也就是理性

---

[36]　《讚美理論》，頁113。

的作用。在德國古典哲學中，黑格爾也曾尋找歷史中的理性，尋找一種絕對的、理性的真理。他有一個著名的論題，就是：「凡是合理的都是現實的，凡是現實的都是合理的。」❸ 雖然黑格爾的理性體現的正、反、合的辯證因素，表現出世界歷史的自由的發展，但他的絕對理性的真理最終不免招致失敗。近代科學雖然打破了黑格爾的自我意識的理性，但卻樹立了科學的理性，並使這種理性成為絕對的真理。在此情況下，高達美重新定義「理性」這一概念，自然有著非同尋常的意義。因為對於科學能否保證真理的獲得以及能否保證理性的勝利這一問題，高達美的答覆是否定的。理性的真正要義在於「批判性地對待理性」。這種理性與人的自我理解和自我反思密切相關。高達美說：「理性也經常被理解為對自身和自身的條件進行自我解釋(Selbstaufklärung)」，因為「理性要求正確地運用我們的知識和能力」❸ 。並且，實踐哲學並不是適合於人類社會實踐規則的認識，確切地說，它是對人類社會實踐的一種反思，由此，它歸根結底就是「普遍的」和「理論的」。❸

在高達美那裏，自我理解 (Selbstverstanden)、自我解釋 (Selbstaufklärung) 經常與自我反思 (Selbstbesinnung) 同義。理解與解釋在《真理與方法》中是同一樣東西，理解只是解釋的實現。❹ 高達美在〈自我理解的問題〉一文中，也已看到了理解與反思的關係。他認為「理解作為解釋學的任務，一開始就包含著一個反思的維度」，因為「理解不僅僅是知識的再生產，即它不僅僅是一種覆述同一事

---

❸　黑格爾《法哲學原理》，北京商務，1982年，〈序言〉，頁11。

❸　《讚美理論》，頁75～76。

❸　《全集》卷2，頁253。

❹　見第6章「理解與語言」一節。

情的活動。」❹ 所以，在高達美那裏，自我反思是與自我理解和自我解釋有機聯繫著的，它們表達的經常是同一種含義。高達美早中期常提的是自我理解和自我解釋，晚期則是自我反思。因為自我反思構成了實踐理性的真正基礎。他認為科學只知道不斷進步，它不會對自身的作用及其意義進行反思，更不會對自身所造成的後果承擔責任。高達美說：「事情的本質在於：自從廣島（原子彈爆炸）折磨了研究者的良心以來，再也沒有哪一種科學去承擔它固有的公開責任性了。科學理性不再是服務於古典的實踐科學與政治學 (scientia practica et politica)的理性的。」❹ 高達美對這種科學進行自我反思的結果就是：科學具有一種不可理解性 (Unverstandlickeit)。

高達美為此又提到古希臘的哲學家赫拉克利特。這位先哲要求人類遵從的理性是共同的理性，是法律，並認為保護理性比保衛城市的城牆更需要作英勇頑強的鬥爭。高達美也持同樣的觀點。但他認為要使理性壓倒一切懷疑，就必須通過自我反思，自我理解。這項任務永遠不可能最終完成。它只能在人類共同體的相互對話和相互認同中，在生活世界中，才能逐漸達到。「生活世界」(Lebenswelt)是高達美從胡塞爾那裏繼承下來的一個術語。胡塞爾在《歐洲科學的危機與先驗現象學：現象學哲學導論》中，分析了導致歐洲文明和哲學陷入危機的原因，認為這種危機直接地表現在自伽利略以來的自然科學的偉大成功和人文科學的失敗，而近代科學知識則分裂成為物理學上客觀主義(以伽利略為代表)和哲學上先驗的主觀主義(以笛卡兒為代表)。胡塞爾認為這種分裂的具體表現是企圖根據精密的自然科學的使用方法來發展人文科學，這是注定要失敗的。現

---

❹　《全集》卷 2，頁121。

❷　《讚美理論》，頁62。

象學必須克服這種分裂，幫助人類按理性的要求生活。胡塞爾的生活世界意指與人聯繫在一起的具有意義的「境域」(Horizont)。它包括我們所相遇的、我們與之打交道的一切人、事、物、時間、空間，包括我們通過情感、思想、想像和任何自然力所知道的東西，一句話，包括個人的、社會的、感性的和實際的經驗。這個生活世界是人的一切活動、努力的背景，無論這些活動、努力是否正確和真實。自然界的數學科學方法儘管也源自於生活世界，但它們本身並不是關於生活世界的科學。只有在直接的經驗範圍內形成的那個世界，才真正屬於生活世界的範疇，才能克服歐洲科學的危機。

高達美對胡塞爾的這種觀點非常欣賞，並為此撰寫了〈生活世界的科學〉一文。他認為胡塞爾發明此詞是他的一大貢獻。因為胡塞爾將一種被人遺忘的真理帶入了語言，這種真理是前科學的真理，是與對象的先前的關係。這也就是精神科學的本質。**❹** 高達美同胡塞爾一樣，力圖用生活世界這一概念來對抗實證主義的科學觀念，並藉此向人類展示出一種美好的前景。

生活世界除了是人的歷史存在的整體外，它「同時還是一個共同的世界，並且是包括其他人的共在(Mitdasein)。」**❹** 這裏，我們又回到高達美的對話共同體中。生活在共同體中的人通過對話達成一致，達到團結。但要做到這一點，必須依靠理性。只有理性才能促使人進行這種對話，並且只有強大的理性力量才能使人緊密地團結在這種共同體中。理性的力量是壓倒一切的，無堅不摧的，這一點

---

❹ 《讚美理論》，頁71。高氏在〈現象學運動〉(1963)中又說：「『生活世界』的對立概念(它促使了這個新概念的首次形成)，無疑是『科學世界』。」見《哲學解釋學》，倫敦，1977年，頁152。

❹ 《真理與方法》，頁234。

至今沒變，而且今後同樣如此。但是，一定要人們學會了作自我反思和自我理解之後，理性的力量才能發揮出來。這種理性有能力給人提供生活指南，有能力揭示生活世界的科學和真理。一言以蔽之，有能力為我們走向更好、更美的未來服務。

高達美的實踐哲學不僅是我們當今科學狀況的一種投射和反映，而且還包含了對這種科學狀況及其他在社會生活中的影響所作的深刻的反思。作為一名有強烈責任心的學者，高達美在耄耋之年，仍不斷地以一種積極的入世精神，參與對現實社會的分析批判，並力圖從他自己得出的獨特的診斷中為病態的社會提供一劑良方，這種精神是相當難能可貴的。從另一方面，我們也應看到其學說中的空想性質。實踐哲學的至善目標畢竟是他從書齋中設想出來的，所以他的對話仍是一種理想化的對話，而對話中所達成的一致和團結更是需要人類在未來的進程中作長期艱苦的努力。

實踐觀並非為高達美所獨創。在不同的國家、不同的時代，都曾出現過不同的實踐觀。在中國哲學史上，實踐觀典型地表現在知行觀上。知是指知識或道德觀念，行則是指行為、行動。在知行關係問題上，有的主張「生而知之」(孔子)、「不行而知」(老子)、「先知後行」(朱熹)、「知行合一」(王守仁)等，他們都認為知超越於行之上，是天賦的。也有的認為「知之不若行之」(荀子)、「君子之學，未嘗離行以為知也必矣」(王夫之)、「及之而後之，履之而後艱，烏有不行而能知者乎」(魏源)，這些論點都認為知離不開行，但他們所說的行主要是個人的行動。這一點，既與高達美有所不同，也與馬克思主義所說的社會實踐有著本質的區別。

實踐觀是馬克思主義學說的一個很重要的組成部分。因為按照馬克思主義的觀點，認識不能脫離實踐，生產和科學試驗也脫離不

了實踐。最後，檢驗真理的標準也是實踐。這種實踐特指社會實踐，意為人能動地改造自然和社會的全部活動，主要包括生產鬥爭、階級鬥爭和科學實驗等。這與高達美的實踐觀顯然有很大的差別。高達美雖然稱他這種實踐是最廣泛意義上的生活和經驗，但他首先強調了他這種實踐是反科學、反技術的，在它之中決沒有為科學技術留下任何餘地，因為它是人類原始的前科學的經驗；其次，他的實踐中也決無階級鬥爭的內涵，因為他認為不存在有產者和無產者之間的階級對立，有的只是科學與人類的對立；第三，高達美的實踐途徑（在共同體中的對話、一致、團結）與馬克思的改造世界、改變現實的主張判然有別，前者是小心翼翼的改良，而後者則是激進的改革。

不過，高達美與馬克思主義的在實踐觀上的一致之處也是顯而易見的。第一，他們都強調了實踐是一種活動，人應以積極的入世精神參與到這種活動中去，參與到對社會現實的批判之中；第二，高達美認為「實踐是社會理性的條件」，而馬克思主義則主張「實踐是檢驗真理的唯一標準」，這二者之間有很大的相似之處，儘管提法不同；第三，高達美和馬克思主義都為人類提出了一個實踐目標，即理想藍圖，這種藍圖在高達美那裏表現為對至善和幸福的追求，表現為人類共同體的團結；在馬克思主義那裏則表現為人類擺脫了奴役的共產主義社會。這都是他們的一種設想，所以不可避免地帶有空想的性質。不過，儘管帶有空想的成份，但他們的設想和主張仍不失為人類力圖克服現狀走向進步的一種有益的嘗試和樂觀的展望。這就是他們實踐觀的意義之所在。

3.關於未來的計劃

　　高達美 1965 年撰寫的這篇文章表達了他對現代科學狀況的反思和對未來世界的展望。高達美在這篇文章中站在理性的角度，仍舊繼續了他批判科學及其方法這一主題。他認為，現代科學在不斷進步，這種進步在十九世紀之初，就成為決定一切的社會因素。因此，「是對社會生活的科學控制方法之發展，而非人類統治自然程度的意外提高，才改變了我們時代之面貌。」⑤ 他還說，在當今，「科學思想作為我們文化之基礎，已滲透到社會實踐的各領域」⑥ ，如現在就有科學的市場研究，科學的外交政策，科學的計劃生育，科學的用人之道，等等。這些都使得「科學專業知識在經濟和社會中居於核心地位」⑦ 。

　　這就出現了一個世界「秩序」的問題，高達美這裏指的不是對現有的世界秩序的認知和認同，相反，他認為有必要改變這種狀況，從而建立和規劃未來的新秩序。他說：「人們可能會詢問這是否是一個正確的問題。確實需要對那些還不存在的東西進行計劃和建立嗎？很顯然，目前各國之間仍未建立起一個他們所希望的世界秩序。」⑧ 這種結果就是：在今天，雖然不同的人和不同的國家都自認為設想出了正確的世界秩序，但這些設想卻差別極大，因而人與人、國與國都不得不謀求妥協，以和平共處。因而問題就在於：如果有關世界秩序的意見不統一，那末我們去談論建立未來秩序究竟有何

⑤　《全集》卷 2，頁155。

⑥　同上。

⑦　同上。

⑧　《全集》卷 2，頁155。

意義？有關世界秩序的各種方案是否與現時的共同的目標之設想有關？能最終產生一個完全規範化的、有理性、有秩序的世界嗎？抑或完全相反，新建立的世界秩序在內容上是否一定是不同的？這是一個很難回答的問題。高氏為此從方法論例舉了一對相互對立的概念來加以證明。他認為人的天性決定了我們有關正確、善良等概念遠沒有對天理、醜惡等概念那樣精確和肯定。反面的及否定的概念會在我們的變革觀念中自動出現，並且還有可能取得支配地位，如經濟混亂秩序就時常出現。但經濟無序還不同於政治無序，因為經濟無序的標準是排除共同富裕，而政治無序的標準則是全球自我毀滅。

高氏在此主要探討的是政治秩序。何謂政治？政治即是以改變現有狀況為前提的。無人能夠否認存在著一個「正確」和可能為「正確的」世界政治秩序服務的政治改革。但是這種衡量標準是什麼？是科學嗎？科學的理性實踐能應付各個分支領域中的問題嗎？高氏主張人應站在一個更為普遍性的高度去看待這一問題。從十七世紀科學誕生後，這一問題就「提了出來，並且至今還未解決。」❹這主要源於兩個方面的原因：「一方面，科學已建立起它自己的權威，另一方面，宗教以及數千百年沿襲下來的道德和習慣對人的生活形式有很深的影響」，因此我們去考慮安排世界秩序時「必須顧及這種深刻的對立」❺。這種對立時常表現在古老的東方文化或不發達國家的生活方式同歐洲文明的接觸中。但在高氏看來，更為緊迫的問題並非是如何調解東西方文明及其相互陌生的傳統，而是怎樣立足於我們自己的文化土壤，去評價由科學開創的文明進程，並使之

❹ 《全集》卷2，頁158。

❺ 同上。

與我們自己的宗教和道德傳統聯繫起來，協調起來。這才是我們亟待解決的有關世界秩序的難題，而這一難題正是由於歐洲科學將文明大大推進了一步之後才出現並且才變得尖銳起來。過去科學發展阻力重重，而現在則是暢行無阻。在決策的實施和方案的運用方面，大眾一般都不相信別的，只相信科學。

但是，科學並非是無問題的。高氏感到意味深長的是，「現代科學自身總是在自己的圈子裏轉，這就是說，現代科學總是關注科學地掌握物質的方法和可能性。」[51] 這樣，關於我們今天和未來的世界秩序的影響，就成了一個純粹的唯科學主義的問題：我們能做什麼？我們如何支配事物？什麼是我們計劃的基礎？為了不斷改善對世界的管理，必須改變什麼和注意什麼？[52] 高達美沒有直接回答這些問題，只是說，眾所追求之理想，是管理好世界。這種完善的管理的實質是「保持中立」，這樣世界各國才有可能走到一起。

從歷史上看，在柏拉圖的對話中，實踐知識的思想在當時具有一種類似於無所不包的功能，希臘人稱它為技術知識。這種知識能自我完善，並且能生產出新東西。為此，高達美還引述了亞里斯多德的一句話來證實這點：「技術鍾愛命運，命運鍾愛技術」(DieTechne Liebt die Tyche und die Tyche Liebt die Techne)。[53] 也就是說，誰掌握了這門藝術，誰就不再依靠運氣了。高氏之所以重提柏拉圖，他認為有助於我們對現實疑難的理解和解釋。因為柏拉圖教導我們要懷疑這樣一種想法，這種想法認為，人類僅靠科學的增長，就能掌握和控制其本身，以及社會和國家存在的整體。亞里斯多德關於

---

[51] 同上，頁159。

[52] 同上，頁159～160。

[53] 《全集》卷2，頁160。

技術和科學的劃分也表明了一種深刻的反思。在亞氏看來，技術可以傳授和習得，技術的成就同一個人的道德水準如何無明顯關係，相反，知識和理智則可以指導人的生活實踐。高氏認為古希臘思想之所以具有現實意義，原因也正是如此。高氏還論證道，有技術能力(技能)並不能等於有方向和目標的知識。柏拉圖正是藉舵工的能力說明了這一點。他說，舵工們可以將他的乘客安全地帶上岸，但這樣上岸對乘客是否便利，他絲毫不知道。

　　人在面對多種可能性時，一般都要反覆再三地權衡其正誤。普遍適用的知識是無人能夠提供的。由此，就需要人們之間時常進行商議、對話，以找到一個什麼應該、什麼不應該，即什麼對、什麼不對的觀點，這樣做的結果是大家都去努力達成一致，達成統一，達成團結。高達美的這種觀點仍是其視界融合在實踐哲學中的運用。所以他說：「讓我們將這一看法運用到現代世界的實情中，並完成我們面臨的任務。」❺❹科學能完成這一任務嗎？高氏說，科學在這方面依然前景光明，即使人們還不能斷言西方文明可以毫不抵抗地被加以傳播，並將其他的人類秩序形式最終排擠和毀滅掉。當然，這種理想是否眾望所歸是有疑問的。但是，高氏提醒人們，他們應瞭解科學運用的界線，同時也弄清什麼先於科學，什麼獨立於科學。如法、道德形式、本民族的傳說、民歌、民間故事和歷史的內容怎樣影響共同的生活。這種瞭解不應只是局限於知識分子團體之中，相反，應使所有的人認識到，我們時代的科技夢幻使人類意識越來越深的陶醉於夢鄉之中，而這是相當危險的。

　　高達美將最終的癥結還是落實在科學上。他說，當科學的計劃和進步「使人相信它必勝無疑時，提醒人們去注意人與人、國與國

---

❺❹ 同上，頁169。

之間存在的差異的要求就更顯迫切。這種提醒幾乎不能歸功於科學的成就，而更多地是科學批判的功勞。它首先是一種寬容的教育。……在世界各個角落，經濟進步可能都同樣受歡迎，然而意義卻有所不同。」⑤

最後，高氏又提出了這一疑問：哲學能否在一個追求完美的文化中發揮作用？哲學在早期作為一門全能科學，負責對各門學科提供概括性總結。高氏認為，要哲學提供邏輯和方法方面有普遍意義的幫助也是幼稚可笑的。科學的哲學方法也是根本沒有必要的，因為要解釋一個東西是什麼，就得需要包括對科學究竟為何物的解答。高氏提醒人們注意，要對一切持開放的態度，並記住世界萬物並不都是科學的對象，或者能夠成為科學的對象。

---

⑤　《全集》卷2，頁172。

第八章　語言、修辭學與真理

　　高達美畢竟是位解釋學家，嚴格地說，語言學家(當然不是一般意義上的語言家，他的語言內涵遠比其他語言學家的語言內涵寬泛得多)或語文學家(Philologe)，這與他早期所受到的嚴格的文獻學和語言學訓練有關。❶ 所以他後期仍不忘情於對語言的研究。語詞不僅是語詞，語言也不僅是語言，它們都共同構成了我們的文化、我們的理論、我們的價值和我們的真理。

　　修辭學(Rhetorik)亦是由語言構成。它在過去就是一種揭示真理的方法。高達美重新展示古希臘的、尤其是柏拉圖和亞里斯多德的修辭學傳統，目的在於強調修辭學不僅是原本意義上的「善說的技巧」，而且是辯證的對話，同時也是倫理學意義上的實踐。因為照高達美看來，實踐的目標是團結，而團結則需要通過對話才能實現。由此，高達美就將真理與修辭學聯繫起來。狹義地說，修辭學是一門理解的技術或藝術，它更接近解釋學。這從另一個方面證明了理解和解釋的廣泛性和普遍性。

　　高達美後期一系列文章闡釋他的語言的倫理性及其修辭學的思想，如〈人與語言〉、〈文化與語詞〉、〈修辭學、解釋學與意識形

---

❶　參見蘇里萬《政治的解釋學》第2章，〈論高達美早期思想的語文學背景〉，頁17～52。

態批判〉、〈修辭學與解釋學〉、〈邏輯學還是修辭學：再論解釋學的早期歷史〉，等等。此外，他對倫理學語言與修辭學的思想的討論，還散見於《真理與方法》以及他後期一些論實踐哲學的文章中。根據這些思想，本章將評述三個方面的內容：一是語言、語詞與我們文化的密切關係。語言和語詞表現為我們文化的積澱，也構成了我們的修辭學傳統。在此，高達美強調了解釋學語言的倫理特性。二是修辭學的傳統溯源，即追溯在柏拉圖和亞里斯多德那裏的修辭學傳統。三是修辭學的實踐，即將修辭學的辯證對話推及到人類社會，以此來達到高達美的實踐哲學的目標：善、幸福和真理。從這裏我們可以看出，修辭學是一種由語言決定的關於我們人類生活的實踐哲學，即運用的解釋學。它將倫理學和辯證法結合起來，以共同完成高達美建立的龐大的真理體系，即為理論的真理和運用的真理服務。

一、語言、語詞與文化

高達美一直要求他的解釋學的普遍性 (Universalität)，也就是說，要求他的解釋學原則對於人類的各個方面是普遍適用的。他說：「哲學解釋學的任務是：在它的整個範圍內揭示解釋學的各個方面，展示它對於我們理解世界、由此也是理解所有各種形式（這種理解在此形式中顯示自身）的基本意義。」❷ 但是要實現解釋學的普遍性，高達美認為他就要「不可避免地分析人與世界有關的普遍的語言性」❸。他說，關於世界的人類經驗的語言性，他已在《真理

---

❷　《哲學解釋學》，頁18。

❸　同上，頁19。

與方法》中部分談到。不過，他又說，他「在《真理與方法》中還沒有提及到語言性的許多不同的方面」❹，如修辭學的語言，以及與之相關的倫理學的語言等。

我們先分析高達美的倫理學語言，或者換個說法，語言的倫理學特性。高達美在《真理與方法》以及那個時期內的語言雖然都包含了語言與人類的密切關係，語言與世界經驗的關係的思想，並認為他的語言顯然不同於工具語言和科學語言，但他並未將語言問題與實踐問題，倫理問題聯繫起來。後期卻不同。在後期，他給語言灌入了(或者說賦予了)更多倫理道德的內涵。可以說，後期的語言觀是前期語言觀的發揮和發展，因為後期的語言觀旨在達到人類至善和解釋學真理的修辭學對話有關，它帶有很強烈的實踐意味。

高達美認為，語言首先是人的語言。人在本質上是一個語言的存在物。但科學卻不一樣。「科學不僅不進行思想……而且實際上也不會在恰當的意義上講一種語言。」❺他繼續說：

> 無疑的，語言問題已在本世紀的哲學中獲得了一種中心地位。語言的這種中心地位既不同於洪堡語言哲學的那種古老的傳統，也不同於一般語言科學或語言學的廣泛要求。在某種程度上，我們把語言問題獲得中心地位歸功於對實踐的生活世界的重新重視……隨著語言的主題化（這種語言與人類從屬於的生活世界密不可分）有關整體的古老的形而上學問題似乎可以獲得一個新的基礎。在此關聯中，語言並不僅僅是一種工具，或者人類的一種出類拔萃的能力，而是一種中介，

---

❹　《哲學解釋學》，頁20。

❺　《科學時代的理性》德文版，頁10。

我們一開始就作為社會的人生活在這種中介中。這種中介展
示了我們生活於其中的整體性。❻

　　這種整體性 (Das Ganze) 即是高達美所稱之為的共同體 (Ge-
meinschaft，高達美的這種共同體其實非常類似於古希臘社會中的
城邦)。這種共同體必須是對話共同體。因為獨白似的談話方式並不
能產生真正的交流和真正的團結。古希臘人是為了保護城邦而團結，
而拿起武器；高達美是為了保護共同體不受科學的肢解而倡導團
結，不過他用的也不是武器，而是語言，是對話。只要人們在不斷
交流，那麼我們就能免除共同體崩潰的危險。我們人類悠久燦爛的
文化史就說明了這一點。

　　語詞作為語言的一部分，是在我們人類歷史習慣中約定而成。
所以語詞與我們文化息息相關。在高達美看來，語詞及語言顯然處
於人類歷史的開端處。高達美借用賀德齡的話說：「有了談話，我
們才可能存在，才可能相互傾聽。」❼

　　高達美還談到修辭學與隱喻的關係。他說：「……在修辭學語
言中，人們把這種概念語詞的意義特徵稱之為『隱喻的』(metap-
horisch)……自赫爾德以來，語言的一般隱喻意義越來越多地從根本
上得到了承認。」❽ 修辭學的隱喻甚至同哲學有關。因為「不只是詩
歌以它的方式無所不言，哲學概念也努力在（說的）途中。人們必
定看到遠東和近東的某些利用比喻性的言語表述形式，同我們稱之

---

❻　《科學時代的理性》德文版，頁10～11。
❼　《讚美理論》，頁7。
❽　《全集》卷2，頁84。

為哲學的東西事實上尤為接近。」❾

　　在西方，有古代文化與現代文化之別，這二者都與基督教文化有關。高達美認為，我們對那種文化瞭解得越多，這種瞭解就越是容易變成一種對話。當然，對話就需要用語言和語詞。亞里斯多德在《政治學》中說：人是有理性(Logos，邏各斯)的動物。高達美認為這句話同樣可以改為「人擁有語詞」❿。之所以這樣說，原因很簡單：人是邏各斯的動物，而邏各斯正是語言、言談。這就涉及到了語詞和文化。為了證明這個觀點，高達美還引用了一段亞里斯多德的話作為佐證：

　　　　自然不造無用的事物；而在各種動物中，獨有人類具備語言的機能。聲音可以表白悲歡，一般動物都具有發聲的機能：它們憑藉這種機能可將各自的哀樂相互傳達。至於一事物是否有利或者有害，以及事物是否合乎正義或不合正義，這就得憑藉語言來為之說明。人類所不同於其他動物的特性就在於他對於善惡和是否符合正義以及其他類似觀念的辨認（這些都由語言為之傳達），而家庭和城邦的結合正是這類義理的結合。⓫

　　高達美在〈文化與語詞〉中引述亞里斯多德的這段話具有非同尋常的意義：一是通過語言或語詞，人就有別於動物；二是語言使

---

❾　同上，頁92。

❿　《全集》卷2，頁12。

⓫　亞里斯多德《政治學》，商務，1981年，頁8。高達美在《讚美理論》頁14中引述了這句話。

人成為一種倫理學的存在，這都是由於語詞和善惡、正義等文化上
的內涵密切相關的原因。

此外，語詞還導致了共同性。人類生活在共同體中，所以亞里
斯多德又說：「語詞是由集體商定的」⑫，並且語詞也是在語言的不
斷使用中獲得其生命力的。語詞能夠表達真理。因此，語詞、語言
在人類生活中創造了一種共同的意義。亞里斯多德於是就將語詞、
語言進一步地引入到倫理學的領域中。這個領域就是修辭學的領域。
在他看來，由語言和語詞所構成的修辭學可以引導人們過一種最好、
最正確、最適宜的生活，即善的、幸福的生活。在亞里斯多德之前
的柏拉圖曾把他在理想國裏發現的一種田園般的國家稱作「豬
城」。他的意思是指這種國家還缺少教育，沒有開始人的真正使命，
即練習統治、尊重服務、走向至善。而修辭學就是運用語詞和語言
走向至善的典範。

綜上所述，我們可以看出高達美的語詞和語言的功效：二者共
同構成了人類文化和文化的共同體，在這種文化共同體中，人類通
過對話，即辯證的修辭學，來揭示真理，引導人的實踐。

二、修辭學傳統溯源

為了發掘人類知識的古老傳統，高達美轉向了古希臘的修辭學
傳統，這種傳統即是柏拉圖和亞里斯多德的修辭學。正是在這種修
辭學中，他們都共同展示了善──這個所有知識中最高知識的內
涵，這種內涵也構成了高達美實踐哲學的最後歸宿。在古希臘，蘇
格拉底曾執著地追問何謂至善的問題。到柏拉圖時，他則把數學的

---

⑫ 《讚美理論》，頁15。

抽象與辯證法結合起來，由此完善了這種提問的方法。這就是修辭學，亦即辯證法。他的修辭學與智者派們懷疑主義詭辯論一樣，都同為一種技術，但不同的是，他的修辭學的目的在於獲得更好的知識，或對於一切時代都有效的真理，這就是人類生活中善的科學和善本身。柏拉圖在《高爾吉亞篇》中，將全部修辭等同於烹飪藝術那樣的令人愉快的藝術，以使它成為一切嚴肅知識的對立物；但在以後的《斐德羅篇》中，他則賦予了修辭學以更加深刻的意義。使它承擔起一種哲學證明的功能。這裏，他使修辭學從一種單純的技術上升到真知識。它仍舊是技術，不過是技術的更高境界罷了。不過，柏拉圖的技術與我們現在所說的技術不同。他的技術的特定含義為：技術是知識的最高形式，是人類欲求之善。**⓭**

　　亞里斯多德的修辭學理論師承柏拉圖，並以此為基礎，將人類的認知傳統更加推進了一步。他在《修辭學》一書中反對柏拉圖否定修辭術是藝術的說法。亞里斯多德根據人類活動的區別，將科學劃分為三類：第一類是理論性科學，如數學、物理學、哲學；第二類是實用性科學，如政治學、倫理學；第三類是創造性科學，如詩學、修辭。他認為理論科學是為知識而知識，只有其他兩門科學才有外在的目的：實用性科學指導行動，創造性科學指導創作活動。《修辭學》的開頭一句是：「修辭學是論辯術的對應物。」**⓮** 表明修辭學是一門藝術。亞里斯多德總結說：修辭學像是論辯術的分枝，也像是倫理學的分枝。倫理學應當稱為政治學，因此修辭學也就像是政治學。**⓯** 他還認為修辭學是有用的，它可以使真理和正義獲得

⓭　見《全集》卷2，頁305、306。

⓮　亞里斯多德《修辭學》，三聯，1991年，頁1。

⓯　見《修辭學》卷1第2章第4段，以及頁25注①。

勝利。所以高達美說，亞里斯多德的修辭學「與其說是關於談話藝術的一種技術性學說，不如說是一種由語言決定的關於人類生活的哲學。」❿ 亞里斯多德的修辭學在促使人們進一步思考善的問題的同時，還在此基礎上開闢了高達美極力稱道的實踐哲學，即實踐倫理學。因為亞氏第一次促使人們去思考和詢問善的實踐──政治問題，並認為一切追求知識、能力和選擇的努力都趨向於善。亞里斯多德以其修辭學理論開闢了實踐哲學的新方向。高達美在承襲柏拉圖和亞里斯多德修辭學理論的基礎上，拋棄了二者修辭學中的技術性方面，而轉向了解釋學的善和實踐，轉向了修辭學對真理的揭示。在總結這一修辭學傳統時，他說：

> 那些古老的傳統之一就是修辭學 (Rhetorik)。維科 (Vico) 是最後一個用方法論意識來保護與現代科學相對應的修辭學傳統的人。這種修辭學他稱之為 Critica（批判）。我已經在我對古典文獻的研究中，表明我對修辭學──即這門談話的藝術及其談話的理論──有著特別的喜愛。在這樣一種長久未被人認識到的方式中，修辭學曾經是較為古老的美學概念的傳統承擔者，是如同近來鮑姆加登 (Baumgarten) 的美學定義那樣不證自明的東西。修辭學的證明模式的合理性力圖使「感情」發生作用，但基本上是用或然性來使論證和作品有效。這種合理性是並且仍將是比科學的確定性更為強烈的社會決定因素。因此，我在《真理與方法》中使自己從表達上傾向於修辭學。❼

---

❿ 《全集》卷 2，頁305。

❼ 〈論哲學解釋學的起源〉，載《哲學的學徒》英譯本，頁182。

　　高達美從對修辭學傳統的概觀中，看到了一個更深的問題，即修辭學與解釋學以及解釋學真理的關係問題，修辭學與實踐哲學的關係問題。

三、修辭學與真理

　　高達美首先肯定了修辭學與解釋學的密切關係。他說：「修辭學與解釋學之間的關係是一個非常有趣的問題。」**⑱** 他在一條注釋中說：「我在《真理與方法》中考察了這種修辭學問題的某些方面，但它們還可以被大大地擴展開來。」**⑲** 他承認他在《真理與方法》中還沒有提及到修辭學的語言性，而這種修辭學的語言性「被證明是在一種真正的普遍形式中，此形式本質上是先於解釋學的。」**⑳** 不過，他認為理解的循環——即從部分到整體，又從整體到部分的運動規則是源於古代修辭學的，並由從談話的藝術到理解的藝術的現代解釋學繼承了下來。他還說，他後期之所以不斷深化修辭學，是想「根據所有理解的語言性這一方向超越本文和解釋的範圍」**㉑** 。因此，我們可以看出，修辭學的語言性是高達美重點關注的對象。

　　高達美在以後發表的一些文章（這些文章現在收錄在《短論集》和《科學時代的理性》中）裏，對修辭學作了更多的探討，並且更為強調語言而非存在這一極。這種語言是一種倫理學意義上的語言，它與我們人類的生活世界和生活行為有關。正是這種語言構成了修

---

⑱　《哲學解釋學》，頁20。

⑲　《哲學解釋學》，頁43，注釋③。

⑳　同上，頁20。

㉑　《全集》，卷2，頁22。

辭學的本質的方面。語言作為活生生的傳統，存在於一種 ethos（習俗）之中，存在於人類共同體的對話之中。人正是在這種對話中達成了「社會的理解」，達成對真理的認識的。

在《美的現實性》中，高達美在談到鮑姆加登的美學定義（美是善思的技巧）時也聯繫到修辭學的定義（善說的技巧）。在他看來，修辭學與詩學自古就相提並論。而且在某種意義上修辭學還更勝一籌。因為「修辭學是人類交往無所不在的形式。即使在今天，它對我們社會生活的影響，也是科學遠遠不可比擬的。」㉒

高達美是在最普遍和最一般的意義上來談論修辭學的。他從柏拉圖和亞里斯多德那裏知道，修辭學是關於人的知識，以及傳統的洪流。高達美為了維護精神科學的獨立性，也從這種修辭學傳統中汲取營養。在他看來，二者有共同之處。修辭學是關於人的知識，精神科學也是關於人類事務的知識，關於人類歷史流傳物的知識。修辭學所追求的善和幸福是知識的最高形式，其實也就是高達美精神科學的真理。故在他看來，解釋學的真理，理解的真理，從本質上看，乃是修辭學的。「修辭學與解釋學之間有著極為密切的關係」㉓，並且，修辭學「必須作為理解的藝術而被應用於解釋學」㉔。

修辭學如同亞里斯多德所說，「聯繫著辯證法與倫理學」㉕。這就是高達美重新闡釋修辭學的意義之所在。一方面，真正的修辭學不同於詭辯，因而也不會損害辯證法的本質，並且，從本質上看，辯證法作為真正的啟發式對話，就等於修辭學；另一方面，修辭學

㉒　《美的現實性》，頁22。

㉓　《全集》卷2，頁305。

㉔　同上，頁306。

㉕　同上，頁308。

這門藝術表達的是關於人類的善的知識，表達的是幸福，即「理論的幸福，認識真理的幸福，以及科學本身要求的幸福。」❷ 這也就是修辭學的倫理學方面。

高達美從這兩個方面出發，創立了自己的實踐哲學。首先，實踐表現在生活於共同體中的人類的對話，並且這種對話永不間斷。它是人類實現團結的條件，並且還構成了人與他人的自我理解和相互理解，其中，有辯證法在起作用。其次，也是最重要的方面，是實踐表現在修辭學中。修辭學是有關人的知識，是有關人的實踐。它是實踐理性的一個本質方面，即價值倫理學方面。倫理學也是一項理性的事業，即為人提供正確的生活方式和行為方式。實踐—團結—對話—在路途中的理解，這些都必須運用於人類生活經驗中。當然，高達美的「修辭學革命」也像席勒、馬庫色的「美學革命」一樣，不可避免地帶許多空想的、烏托邦的性質。

正是在這種運用的真理中，高達美才完成了古往今來哲學大師們最終落到的歸處：即完美的人生、善和幸福。縱觀幾千年的西哲史，蘇格拉底、柏拉圖、亞里斯多德、盧梭、斯賓諾莎、康德、以及當代的胡塞爾、海德格等人，無不如此。落葉歸根。高達美重返人生這一大主題，究其根源，乃是他思想中力圖使真理從異化和流放中返回家園的一種反映，甚至可以說是一種情緒。這種情緒支配了他的一生，只是後期愈益明顯罷了。哲學是什麼？哲學的歸宿何在？哲學作為形而上學仍去探尋無所不包的知識即統一體的作法顯然早已過時。而現代哲學在反叛傳統的呼聲中由此而放棄哲學的目標和哲學的功能，去追求一些細節上的證明（如語言哲學與科學哲學），這仍未能解決甚至觸及當今社會的問題。它們都「在家之外」。

---

❷ 《讚美理論》，頁90。

諾瓦利斯有一句名言曰：「哲學原本就是懷著鄉愁的衝動到處去尋找家園。」❷ 高達美骨子裏就深藏著這種懷鄉意識，懷鄉病 (Nostalgie)。當人文科學的真理被科學及其方法流放後，我們便失去了我們自己的家園。海德格說是失去了自己的根。所以人才要回憶 (Andenken)。高達美的態度似乎比海德格更為積極，也更為入世。海德格在晚年逐漸遁入了玄奧神秘的思之中。相反，高達美則從思轉向了行。行則是實踐。他認為唯有通過行，才能保證他的理論的真理即解釋學的理解理論得以實現。高達美窮一生之精力，建立一個龐大的理論實踐的真理體系，其目的也正在於此。

---

❷ 諾瓦利斯(Novalis)這句名言的原文為："Die Philosophie ist eigentlich Heimwehtrieb überall zu Hausen zu sein."

第四部分　高達美思想的當代
　　　　遭遇

第九章　批判與反批判

　　作為一位學識淵博的哲學大家，高達美在自己一生的大量著述中涉及到古代和現代的許多學者。對於這些學者的思想，他或批判，或吸收，從而在審慎反思的基礎上形成了自己的一套獨特的體系和風格。但是，對於高達美的這一套獨特的體系和風格，其他現代學者又有何評論，這點我在前面的部分章節中大致提到。別人對他的評論同他對別人的評論一樣，都是批判和贊同兼而有之。對於高達美的思想，來自各個方面的評論很多。在他的《真理與方法》這部巨著出版以後，情況尤其如此。❶ 這些評論(哪怕是尖刻的評論)都有助於說明高達美的思想所產生的影響。對於這些評論，高達美作出了自己的(部分是針鋒相對的)回答。 這種評論性的問答就構成了

---

❶　這裏我僅舉兩個例子：一是在高達美六十周歲誕辰之際，海德格專為他撰寫了紀念性文章〈黑格爾與古希臘人〉，載《近代思維中的古希臘的當代：H.–G. 高達美六十壽辰紀念文集》，圖賓根，1960年，頁43～57；第二是在高達美七十周歲壽辰時，各界同人為他舉辦了更大的學術紀念活動，此活動的文集為《解釋學與辯證法》(2卷本)，圖賓根，1970年。另外哈伯馬斯、阿佩爾、布伯納 (Rudiger Bubner)、根格爾 (H. J. Giegel) 等人還撰寫了評論性的文章，使這場批判與反批判活動達到高潮。這些文章後收《解釋學與意識形態批判》，圖賓根，1970。

高達美本人所稱的「批判與反批判」(Kritik und Gegen-kritik)。❷
高達美之所以會對許多的評論作出反應，除了我們一般人都會想到
的原因——即共同磋商，共同探討，以促進學術的繁榮和發展——
之外，我覺得還有兩個個人原因：一是他在反對科學專制的同時提
倡學術的寬容 (Toleranz)；❸二是問答式的對話是他一貫倡導的風
格，也是他實踐哲學的理想，因為真正的對話即是倫理學意義上的
實踐，它能導致認識和真理的產生，導致善和幸福。這是十分重要
的，忽視了這一點，我們就很難去客觀評論他的思想線索的發展。
此外，同樣重要的是，高達美在他的批判與反批判的問答式對話中，
取得了兩個他始料未及的效果：一是他的應戰性的文章大大充實了
他的解釋學理論，這典型地見之於他的《全集》第二卷 (書名為：
Wahrheit und Methode: Ergänzungen und Register) 之中；❹二是持

---

❷ 「批判與反批判」一詞出自於高達美的以下一段話：「導致我們研究
繼續發展的還有另一個方向，這一方向涉及社會科學問題和實踐哲學
問題。對此，哈伯馬斯於六十年代對我的研究所表示的批判性的興趣
就已獲得了批判的意義。他的批判和我的反批判首次正確地意識到這
一方面，其中，當我按照所有理解的語言性方向來超越本文與解釋的
範圍時，我就進入到這一內容之中，這使我有機會一再專心於研究修
辭學成份，這種成份在解釋學的歷史中已有所展示，但是，解釋學所
具有的這種成份更多地還是對社會存在形式而言的。對此，在本卷中
的一些研究也有證明。」見《全集》卷 2，頁21～22。雖然高氏在此是
用來指他與對手哈伯馬斯的關係，但我認為，這種關係涵蓋更廣，它
可以用來指所有那些與高達美進行過學術交鋒的人。

❸ 高氏專有文章反對科學專制之下的不寬容，而提倡學術的寬容。見《讚
美理論》，頁103～122。

❹ 這也見高氏同篇文章中的一段話：「(全集) 第2卷中的最重要的部分
包括一些續篇，在這些續篇中，有一部分我已考慮成熟，還有一部分

續不斷的批判與反批判使他的思想逐漸完成了一個重大的轉折，即他從學術活動的中期轉向晚期，從哲學解釋學轉向實踐哲學，從理論的真理轉向運用的真理。所以這場批判與反批判從本質上看是積極的，從效果上看，它不僅是對高達美的解釋學思想、而且是對整個西方現代哲學的推進和發展。對於這場批判與反批判，我們以下僅選擇幾位有代表性的哲學家進行評述。

一、關於客觀性的爭論

高達美的《真理與方法》是對科學的客觀性、科學的客觀方法以及它們在人文科學中的代表狄爾泰的批判。然而，他與客觀性以及客觀方法的對立並未隨著他的批判而消失，相反，對立和分化更加明顯。因為施耐爾馬赫和狄爾泰並非後繼無人。他們傳統的信徒仍標舉客觀性之大旗，將解釋學看作是為解釋奠定客觀基礎的方法論原則的普遍部分。與這種客觀化態度相反，海德格的追隨者高達美則將解釋學看作是對所有理解的特徵和必要條件的考察。

那種客觀性態度在今日的著名代表便是專論解釋學理論的意大利法律史家愛米利略・貝蒂 (Emilio Betti) 以及美國的文學史家 E. D. 赫施 (E. D. Hirsch)。他們都繼承了狄爾泰的客觀主義傳統，與高達美進行了針鋒相對的批判，並且還設法擴大這場有關古典式的論題的爭論。❺ 由於高達美的真理觀首先涉及到對客觀性的反叛，

是由於（別人）批判地討論我的思想所引起的我的思考。……然而，通過與哈伯馬斯的爭論以及與德希達的多次會見，解釋方式的基本問題就已得到了新的說明……。」見《全集》卷 2，頁4。

❺ 見赫施《解釋的有效性》，三聯，1991年，「附錄II」：「高達美有關解

所以貝蒂與赫施的批判從某種意義上看，亦是對高氏真理觀中的主觀主義、相對主義和虛無主義思想的批判。

1.與貝蒂之爭

1955年，愛米利略・貝蒂在羅馬建立了一個解釋理論研究所。他在早期的百科全書式的著作《有關解釋的一般理論》(*Teoria generale della interpretazione*) 中就力圖恢復解釋學的較為古老的德國傳統，即施耐爾馬赫和狄爾泰的傳統。1954年，他發表了簡短的「解釋學宣言」《奠定一般解釋理論的基礎》(*Zur Grundlegung allgemeinen Auslegungslehre*)。當時他還默默無聞。直到他1962 年出版了一本名為《解釋學作為人文科學的一般方法論》(*Die Hermeneutik als allgemeine Methodik den Geisteswissenschaften*)的小冊子後，他才為人發現。貝蒂的目的，是意欲在狄爾泰的傳統基礎上提供一種普遍的理論，即回答人類精神的「客觀性」怎樣才能得到解釋的問題。他的這種觀點直接針對的是高達美，因為高達美認定理解本身是一種歷史的行為，由此也是與現在相連的；談說客觀上有效的解釋是天真素樸的，因為這樣就假定了從歷史之外的某個立場去理解歷史是可能的。貝蒂在這篇論文中，向高達美的這種觀點提出了清楚的、毫不含糊的抗議。簡言之，貝蒂對高達美著作的反對意見是：它首先不是作為一種方法論，或者說，不是作為一種有助於人文科學的方法論；其次，它使得有關解釋客體的客觀地位的合法性陷入困境。這本小冊子是以一種悲嘆的調子開頭的：

作為解釋的一般問題的解釋學，即這門重大的一般學科，在
釋的理論」，頁283～305；亦見帕爾默《解釋學》，頁47。

浪漫主義時期上升到無以復加的程度，因而為所有人文科學所共同關注。十九世紀的許多偉大人物——如語言哲學中的洪堡 (Humbolt)、偉大的文學史家施耐格爾 (August Wilhelm von Schlegel)、語文學家和百科全書的編纂者博克 (Boeckh)、法律學家沙文格尼 (Savingny)、歷史學家尼布爾 (Niebuhr)、蘭克 (Ranke) 和德羅伊生 (Droysen)——對此都予以了關注。解釋學的這種令人尊敬的較為古老的形式正在德國消失。❻

作為一個法律史家，貝蒂的興趣並不在於力圖從哲學上給藝術作品的真理展示一個更為充分的說明 (如高達美)，或力圖對存在的本體論有一個更為深刻的理解 (如海德格)。他希望在人文科學的各種模式中作出區分，並系統地闡釋一種用以解釋人類行為和客體的原理。「客觀的」解釋特性才是貝蒂關注的中心。當然，他表示他並不是想省略主體的因素，他只是想表明，無論在解釋中主觀性的作用是什麼，客體仍為客體，我們可以合理地做到並完成對客體作一客觀有效的解釋。一個客體說話，我們之所以能夠正確地或錯誤地聽到它，正是因為在客體中有一種客觀上可加證實的意義。在他看來，解釋 (Auslegung) 與意義賦予 (Sinngebung, 即把意義賦予給客體的解釋功能) 有本質的區別。正是因為人們忽視了這一區別，人文科學中客觀有效的解釋結果 (die Objektivität der Auslegungsergebnisse) 的整體才面臨挑戰。

在貝蒂看來，存在著幾個解釋學的規則：首先，肯定客體本質

❻ 貝蒂《解釋學作為人文科學一般方法論》，轉引自帕爾默《解釋學》，頁55。

的自律，乃是一切解釋的基本和首要規則；其次，由於貫穿意義的總體性是建立在個體部分之上的，所以談話的個體部分之間就存在著連貫一致的內在關係；第三，貝蒂承認了意義的話題的「現實性」。據此，貝蒂激烈地反對高達美存在的「主觀性」和理解的歷史性。貝蒂認為，高達美沒有為區分正確與錯誤的解釋提供一些規範的方法，並且還使解釋的不同模式混雜在一起。❼ 高達美認為每一種解釋都要涉及到與現在有關的運用，這對於法律來說是以為真，但要解釋歷史卻未必如此。

高達美在他的一篇題為〈解釋學與歷史主義〉的長文中評述了他與貝蒂的這場爭論。他說：「貝蒂在此遵行的是施耐爾馬赫、博克、克羅齊以及其他人的路線。他非常奇怪地幻想，他可以依靠這種帶有浪漫風味的嚴格的心理學主義來確保理解的『客觀性』，他認為這種客觀性受到了所有那些奉行海德格思想路線的人的威脅，那些人認為把這種理解的客觀性與意義的主觀性聯繫起來是一個錯誤。」❽ 高達美還說，貝蒂與他在德國有過數次討論，貝蒂的觀點歸結起來，可以說是「正像在我的著作中表明的，他關注的是科學的解釋特性。」❾ 在《真理與方法》的〈第二版序言〉的開頭，高達美提到了本書自出版三年來「別人的批評」，這些批評者之一就包括貝蒂。❿ 高達美在一封給貝蒂的私人信件中答覆了貝蒂的反對意見。他說：

---

❼　《真理與方法》英文版，頁465；《全集》卷 2，頁394。

❽　《真理與方法》英文版，頁465；《全集》卷 2，頁393～394。

❾　同上。

❿　《真理與方法》德文版，頁XIII。

從根本上說，我不是在提出一種方法(Keine Methode)，而是在描述什麼存在(Was ist)。我認為，我不可能描述的東西，人們不應當認真去質詢……即使是一位掌握了歷史方法的大師，他也不可能使自己完全擺脫他的時代、他的社會環境以及他的民族狀況等所帶給他的偏見。那末，這應當是一種缺陷嗎？並且，即或情況如此，我也認為哲學的必要任務，在於探討為什麼這種缺陷總是出現在任何事情被實現的地方。換言之，我探討為什麼唯一科學的事情是在於認識什麼存在，而不是把應當是什麼和可能是什麼當作我的出發點。由此，我試圖超越現代科學（它保留了它有限的判斷）所持有的方法概念，並以一種基本的普遍方式設想總是在發生的東西。⓫

貝蒂在《解釋學作為人文科學的一般方法論》中把高達美的信當作一條註腳。很清楚，他並不滿足這一答覆。高達美自己也承認道：「很明顯，我並沒有成功地說服貝蒂相信一種解釋學的哲學理論並不是一種正確或錯誤的（『危險的』）方法理論。」⓬在貝蒂看來，高達美迷失在一種無標準的存在的主觀性中。高達美在《真理與方法》〈第二版序言〉中又答覆了貝蒂。他這次強調了理解的非主觀特性。他說：

> 我的探究的意義，無論如何不在於提供一種關於解釋的一般理論，以及一種關於解釋方法的獨特學說，就像貝蒂卓越地做過的那樣，而是要尋求一切理解方式的共同之處，並要表

⓫　《全集》卷2，頁394。

⓬　同上，頁394～395。

明理解從來不是一種對於給定的『對象』的主觀行為，而是從屬於效果歷史，這就是說，理解是從屬於被理解東西的存在。⑬

高達美認為，他著作的本體論轉折（貝蒂對此深表遺憾），使他把「歷史上的效果意識」看作一種本體論程序，而非看作主觀性程序。

由此可以看到，高達美與貝蒂的基本對立是顯而易見的。貝蒂追隨狄爾泰，以尋求人文科學的基本的客觀方法，尋求對解釋實際有用的東西。他追求的是客觀上正確的規則和正確的解釋，也就是說，追求的是客觀的真理和真理標準。而這正是高達美所要反對的。其實，從本質上看，貝蒂的客觀性態度與高達美的主觀、相對的態度並非全對，他們都只是發揮了解釋學問題的不同方面。對於作為一個整體的解釋學來說，這兩種對立的哲學態度都十分重要地作了相互補充，從而接近了解釋學的問題。

2.與赫施之爭

在貝蒂把高達美當作對手來攻擊時，赫施也起來響應。在赫施1967年出版的英語著作《解釋的有效性》(*Validity in Interpretation*)中，有一篇長長的附錄：「高達美有關解釋的理論」。本書用系統的論證和陳述，向某些指導文學解釋長達四十年之久的主觀主義假設提出了質疑。他同貝蒂一樣，主張恢復客觀主義精神，反對高達美在理解的歷史性的論點中所隱含的主觀主義和相對主義傾向，以捍衛作者的本意。如赫施主張，作者的含義必定是衡量任何「解釋」

---

⑬　《真理與方法》德文版，頁XVII。

(對一個段落的詞意之說明)的有效性規則。這種含義是一種能夠把客觀的證據集中起來的確定的實體。當證據在手時，就能使含義確定。這將被普遍認作有效，這樣，狄爾泰客觀上有效解釋的夢想才會得以實現。

為此，赫施將「含義」(meaning) 與「意義」(significance)區分開來。含義是指作者本人所持的、唯一確定不變的東西，但作品的意義卻有多種多樣，視人們對作品的閱讀而定。高達美所談的理解的歷史性、不確定性其實是就意義而言的，這些意義是從作品中派生的，與原作者的本來含意──或者說，與原作者的本來意向有很大的區別。❹ 赫施認為，高達美的過失，在於將「含義」(作者的含義)與「意義」(作品對於我們的意義)混為一談，因此產生了無休止的混亂。他認為必須區分二者，才能產生客觀上有效的解釋。解釋學的任務目前對於我們來說，並不是要找出一個段落的意義，而是澄清段落的含義，這種含義本質上是不可能改變的。❺ 他舉例說，如果人們不知道「水晶鞋」的原意，那麼就無法將「灰姑娘」與其他女孩區別開來。❻ 這也是貝蒂對高達美的批評。貝蒂說高達美並沒有提供一種使段落的正確「含義」能夠有效地確定的標準原則。

對赫施來說，解釋學不再是一門解釋理論，它是有效性的邏輯 (Logic of Validation)。他說：「解釋這門學科包含著擁有觀念並檢驗它們……它建立在一種有效性邏輯的基礎之上，而非建立在一種結構的方法論基礎之上。」❼ 赫施的這種有效性邏輯的基礎是主張客

❹　參見赫施《解釋的有效性》第2章「含義和意味」一節，頁34～79。

❺　見帕爾默《解釋學》中的分析，頁61、62。

❻　《解釋的有效性》，頁58。

❼　轉引自帕爾默《解釋學》，頁64。

觀主義精神的狄爾泰。在方法上，他既得益於胡塞爾（他的理論由
於強調作者的意向、意圖、原意而被稱為「意向論」⑱），又認為索
緒爾對語言和言語的區分對於他區分含義與意義大有裨益。他說：
「可以這麼說，我的整個論述在根本上就是企圖把狄爾泰的一些解
釋學原則建立在胡塞爾的認識論和索緒爾的語言學基礎上。」⑲ 赫
施在對高達美的基本觀點的批評中指出，高達美的觀點是歷史循環
論(即不可能去「認真地」理解過去的時代和過去的本文的理論)，
這種循環論像任何哲學懷疑論一樣，是一種不能加以證明或駁斥的
信條。

赫施的意向論觀點很大程度上也是受施耐爾馬赫的影響。高達
美反對這種意向論的觀點，反對他將理解問題局限於確定作者意圖
的方法。赫施則反駁道：高達美在按照歷史境況去強調理解本文的
可變性時，在他對解釋共同體和解釋偏見的維護時，他就變成了一
個主觀主義者。⑳ 赫施還在他的另一本書《解釋的目標》(The Aims
of Interpretation) 中批評了高達美和海德格。他在一條注釋中說：
「海德格和高達美的相對主義主要是歷史相對主義。高達美的一個
關鍵術語是『理解的歷史性』(the historicity of understanding)，見
《真理與方法》(圖賓根，1960年)。這是一部學識豐富的著作，它
用海德格的術語解釋了施耐爾馬赫的傳統。」㉑ 在另一處，他又說：

---

⑱ 見瓦爾克《高達美》一書中對他的「意向論」的分析。見〈序言〉，頁
　　X，正文頁43。

⑲ 《解釋的有效性》，頁280注釋 ①。

⑳ 《高達美》一書〈序言〉，頁X。

㉑ 赫施《解釋的目標》，倫敦，芝加哥大學出版社，1976年，頁159，第
　　2章注釋 ①。

「海德格和高達美起來反對博克和狄爾泰的客觀主義，因此，我自己的客觀主義觀點可以被看作是對施耐爾馬赫的『純正的』(genuine)或『可信的』(authentic)傳統的反映。」❷

　　赫施的觀點也得到了曼迪遜(G. B. Madison)的贊同。他在《後現代性的解釋學：人物和主題》中說：「問題是，在反對科學方法運用於解釋時，高達美極少談到解釋的方法論標準應當是什麼。當赫施說『高達美最精確立論是宣佈規則不是什麼』(《解釋的有效性》)時，我認為赫施完全正確。在蓄意用真理去反對方法，並且說『解釋學的哲學理論並非一種方法論』(《真理與方法》英文版，頁466)時，高達美給人這種印象，即在解釋的理解中並沒有方法的位置。我並不認為情況如此，即在解釋學中沒有為方法留有餘地。甚至像在許多方面都接近高達美的現象學思想家保爾‧里柯都對高達美態度的滿意程度持保留意見。」❸

　　我們從赫施與高達美的爭論中可以看出，高達美在強調理解的相對性和不確定時的確帶有濃厚的相對主義色彩，這一點並不是赫施和貝蒂的獨到發現，其實許多人都已有所察覺。但是，赫施所走的另一條與之相反的客觀主義道路，其成功性和正確性仍帶有很大的疑問。高達美對狄爾泰的客觀主義方法的批判並非全無道理。赫施在貫徹狄爾泰的思想路線時，構造了一種意義與含義的區分來為客觀主義辯護。但是這種區分能夠成立嗎？首先，現代人能否正確地找出或者說復原遠古作品的作者的含義？其次，作者的含義是否

❷　同上，頁17。

❸　見曼迪遜《後現代性的解釋學：人物和主題》(*The Hermeneutics of Postmodernity. Figure and Themes*), Bloomington and Imdianapolis，印第安那大學出版社，頁26。

與作品的意義毫無任何關聯？我認為答案明顯是否定的。

不過儘管如此，赫施以及貝蒂的客觀主義觀點仍然是高達美的主觀主義和相對主義思想傾向的一個有效的補充，同時也是解釋學的一個有效方面。論戰的雙方雖然構成了兩種不同的思潮，但二者都充實或完善了解釋學的真理。初看起來，似乎貝蒂和赫施是在主動攻擊高達美的海德格路線，其實，他們只是辯護和反應之聲，因為他們要求回到客觀性傳統，要求重新肯定把歷史學家現在的觀點或偏見拋之於後去進行研究，他們要求解釋學必須起到補充客觀解釋的原則的作用。高達美在為自己辯護時，陳述了他研究的對象是本體論而非方法論。從貝蒂和赫施的觀點看，海德格與高達美都是消解客觀性的批評家，他們希望使解釋學陷入到相對主義的無標準的泥沼中去。❷ 他們認為歷史知識本身遭到攻擊，因此必須堅決地為它辯護。從理論自身的完善性來講，這些批評都是很有必要的，所以也可以說，它們是高達美真理觀的完善和發展。不過，我們還可以看到，從這兩個方面的論戰來講，雙方的論題仍舊是古典式的。如何從古典論題進入現代論題，這是哈伯馬斯、里柯、德希達、羅蒂等現代批評家的任務。這也同時表明了高達美真理觀中的古典傾向和現代傾向。

二、意識形態與方法論批判

《真理與方法》出版後，高達美不僅受到了來自外部的批評，而且還受到了來自解釋學內部的批判。這種批判主要是由他的同胞尤爾根・哈伯馬斯 (Jürgen Habermas) 和法國現象學解釋學家保

---

❷ 參見第一章注釋 ❺。

爾・里柯(Paul Ricoeur)作出的。這種批判或責怪高達美歷史觀中的保守主義傾向，或責怪高達美對方法論所作的簡單草率的改革。由於高達美的歷史觀與方法論批判都是其真理理論的重要組成部分，所以，這種責怪同時也是對高達美解釋學真理觀的批評。對此責怪和批判，高達美作了同樣尖銳的答覆。爭論的重要性不僅在於這場批判與反批判持續交鋒長達數年之久，而且還導致了高達美興趣的轉移，即他的思想在論戰中逐漸被拉向有關現實社會和人生的實踐哲學主題。這種轉移形成了高達美向後期思想的轉折。

1.與哈伯馬斯之爭

早在1967年，哈伯馬斯就在他的一本論社會學和社會理論的批判性著作《社會科學的邏輯》中討論了解釋學，並認為高達美的解釋學代表了對社會科學的實證主義的批判，這點他與高氏是一致的。[25] 同時，哈伯馬斯也表現出他的懷疑，即懷疑高達美理論的相對主義傾向，懷疑他對海德格的本體論基礎方面缺乏批判性的反省。[26] 哈伯馬斯還在 1967 年的《哲學評論雜誌》(*Philosphie Rundschau, Tübingen*) 第 5 期附刊上發表了一篇題為〈評高達美的

---

[25]　如蘇里萬(Robert Sullivan)就認為高氏的哲學解釋學與以哈伯馬斯等人為代表的法蘭克福批判理論一樣都有許多共同之處，即二者都反對哲學教條主義，二者都同屬於一種「否定的辯證法」。但蘇里萬又認為，法蘭克福學派的思想家從來都未擺脫教條的馬克思主義的痕跡。見蘇里萬譯《哲學的學徒》，譯者導言，頁XVII。

[26]　哈伯馬斯《論社會科學的邏輯》(美茵法蘭克福，第5版，1982年)第二部分專門論述了解釋學(II: Hermeneutik)。本部分包括：第4章〈一個文獻報告(1967)：論社會科學的邏輯〉和第5章〈解釋學的普遍性要求〉(1970)，頁143～366。

「真理與方法」一書〉(Zu Gadamers Wahrheit und Methode) 的文章，就高氏本書中的一些觀點發表了批判性的看法。對此，高達美在其《短論集》第一卷中發表了〈修辭學、解釋學與意識形態批判〉作為回答。1968 年，哈伯馬斯在其新出版的《認識與旨趣》(*Erkenntinis und Interesse*)中間接表明，解釋學的維度並非普遍的和包羅萬象的，相反，它隸屬於社會意識形態批判。繼後，哈伯馬斯又在1970年為《高達美誕辰七十周年紀念文集》提交了一篇題為〈解釋學的普遍性要求〉(Der Universalitätsanspruch der Hermeneutik) 的文章。此文集同年以《解釋學與辯證法》(*Hermeneutik und dialektik*) 為名發表（全書兩卷，哈伯馬斯的文章載第一卷，第73～104頁）。哈伯馬斯在文中明確地批判了高達美關於解釋學問題普遍性的主張（參見高氏〈解釋學問題的普遍性〉，見高氏《全集》第二卷，第219～231頁）。這場爭論隨後還在進一步擴大。❷ 1971 年，祖康(Suhrkamp) 出版社專門出版了一本論戰性的文集，題為《解釋學與意識形態批判》(*Hermeneutik und Ideologiekritik*)，其中除收入高氏、哈氏二人上述論戰性文章外，還有高氏對他的批評者的「答覆」(Replik)。當然也還有阿佩爾等人參與這場論戰的文章。高達美在1975年出版的《真理與方法》〈第三版序言〉中仍在申訴他對哈伯馬斯的看法。

　　哈伯馬斯對比他年長三十歲的高達美的批判重點之一，即是他對成見、傳統和權威的維護。高達美始終把這種維護視為他自己的獨特貢獻。因為維護了成見和傳統，才能保證我們每個人有其獨有

---

❷　里柯在對哈氏與高氏二人的爭論進行評述總結時也不自覺地參與了這場爭論。見里柯《解釋學與人文科學》第一部分：「解釋學歷史研究」，載本書頁43～130。

的視界，才能保證每個人、每個時代的不同視界的相互融合成為可能，同時，更重要的是，才能保證他「效果歷史」的產生，這種效果歷史即是他的理解的真理，它在解釋學中占有非常核心的地位。高氏著作中以後的對話、實踐、團結等都有賴於這種效果歷史，而效果歷史則又首先奠基在傳統中形成的成見和權威上。高氏對傳統、成見和權威的依賴正是哈伯馬斯批判的重點。作為一個激進的社會學家和新左派領導人，哈伯馬斯強烈地批判權威左右著我們的信念、權威和成見支配著我們的思維的觀點。他認為，權威就是傳統，對權威的承認就是服從，這就使我們對歷史和現實產生過份的依賴，從而喪失了一種社會科學所本來固有的批判意識。在哈伯馬斯看來，高氏認為權威等同於理性，但他卻沒有看到「權威和理性的任何對立」❷。他說，由於高氏恢復了成見，保護了傳統和權威，因此它不可避免地使它同任何意識形態都發生了衝突。這也就是哈伯馬斯激烈地指過高達美是保守主義者的原因。❷

　　對此，高達美也作了自己的回答。他首先批評哈伯馬斯，說他作為「激進的意識形態批判者」同方法論的狂熱崇拜者一樣，「都是沒有充分反思過的人」❸。當然，高達美認為，他並不是在否認意識形態批判，而是說，哈伯馬斯的意識形態批判並沒有給「意識形態的內涵予一個充分的說明」❹。他認為哲學解釋學也試圖成為哈伯馬斯稱之為的一種「批判的反思意識」，也就是說，「哲學解釋

---

❷　哈伯馬斯〈解釋學的普遍性要求〉，載《解釋學與意識形態批判》，頁156。

❷　參見《超越客觀主義和相對主義》，頁163。

❸　《全集》卷 2，頁495。

❹　同上。

學所應用的反思，一般來說是批判的。」❸ 他還說，在此反思中，哲學解釋學揭示了天真的客觀主義。從自然科學的自我理解中得益的歷史科學就被限制在那種客觀主義之內。他的解釋學作為實踐哲學，並不是對適合於人類─社會的實踐規則的認識。確切地說，它是對人類─社會的實踐的一種反思，照此，它就歸根結底是「普遍的」和「理論的」❸ 。這就是高達美提出解釋學問題是普遍性的這一主張的理由。

在對真理與方法這二者之間的關係以及對方法本身的處理上，哈伯馬斯也認為高達美犯了實質性的錯誤。在他看來，高氏的解釋學意識摧毀了客觀主義者和實用主義者關於人文科學的自我理解，這是其不可抹煞的功績。但是，「真理」與「方法」的對立，似乎不應該使高達美錯誤地和抽象地把解釋學經驗同整個方法論的認識加以對立。真理和方法的對立原本就是解釋學的基礎。❸ 解釋學在反對經驗科學的普遍方法時成為絕對主義(即絕對地排斥方法)。哈伯馬斯假定，即使這種絕對主義在實踐上是富有成效的，但它在使自身合法化時，亦離不開方法論指導。他擔心，這種反對方法論作指導的絕對主義要麼在科學中發揮作用，要麼根本不起作用。其實，這種擔心並非他一人才有，里柯也持同樣的觀點。

哈伯馬斯對高達美的另一個批判是語言方面。這是他對高氏解釋學普遍性要求的主張進行批判的進一步的深化。在高氏看來，解釋學在人類行為的一切領域均有普遍性，這首先是因為一切理解都

---

❸ 同上，頁254。

❸ 同上，頁253。

❸ 哈伯馬斯〈評「真理與方法」一書〉，載《解釋學與意識形態批判》，頁46。

是通過語言而發生的。語言即是存在的模式，換句話說，「能被理解的存在就是語言」。解釋學的反思必須通過人類世界經驗的語言性而實現。正是語言構成了對話，使人類在語言性的對話中達成一致和團結，因此語言構成了高氏哲學解釋學的核心。哈伯馬斯在早期的討論中就批評過高氏，認為他把語言強調得太過份了。他認為語言僅僅是現實的一部分而非全部。現實中還有其他的構成因素，如工作和權力。高氏在《真理與方法》中提出的語言構成了世界的主張過份唯心。這是意識在決定實際生活的物質存在。以後哈伯馬斯在轉向一種普通符號學基礎的語言交際理論時似乎又表示有點理解高氏，但又認為高氏對於傳統的強調，使他過於相信了已經形成的語言，過於相信了那種欺騙化的、抹煞了階級價值的「一致」❸。

按照哈伯馬斯的意識形態批判理論，有一種自由的興趣在激勵著批判的社會科學，它與自我反思密切相關。這種自我反思不能以高氏預先的「一致」為基礎。所謂的預先的一致，實際上就是交往程序的中斷，是對「交往能力」的曲解。高達美非常肯定地認為，凡是對話，都能最終達到雙方的「一致」。哈伯馬斯則認為高氏在對話和交往之前就預先斷言存在著「一致」的看法太過於武斷。哈伯馬斯之所以要將精神分析學引入到他的批判的解釋學中，正是這個原因。高達美反駁說，雖然解釋學科學用解釋學反思來保護這一主題，即它的方法是非科學的，它否認科學的客觀性，在這一點上，意識形態批判與哲學解釋學是一致的。但是，前者採用的精神分析學批判對於解釋學卻是不足夠的，因為它並不是涵蓋一切的和普遍的。❸ 伯恩斯坦也說，哈伯馬斯對於高氏實踐哲學中所隱含的激進

---

❸ 見伯恩斯坦《超越客觀主義和相對主義》，頁163。

❸ 見《全集》卷2，頁260。

而非保守的傾向似乎並沒有看到。❸ 哈伯馬斯的這種自稱為「深層解釋學」的意識形態批判理論一方面補充了高達美理論中原有的不足和缺陷，形成了自己獨特的體系和風格，同時，還促使高達美的思想向後期實踐哲學的轉移，這也是他對高氏真理觀的一個貢獻，即促使高氏從理論的真理轉向了應用的真理。

2.與里柯之爭

在哈伯馬斯與高達美之間所進行的這場曠日持久的批判與反批判的鬥爭中,作為法國現象解釋學代表的里柯自然也未袖手旁觀,而是以很大的熱情參與了這場討論。不過，他的參與與前幾位學者的激進批判不同，而是採取了更為溫和的總結性的方式。里柯本人對高達美的批評以及對高達美與哈伯馬斯的論戰的總結主要見於《解釋學與人文科學》和《解釋和衝突》等。對於哈伯馬斯對高達美的批評，他既有贊同，也有反對，同時，他還在相容各派之所長的基礎上，提出了自己的一套新的理論。里柯在〈解釋學與意識形態〉一文中，指出哈氏和高氏兩人都力求對對方要求的普遍性掐頭去尾，作片面的解釋。里柯對解釋學的長期研究使他不僅對這次討論作了精彩的介紹，而且他本人也對這次討論作出了具有獨創的重要貢獻。里柯著作的翻譯者和研究里柯的專家湯普森 (John Tompson) 評論說，里柯的目的，並不是去參加那場枯燥的論戰，即兩種矛盾的對抗，而是尋求一種真正建設性的對話。❸

里柯首先著手的是對高達美方法論偏見的批判。他認為，高達美在海德格的影響下，力圖實現由認識論到方法論的轉變，於是，

---

❸　《超越客觀主義和相對主義》，頁163。

❸　里柯《解釋學與人文科學》，劍橋大學出版社，1982年，頁20。

理解不再被看作一種認識的方法，而是被看作一種存在的方式。里柯承認解釋學涉及到對存在和存在之間關係的理解，這是他與高氏和海氏的共同處，但是，他認為卻沒有必要將理解的特性、理解的真理與理解的方法分離開來。因為這種分離忽視了解釋的矛盾（里柯常用「間距化」概念來指稱這一矛盾），而正是在這些矛盾中，我們才能領悟存在，尋求理解。方法問題並不是第二位的和派生的問題。高達美認為消除間距化才算達到真理的理解，而里柯則認為正是間距化才使理解成為了可能。間距化概念並不是一個需要克服的障礙，而是理解的條件。因此，里柯認為，方法論問題乃是真理問題的核心。他說：

> 人的歷史領域的復興要求的遠不只是簡單的方法論改革，也不只是要求在面對自然科學需要時「人文科學」觀念的認識論合法性。唯有一種基礎的劇變──此劇變使知識論從屬於本體論──才能使理解的前結構的真正含義顯現出來……[39]

里柯說，高達美在試圖恢復被方法論所侵蝕的本體論基礎時，沒有考慮到他的本體論仍然是關於存在的片面的和不完全的闡述，沒有考慮到從本體論重新返回以方法論為基礎的認識論。而按里柯的現象學解釋學觀點，則是首先需要通過語言問題和反思問題，最後才能到達本體論問題的。這也是其哲學的三個階段。為了達到本體論問題，里柯以他博學的知識和兼容並蓄的學說，用現象學方法、結構主義方法、語義學方法和精神分析方法等來達到其目標的。所以他說，本體論總是蘊含在方法論中。脫離方法的孤立的本體論是

---

[39] 同上，頁69。

我們無法掌握的。理解的本體論只有通過方法論的探討，經過認識論的層次，才能最終達到。據此看法，他認為海德格和高達美的本體論是走了「捷徑」，因為它跨過了方法論這一環。這正是他所要批判和拋棄的。❹

在此，我們還可以比較一下高達美和里柯二人真理觀的差異。在真理問題上，二人既有共同又有不同。里柯同高氏一樣，指出近現代歷史主義的失足之處，是由於誤解了歷史真理的性質與歷史解釋的客觀性，不承認歷史的模糊性以及歷史對現在和未來的開放性。這種相對主義歷史觀是對歷史真理的曲解。而與之相對的客觀主義歷史理論則認為可以通過正確方法的運用和排斥個人的主觀成見，來接近和把握歷史中的客觀性，即客觀真理。這同樣是誤入歧途。對於黑格爾的歷史真理是一整體的觀點，里柯亦表示了與高氏相同的看法，即歷史現論和歷史真理都不具有整體性，歷史是未決的和未完成的，歷史真理因而總是部分真理。正是由於歷史經驗的不可窮盡的模糊性，才使得歷史成為對每一代人發生意義的源泉。❹ 但是，里柯也表示，解釋學的歷史理解的真理並不能與方法相脫離。對方法論的簡單改革或方法論的解散的作法都是欠妥的，人應選擇多種恰當的方法去接近其本體論的目標。他認為，高達美著作的標題表明了海德格的真理概念與狄爾泰的方法概念的對立。高氏著作的標題其實應被稱作「真理或方法」。里柯反對必須在真理與方法之間強作選擇的觀點，相反，他認為真理與方法並存，方法亦可對真理作出重大貢獻。

---

❹ 《解釋學與人文科學》，頁1。

❹ 參見里柯《歷史與真理》(A. Kelbley翻譯，西北大學出版社，1965年)中第1章〈歷史中的客觀性與主觀性〉，頁21～40。

里柯與高達美對話的內容是多方面的，如語言、意識形態等。但他在方法論建設方面的考慮居多。這一點是不容忽視的。這從反面亦表明了高氏有欠考慮的地方。對於高達美與哈伯馬斯的爭論，他與自己一貫堅持的兼容調和的哲學主張一樣，持一種寬容態度。他認為解釋學和意識形態批判都具有普遍性，並且還相互滲透影響。❷ 因此，他要求雙方從各自合法性立場上去相互認識對方。當然，他也說，他的目標並不僅僅是充當和事佬，將傳統解釋學和意識形態批判都融合在一個「超系統」裏，❸ 但他事實上就是這麼做的。值得肯定的是，在他這個超系統裏有著對解釋學的另一種反思和另一種思考。歸根結底，他和哈伯馬斯對高達美的這場批判與反批判不僅使高達美解釋學真理觀中的矛盾突現出來，而且還以他們獨特的見地充實了解釋學理論。所以說，這場批判與反批判是很有意義而且很有必要的。

三、破壞與解構：高達美與德希達

高達美與哈伯馬斯的論戰文章多集中在六十年代末至七十年代，而高氏與德希達的交鋒則主要發生在八十年代。1981年4月25～27日，在巴黎大學的哥德學院召開了「本文與解釋」的國際學術討論會。會議由巴黎大學德國文學教授富葉 (Philppe Forget) 主持。作為特邀代表，高氏與德希達都出席了會議。這是他們的首次相遇。這次會議由於他們二人的對話而產生了廣泛的影響。會上，高達美首先作了題為「本文與解釋」的報告，他在報告中就德希達對尼采

---

❷　《解釋學與人文科學》，頁95。

❸　同上，頁87。

和海德格的評論提出了批評（此文的部分後以〈解釋學的挑戰〉為題發表於法國《國際哲學評論》總151期上）。在隨後進行的討論中，德希達針對高氏的觀點提出了三個質疑，後者又作了針鋒相對的回答。德希達的質疑和高氏的回答後又以〈善良的權力意志（答 H.-G. 高達美）〉和〈然而是善良意志的權力（駁德希達）〉為題發表於法國《國際哲學評論》總151期上。

在今後的幾年中，高氏又先後發表了兩篇重要的文章〈破壞與解構〉(1985)和〈解釋學與邏輯中心主義〉(1986)。1988年2月，他們又第二次在會上相遇。這一系列的論戰對歐洲大陸哲學界產生了廣泛的影響。

讓我們先來看看二者的爭論的焦點。高氏在〈本文與解釋〉中，首先回顧了解釋學的前歷史。在早期，解釋學問題是根據某些局部性學科，如神學、法學以及歷史學中發展出來的。以後德國浪漫主義首先意識到理解與解釋的作用，即理解與解釋不僅在文字限定的一生經歷的各種證明中起作用，而且主要涉及人與人之間以及人與世界的一般關係。理解能力是人的一個基本天賦，有了它，人才能與他人一起生活，並首先在語言和對話的共同體中得以實現。「在這方面，解釋學的普遍性要求無可非議。」❹ 另一方面，德國浪漫主義在揭示語言表達限度的同時，亦說明了語言表達對形成人類共同體賴以建立的常識的重要性。

高氏認為在此探討解釋學的前歷史不無益處。因為他的哲學解釋學就從中產生出來的。在浪漫主義後期，正值歷史科學的方法論

---

❹ 高達美〈本文與解釋〉，選自《對話與解構：高達美與德希達的交鋒》(*Dialogue & Deconstruction: The Gadamer-Derrida Encounter*)，紐約，1989年，頁21。

意識發展呈方興未艾之勢，加上實驗科學的影響，「致使哲學反思將解釋學經驗的普遍性限制在其科學形式之內。」[45] 以歷史性為精神科學奠定基礎的狄爾泰如此，在先驗的文化與價值哲學框架內為精神科學作認識論上的辯護的新康德主義亦是如此。這是由於缺乏對解釋學經驗的整體把握所致。至於高氏本人，則正是「把對統治我們時代的認識論的唯心主義和方法論的批判作為我自己的出發點。」[46] 以後，高氏在海氏的推動下，「才批判性地指出了對方法的討論，並擴大了解釋學問題的系統論述，以至於它不僅僅考慮科學，而且也考慮藝術經驗和歷史經驗。」[47]

高氏在簡要回顧了解釋學史以及海德格對解釋學的貢獻之後，隨即就轉向以德希達為代表的法國思想家向他提出「真正挑戰」。這場挑戰主要涉及海氏與傳統形而上學的關係，以及海氏與尼采的關係。高氏說：「尤其是德希達反對後期海德格，說他本人實際上並未打破形而上學的邏各斯中心主義。」[48] 德希達認為，只要海氏在追問真理的本質或者存在的意義，他所說的語言就仍然是形而上學語言。正是尼采(他主張意義為權力意志服務)，而不是海德格，才打破了形而上學的邏各斯中心主義，即語言中心主義。對於第一個問題，即海氏與傳統形而上學的關係，高氏明確回答，他是把海氏看作是以揭示本文意義的方式徹底拋棄了傳統形而上學的解釋的思想先驅。海德格對由胡塞爾啟示的新康德主義現象學的批判，終於使他確實認出尼采所謂存在遺忘史的頂點。「但是這種批判性的觀察

---

[45]　同上，頁22。

[46]　同上。

[47]　同上。

[48]　同上，頁24。

是內在的，這種觀察並不比尼采的思想遜色，而是超過了他。」⑲並且，「海德格對存在的思考遠遠超出了將形而上學消溶為價值這種做法，或者更確切地說，他返回到形而上學的自身之後，而不像尼采，滿足於其極端的自我消溶。」⑳

高氏又說：「自我與海德格思想的德國後繼者們交鋒以來，我就知道我翻譯海德格的努力證明了我自己的局限，並且尤其表明我是如何深深根植於人文主義的浪漫傳統及其人文遺產之中的。但是，支援我、帶領我、使我對之採取一種批判性立場的，正是這『歷史主義』的傳統。」㉑高氏還指責「德國尼采的追隨者們未把握住尼采思想中極富魅力的內涵。」㉒

為什麼德希達要反對海德格？為什麼高氏又要極力為海氏辯護？答案顯然只有一個，即高氏走的是海德格路線。如果否定了海德格，否定了他的創新和成績，也就等於否定了高氏本身。海氏在非形而上學意義上對存在問題的追問和「回歸」乃是「一條辯證法的歸途」(ein Rückwge von der Dialektik)㉓，這種「歸途」對於高氏來說是決定性的。

德希達之所以要批判海德格，乃是緣於尼采。海氏在三〇年代作了一系列關於尼采的演講，後講稿結集出版，在哲學界反響甚大，持反對爭議態度也不乏其人。高氏與德希達之爭也由之而產生。在《破壞與解構》中，高氏重新展開和評述了這一爭論。海氏雖然認

---

⑲　《對話與解構：高達美與德希達的交鋒》，頁25。
⑳　同上。
㉑　同上，頁27。
㉒　同上。
㉓　《全集》卷2，頁369。

為尼采並未徹底割斷與傳統形而上學的臍帶並把他看作是「最後一位形而上學思想家」，但尼采哲學的 Zerstörung（破壞、毀滅）一詞對海氏思想還是有很大啟發，並導致海氏對形而上學採取 Destruktion 的態度。Destruk-tion一詞在德語中意為「破壞」、「毀滅」、「分化」等，也有人將此譯為「解析」（如《存在與時間》中譯本）。他表明，此詞的含義並非擺脫傳統，而是將傳統源始地據為己有，以還其古希臘本體論意義上的本來面目。

德希達則選擇了Deconstruktion（破壞）來與Destruktion（破壞）一詞相對應。但他認為二者也有本質上的不同：海氏的Destruktion意味著傳統本體論的變形，而他的Destruktion則意味著西方形而上學的結束，意味著真正回到他所理解的「事物本身」，即沒有任何在「在場」的differance。他的工作就是以從根本上抹掉一切存在的「痕跡」，讓所有的「痕跡」都消失於不在場的 differance 之中。differance 意味著區分和推遲。它是一種不斷活動和變化著的遊戲。他的解構工作就是重新改寫本文。他堅持本文之外無物存在，並無本文所表現的意義世界；如果文字有意義，那麼它只是differance的遊戲。如此，他就否認了揭示存在意義和真理的哲學的存在。

關於這個問題，西方有的學者認為，德希達誤解了海氏的Destruktion（破壞），而高氏也未真正理解海氏的本意。高氏主張的是一種「單一閱讀」的解釋學，即僅限於對傳統形而上學的閱讀，而德希達主張的是「雙重閱讀」的解釋學，即在讀解形而上學之後對這種讀解的再次讀解。由此看來，第一次閱讀是在形而上學之內的閱讀，故仍囿於形而上學的範圍；而第二次閱讀則是在形而上學之外，故可以說是對形而上學的超越。❺ 在筆者看來，這種說法雖

---

❺　《全集》卷 2，頁245～246。

有道理，但仍有一點得以予以澄清，就是第二次閱讀並非比第一次閱讀高明，並非是第一次閱讀的「克服」。事實上，第一次閱讀在創新的同時仍舊保留了與傳統的關係。這乃是正常的學術「進步」。相反，在德希達的第二次閱讀中，卻造成了一個與傳統很深的無法接續的斷層，這使得他的哲學成為無根的哲學、無家的浪子、無底的棋盤。

還有一個挑戰就是德希達對高氏〈本文與解釋〉所提出的三個質疑。第一個質疑是他對高氏善良意志及協調願望絕對確信的質疑，也就是說善良意志是否是無條件的。第二，當心理分析的解釋學發展成一般解釋學時，善良意志「又有何用處呢」？第三，「理解的條件，難道不是聯繫的中止，某種中止的聯繫，任何媒介的懸置嗎？」德希達的這三個質疑都間接指向了高氏觀點的思想前提，即：若對話雙方想要達到一致，達到相互理解，那就得共同具有希望理解對方的「善良意志」。這裏，「善良意志」一詞來自康德。高氏對此的回答是：無論是書面交談或是口頭交談，基本上需要「獲得相同的基本條件」，即「交談者雙方都必須具有意欲理解對方的善良意志」⑤。高氏舉例說：「如果沒有被意想的特定的聽眾或團體，相反，只有一位無名的讀者，或也許是一個局外人，想理解一篇本文，那麼情況會如何？」⑤ 高氏申明，使對話雙方相互理解之前提並非康德的「善良意志」，而是柏拉圖的「eumeneis elenchoi」(善意選擇)，即決不能「為了絕對有理的目的去注意別人的弱點，而要更主要地

---

⑤ 高達美〈本文與解釋〉，載《對話與解構：高達美與德希達的交鋒》，頁33。

⑤ 高達美〈本文與解釋〉，載《對話與解構：高達美與德希達的交鋒》，頁34。

設法盡可能去加強別人的觀點，使之變得更清晰明瞭。這樣的態度在我看來對任何理解都是基本的。」❺ 也就是說，只有這樣才會產生真正的理解。高氏還說，他贊成人們對結構主義的批判，「但是，在我看來，我超出了德希達的解構主義，比如我主張話語根本上只有在交談中才存在，交談中的語詞並非作為個別的語詞，而是作為言談和回答狀態的整體而存在著的。」❺ 具有諷刺意味的是，高氏在此反問德希達：你不斷向我提出問題（儘管高氏抱怨自己「很難理解他向我提出的問題」❺ ），證明你一定在某些方面設想我很願意去理解這些問題，你既然抱著這種善意去設想，那麼你就很難說你與善良意志無關。「如果說這與康德的善良意志毫不相干，那麼這裏就有辯證法與詭辯術的區別了。」❻

那麼德希達對於我們不能真正達到相互理解是否會感到失望呢？高氏說不會的，因為在他看來，這又會陷入到形而上學中去。因此「他寧可表示滿意」。高氏看到，德希達在這裏參照的是尼采，因為他們二人對自己都犯有同樣的錯誤：他們說、寫都是為了被人理解。當然，高氏也在為自身辯護，說他並不單單認為團結就使人的聯繫在一起，使人們成為對話的雙方；也不是說，團結永遠是使人們在一切事物上達到理解和完全一致。「在這方面，似乎還需要對話者之間無限的對話。對自身、對靈魂自身的內心對話，也是如此……這是任何人類聯繫關係、任何社會性的條件。」❻

---

❺　載《哲學譯叢》，1987年第2期，頁57。

❺　《全集》卷2，頁317。

❺　《哲學譯叢》，1987年第2期，頁57。

❻　同上。

❻　《哲學譯叢》，1987年第2期，頁58。

高達美與德希達的爭論雖然表現為一種對話，但這種對話顯然是缺乏一種共同性的基礎。我們可以說，這種共同性基礎的缺乏是因為現代哲學流派的分化所致，也可以說源於德法不同的傳統。其實，這並不是完全。既然已經分化，為何還能進行對話？既然各屬德法傳統，為什麼德希達又堅持說他自己是尼采、海德格一脈，並且是對他們的真正克服和超越？德希達雖然揭示出哲學批判的負的一面，但當他割斷傳統、割斷形而上學的生命臍帶、並進而全面摧毀了形而上學的真理、存在、語言以及本質、意義時，他的哲學本身便成為一個空中閣樓（實際上他是連幻想中的空中閣樓也是否認的）、一個無底的棋盤時，他本人也就成為浪子，在無家、無意義、無真理、無對話的原野上幽靈似地徘徊。高氏雖然也被人指責為有相對主義、虛無主義之嫌，但與德希達相比，他還是有一個堅實的基礎。傳統、形而上學、真理、語言，這些都在他身上有著非常深厚的基礎和力量。這都是與德希達的虛無主義具有天壤之別的。

由於里柯和哈伯馬斯的努力，這場批判與反批判的討論在法、德、美的一些解釋學家中繼續進行下去，這些人中有德國的阿佩爾(Karl Otto Opel)和美國的羅蒂(Richard Rorty)等。卡爾・奧托・阿佩爾也在參與同高達美的討論時發展了自己的一套「超驗的解釋學」，即「超驗的實用主義」。他堅持任何哲學都必須回答科學之可能性和有效性的先驗問題。由於他更注重語言理論的解釋學描述，所以他認為先驗主體必須考慮到對語言以及語言共同體的價值作出洞察。他力圖通過這一切來實現他的「哲學的轉變」❷。為了達到這種轉變，他將實用主義（皮爾斯）、語言學哲學(維根斯坦)和存在哲學這些當代主要哲學思潮結合在一起。他在對高達美的解釋學進

❷　阿佩爾《走向哲學的轉變》英譯本，倫敦，1980年。

行批判時，將他自己的批判的解釋學融合到一種知識的人類學形式中去。

此外，還有羅蒂的「新解釋學」。 這是羅蒂在《哲學與自然之鏡》中作為準哲學的哲學，當然，他認為也是哲學的前景和展望。羅蒂通過對高達美解釋學的分析，希望在當今兩大哲學系統——分析哲學和大陸哲學——之間建立起比較和對話，希望改造傳統的認識論和認識論方法，這在西歐也引起了較大的反響。⑬ 意大利哲學家維蒂莫 (Gianni Vattimo) 也在其《現代性的終結》一書中對高氏哲學思想作了「後現代」的哲學解釋。

以上是高達美哲學解釋學在當代的遭遇，我們也可以將這種遭遇看作是對話和討論。當然，在這些對話和討論中也不乏尖銳的批評和交鋒，它們有些是建設性的，有的則是摧毀性的。但無論怎樣，它們都從另一個側面揭示了高達美解釋學理論的影響和問題。在這些對話中，也有一些人就真理問題提出了自己的看法，但總的來看，似乎並不多見。不過，從實質上看，這些人所提的問題和批評均與高達美的真理觀有關，如方法問題、主—客觀性的認識論問題、效果歷史問題以及語言問題等等。所以說，他們對這些問題的批判，亦可以說是對高達美真理觀的批判。他們的批判或多或少、或從正面或從反面，都促進了人們對真理問題的進一步討論，也從另一側面反映出高氏真理觀的不足。這些，對於我們正確地評價高達美的真理理論，都有著積極的參照作用。這也正是高達美的本意：在與對話者的不停對話中始終進行新的理解，達成新的贊同和一致，以實現對真理的新的認識。

---

⑬　參見伯恩斯坦《超越客觀主義和相對主義》，頁111。

結　語

　　對任何理論作深入研究，都是一件非常艱苦的事。研究高達美解釋學理論也不例外。好在近些年在有關解釋學方面，國內已有人陸續作了一些基礎性的工作。文章和翻譯時有所見。不少人對解釋學抱有濃厚的興趣。有人還試圖用解釋學的理論和方法去探討中西文化對比，探討文學與藝術，甚至探討它與中國傳統經文注釋的關係。但是從實際情況來看，目前國內對解釋學的研究明顯存在著兩個缺陷：一是缺少系統的介紹，二是缺少專題性的論著。介紹不能靠一個人之所為，它需要學術界同人共同長期的努力；有專題性的論著，則可以深化研究，使學術在某一方面有所「創見」和有所「補闕」。本文所做的是後一方面的工作，但很難說得上是「補闕」，只是希望能略具「新意」而已。

　　說有新意，這首先是因為高達美真理觀具有新意，因為它拋棄了我們通常接收的真理觀，如符合論真理觀，融貫論真理觀等。我之所以選擇「走向解釋學的真理」這個題目，就是因為它也代表了我自己觀點的傾向性。我們在高達美真理觀中，可以看到他對人類存在的極力關注，可以看到他對目前危及人類健全發展的技術文明的批判，更主要的，我們可以看到，他為了喚回被科學及其方法所流放的真理，而對人文科學的各個方面(藝術、歷史、語言等)所作

的種種建設性的努力。在這種努力中，既體現出他對古希臘的理想社會極為嚮往的懷鄉意識，也體現出他對人類未來所抱有的一種樂觀的、積極的展望。透過他後期的實踐哲學，我們覺察到他那種走出書齋走向社會的積極的入世精神。知行合一，由知而走向行，這展示了知識分子的一種良好的意願和人格的實現。從這方面講，高達美可以堪稱是肩負人類重託的有良知的學者和當代的啟蒙者。對於他的開放性真理，知行合一的真理，我認為都是應該加以肯定的。

但是，這並不表示我對他的真理觀的全盤接收。首先，高達美所說的真理其實是一個非常寬泛的概念，他從來沒有對此概念作過一個明晰的定義，也很難在他那裏找到一種系統的論述。所以他的真理概念的模糊含義引起了許多人的猜測和解釋。我在他的那種模糊的定義下，看到他有一種將真理「泛化」（廣泛化）的傾向，即他所談的一切，除科學方法、技術是與真理對立的外，其他東西都被納入他自己的真理範圍之中，如藝術、歷史、語言、理解、實踐、理性、善、幸福等等。當然，按他的本意，他也許是想用這種真理概念的模糊性和廣泛性去抵制科學的真理概念的精確性和狹隘性，去導致一種完全不同的、適合於人文科學的真理概念的產生。這其實是一種誤解。原因是：一、科學真理也是人類真理的一部分，它與人類關係密切，並且必不可少；二、科學真理在正常情況下與人文科學的真理應該是並行不悖、相互共存的，當然，這種相互共存只有在二者達到完美的統一 即科學真理不再導致人類異化出現，不再排斥人文科學的真理時才會發生。所以，從這一點上來看，我覺得高達美的真理內涵是有不足的，它只表達了我們所說的真理的一個方面。由於高達美對科學真理的錯誤理解，所以他也沒有正確地意識到，科學的方法論意識並不一定會歪曲真理。方法也是人類探

尋真理的一個必不可少的部分，只要人們不將方法當成凌駕於真理之上的最終目的，只要方法不再演變成一種控制意識，方法與真理仍舊可以相互共存。

其次，高達美在表述其真理觀時流露出一種相對主義的思想傾向。為了提倡人文科學中理解意義的不斷增生，他一生都在反對實證主義、反對科學的客觀化方法。既然歷史無客觀方法可言，也無客觀標準可言，因此，他的結論自然是：歷史也無客觀真理可言。當然，高達美的這種相對主義真理觀突出了真理涵義的非固定性，也就是真理的開放性，理解的意義的開放性，但他卻也由此滑入了主觀主義和相對主義的泥沼之中。這種主觀主義和相對主義其實也正是他本人所要反對的，只是沒能成功地做到這一點。以後有一些學者（如伯恩斯坦、荷伊等人）則明確提出要超越他的相對主義。❶不過，從高達美學術晚期來看，他的相對主義思想傾向已經有所改變。因為他在晚期始終強調人是生活在共同體（語言共同體或對話共同體）中，共同體的人首先需要達到相互理解和相互認同，一句話，形成共同感，這樣才能保證共同價值，共同習俗，甚至共同真理的產生。此外，我們還可以看到，儘管高達美的相對主義真理不可避免地帶有虛無主義的色彩，但高氏本人並不是一個徹底的虛無主義者，因為他並沒有否定真理，他既是摧毀，但更重要的，他還在重建。如維蒂莫(Gianni Vattimo)在《現代性的終結》中所說的，虛無主義是不想回家的人，他甘願流落在外，四處漂蕩。❷高達美

---

❶ 參見伯恩斯坦《超越客觀主義和相對主義》第1章和第4章的第5節；荷伊《批判的循環》第2章第6節。

❷ 參見維蒂莫(Gianni Vattimo)《現代性的終結》（劍橋，政治出版社)的譯者(Jon R. Snyder)在〈譯者導言〉中對哈伯馬斯的評論。見本書頁IV。

則完全不同。他一生都在尋找家園、尋找根基。這便是真理之家、真理之根。

第三，高達美的後期哲學表明，哲學並未壽終正寢，它還可以以多種形式介入真理。他後期選擇的形式是實踐哲學。他吸收並改造了古希臘的倫理學和修辭學，並以此探討了一些現實的問題。但高達美的實踐哲學到底還是思想方式上的改良，而不是馬克思的改造世界意義上的變革。從這點來看，他的改良仍舊是書齋式的。他與哈伯馬斯相比，後者更為激進、更為徹底，當然，從另一個方面來說，後者也更少哲學思辨味。此外，高達美的實踐哲學儘管表現了一種積極的入世和改良精神，但這種改良是否成功，很值得懷疑。原因是他的實踐哲學與其早期哲學解釋學理論相比，並未顯示出太大的影響。甚至在國外學者研究他思想的專著中，都很少提及到他的實踐哲學。❸ 相比較而言，後期海德格雖然日漸轉向神秘玄奧的領域，但闡釋的人更多，他的影響也更為廣泛深遠。哲學本來就是一門沉思的學問。思想上的創新和改造有時比現實的實踐改造意義更為重大。這也就是當今人們對高達美作為思想大家的地位仍然眾口不一的緣故。

第四，在高達美思想中，仍然存在著形而上學的潛在的影響。在回答哲學作為形而上學是否已經終結這一問題時，他認為，由於形而上學是對無所不包的知識、即絕對統一體的欲求，故在今天已經不再行得通了。但是，形而上學在今天是否由於其窮途末路而應該絕對被放棄？❹

---

❸ 如格龍丁《解釋學的真理?》和狄申索《解釋學與對真理的揭示》這兩本書對高達美的實踐哲學只是很簡短地提到，並沒有對此加以重視。

❹ 關於形而上學，我們可以參考高達美如下幾段話：

　　高達美的答案是否定的。他引用黑格爾的話說，一個沒有形而
上學的民族就像一座沒有祭壇的神廟。❺ 形而上學的目標雖然永遠
不能達到，但它自古以來，仍舊引導著人類求知和求發展。如在康
德那裏，形而上學的理念就具有燈塔的意義，它指導著人們進行經
驗的探求，雖然永遠達不到目標，但在追求和接近的程序中可以不
斷地獲得和擴大相對的知識。❻ 正因如此，所以理念具有一種積極
的意義，它說明了人們可以通過不斷地追求相對真理而永無止境地
接近絕對真理，從而在一定程度上正確說明了絕對真理和相對真理
的關係。在這一點上，高達美與康德非常近似。這不僅因為高氏重
新肯定了形而上學的哲學功用，而且因為高氏的真理也同為一種形
而上學的目標，這種真理也具有燈塔般指引人的作用。由於理解是

　　　「在我們這個世紀，對傳統形而上學特別進行了批判。其先驅是……
　　　分析哲學……」。(見《全集》卷 4「西方的時間觀」)

　　　「自從現代科學通過其方法上的苦心經營……以來，哲學便不再成
　　　為我們知識的整體和一種正在認識的整體……有許多這樣的人，他
　　　們在聽到實證主義的雞鳴之後，便表現出對於一般形而上學不值得
　　　信任的態度……。當然，形而上學自身大概也還附帶這種張力，即
　　　表現為似乎已經解決好了自己的問題似的……在二十世紀內，所有
　　　改革形而上學的試圖……力求使現代科學與古老的形而上學保持協
　　　調關係：形而上學將再次受人質疑。其問題……可能再次被人追問
　　　……這是未曾料想到的」。(見《全集》卷 3「存在・精神・上帝」)

　　　「無疑可以正確地說，形而上學的語言和概念系統主宰了我們所有
　　　的思想。曾經構成形而上學的古希臘思想所走過的道路是：探詢、
　　　表達、句子、判斷」。(同上)

❺　《科學時代的理性》英文版，頁3。

❻　見張世英先生《康德的純粹理性批判》，北京大學出版社，1987年，
　　頁224。

不間斷的和未完成的，所以這種真理人們也只能不斷地接近，而不能一次性地實現對它的認識。這也說明了由相對真理無止境地走向絕對真理的人類的認識歷程。這種認識的運動、這種理解的開放性，使高達美的形而上學與傳統形而上學區別開來，因為後者恰恰否認了那種認識的運動，從而將真理看成是絕對的。高達美有別於傳統形而上學的另一個重要之處，就在於他還否定了傳統形而上學作為包羅萬象的體系和作為科學之科學的觀念。通過上述幾點，我們可以看出，對於高達美的真理學說，我們不可能只是作出肯定或否定的單一的評述。事實上，在許多方面，肯定或否定都應兼而有之。對於他思想中兼有的古典傾向和現代傾向，我們也不能簡單地用某一學說去分析和套用。他的理論作為一種開放性的體系，我更主張將它理解為一種啟示，即啟發我們如何去理解古典哲學和現代哲學，如何去理解一種理論以及它的運用，如何去理解高氏本人的後期哲學，如何去理解高氏與海德格的師承關係以及高氏對海氏的發展之處，這些都是非常有意義的。這些課題不僅國內尚無專門的研究，就是在德國也是較新的課題。高達美真理學說的內容和影響是多方面的，以上我也是力圖從多方面去評論他的思想。嚴格地說，這些評論還只是一些設想。對於高達美這樣一位成績卓著並且仍然健在的大家，要作出定論似乎還為時過早。但是，探究他的思想對於目前西方哲學的影響，以及他在西哲史上所起的作用，我想這些都是不無意義的。

生平與著作年表

1900年2月11日　生於德國馬堡。

1918年　畢業於波蘭布雷斯勞「神聖中學」。

1918年～1919年　在波蘭布雷斯勞大學學習。

1919年～1922年　在德國馬堡大學學習哲學，在P.那托爾普的指導下，撰寫了論柏拉圖的博士論文《柏拉圖對話中欲望的本質》，並由此獲得博士學位。

1923年　撰寫了論哈特曼〈認識的形而上學〉一文。

1924年　為紀念那托爾普七十壽辰而撰寫了〈哲學中的思想體系〉一文。

1928年　撰寫了《柏拉圖的辯證倫理學：對「菲利布斯」的現象學解釋》，此文使高達美獲得教授資格。它發表於1931年。

1934年　《柏拉圖與詩人》出版。

1937年～1939年　在馬堡大學任哲學教授。

1939年～1947年　在萊比錫大學任哲學教授。

1942年　任萊比錫科學院院士。《柏拉圖的教育國家》出版。《赫爾德論民族和歷史》出版。

1946年　《巴哈與魏瑪》出版。

1946年～1947年　履行了兩年萊比錫大學的校長之責。這期間，除

完成行政工作外，還做了大量的詩歌解釋工作。

1947年　《哥德與哲學》出版。

1947年～1949年　在法蘭克福大學任教。這期間，除承擔大量的講課外，還主編了一批書籍，如《亞里斯多德形而上學第十二章》（德、希文對照）和狄爾泰的《哲學史綱要》。

1947年　《論科學的起源》出版。

1948年　《論哲學的起源》出版。

1949年　《論人類的精神歷程：哥德未完成之詩的研究》發表。

1949年　到海德堡大學接替卡爾・雅斯培教授的講席。此時集中投入自己的研究。

1950年　娶克特・內克布絲，後生有一女。任海德堡科學院院士；後又任雅典科學院院士、達姆斯特丹科學院院士、波士頓科學院院士。

1960年　《真理與方法》出版。1975年出版此書的英文版。

1960年　編輯的《柏拉圖主義與希臘哲學》出版。

1963年　《歷史意識問題》法文版出版。

1964年　編輯的《黑格爾時代》出版。

1964年　《柏拉圖第七封書信中的辯證法與詭辯》出版。

1967年　編輯的《德國哲學大會：語言問題》出版。

1966年～1967年　《短論集》四卷本出版。其中部分文章被譯成英文，以《哲學解釋學》為題於1976年出版。

1968年　退休。《柏拉圖的辯證倫理學及對柏拉圖哲學的其他研究》出版；《魏納・索爾茲》出版；編輯的《理念與目標》出版。

1970年　編輯的《解釋學與辯證法》出版；編輯的由庫爾特・利澤勒所著的《巴門尼德》出版；編輯、翻譯並點評的《亞里斯多德形而上學第十二章》出版。

1971年　《黑格爾、賀德齡、海德格及其他（演講）》出版；《概念史與哲學語言》出版。《黑格爾的辯證法：解釋學五論》出版。

1971年　獲浦夫茲海姆羅依克林(Reuchlin)獎。

1972年～1975年　任McMaster大學、Hamilton大學、Ontario大學秋季學期訪問教授。

1973年　《我是誰？你是誰？》出版。

1974年　《柏拉圖「蒂邁歐篇」中的理念與現實性》出版。

1976年　任波斯頓大學訪問教授。《科學時代的理性：論文集》出版；此書的英文版於1981年出版；《黑格爾的辯證法：解釋學五論》出版；《修辭學與解釋學》（演講集）出版。

1977年　獲Ottawa大學名譽博士學位。《詩學文選》出版；《美的現實性：作為遊戲、象徵和慶典的藝術》出版；《哲學的學徒之年》出版；《海德格：關於其思想的弗萊堡大學講演及其他文章》。

1978年　《在柏拉圖與亞里斯多德之間善的理念》出版。

1980年　《對話與辯證法：關於柏拉圖的八篇解釋學研究》出版。

現在　自1968年退休後，任海德堡大學名譽教授至今。

主要參考書目

1. Hans-Georg Gadamer: *Wahrheit und Methode: Grundzüge einer philosophischen Hermeneutik*. Tübingen, Mohr, 1965. 2 Auflage; *Truth and Method*, London. Sheed and Ward, and New York, Seabury Press 1975.

《真理與方法：哲學解釋學的基本特徵》，圖賓根，1965年，德文版第2版；《真理與方法》，倫敦，1975年英文版。

2. Hans-Georg Gadamer: *Gesammelte Werke*, Tübingen, J. C. B. Mohr. Band 2: *Hermeneutik*II, 1986; Band 3: *Neuere Philosophie* I, 1987; Band 4: *Neuere Philosophie* II, 1987; Band 5 ~ 7: *Griechische Philosophie*, I~III, 1985~1990.

《全集》，圖賓根，卷2：《解釋學》(2)，1986年；卷3：《新哲學》(1)，1987年；卷4：《新哲學》(2)，1987年；卷5~7：《希臘哲學》(1~3)，1985~1990年。

3. Hans-Georg Gadamer: *Kleine Schriften*. Tübingen, J. C. B. Mohr. 4 Vols., 1966 ~ 1977. Vol.1: *Philosophie-Hermeneutik*. 1979; Vol.2: *Interpretationen*. 1979; Vol.3: *Idee und Sprache. Platon, Husserl, Heidegger*. 1972; Vol. 4: *Variationen*. 1977.

《短論集》，圖賓根，4卷本，1966~1977年。卷1：《哲學—解釋

學》，1979年；卷2：《解釋》，1979年；卷3：《觀念與語言：柏拉圖、胡塞爾、海德格》，1972年；《變化》，1977年。

4. Hans-Georg Gadamer: *Vernunft im Zeitalter der Wissenschaft.* Frankfurt am Main, Suhrkamp Verlag. 1980; *Reason in the Age of Science.* trans. by Frederick G. Lawrence. The MIT Press. Cambridge, Massachusetts. London. Second Printing, 1983.

《科學時代的理性》，美茵法蘭克福，1980年德文版；《科學時代的理性》，劍橋，英文版第2版，1983年。

5. Hans-Georg Gadamer: *Die Aktualität des Schönen: Kunst als Spiel, Symbol und Fest.* Stuttgart, Reclam, 1977; *The Relevance of the Beautiful and Other Essays.* trans. by Nicholas Walker, ed. Robert Beenasconi. Cambridge University Press, London, 1986.

《美的現實性：作為遊戲、象徵和慶典的藝術》，斯圖加特，1977年德文版；《美的相關性及其他論文》，倫敦，1986年英文版。

6. Hans-Georg Gadamer: *Philosophische Lehrejahre*, With E. Ruckschau. Frankfurt, Klostermann,1977; *Philosophical Apprentice-ships.* Cambridge, Mass: MIT Press, 1985.

《哲學的學徒之年》，法蘭克福，1977年德文版；《哲學的學徒》，劍橋，1985年英文版。

7. Hans-Georg Gadamer: *Lob der Theorie: Reden und Aufsätze.* Frankfurt am Main, Suhrkamp Verlag,1985.

《讚美理論：演講與論文》，美茵法蘭克福，1985年。

8. Hans-Georg Gadamer: *Dialogue and Dialectic: Eight Hermen-eutical Studies on Plato.* New Haven, Connecticut, Yale University Press, 1980.

《對話與辯證法：對柏拉圖的八篇解釋學研究》，新哈維，耶魯大學出版社，1980年英文版。

9. Hans-Georg Gadamer: *Hegls Dialectik: Fünf hermeneutische Studien*. Tubingen, Mohr, 1971; *Hegel's Dialectic: Five Hermeneutical Studies*. New Haven, Connecticut, Yale University Press, 1976.

《黑格爾的辯證法：解釋學五論》，圖賓根，1971年德文版；《黑格爾的辯證法：解釋學五論》，新哈維，耶魯大學出版社，1976年。

10. Hans-Georg Gadamer: *Philosophical Hermeneutics*. trans. and ed. by David E. Linge. University of California Press, London, 1977.

《哲學解釋學》，倫敦，1977年。

11. *Hermeneutik und Ideologiekritik. Theorie-Diskussion*. Suhrkamp Verlag. Frankfurt am Main, 1980.

《解釋學與意識形態批判：理論—討論》，美茵法蘭克福，1980年。

12. *Hermeneutik und Dialektik. I. Festschrift für H.-G. Gadamer zum 70 Geburtstag*. Hrsg Von. Rudiger Bubner, konard Cramer und Reiner Wiehl, Tübingen, 1970.

《解釋學與意識辯證法：高達美誕辰70周年紀念文集》，圖賓根，1970年。

13. *Die Gegenwart der Griechen im neueren Denken. Festschrift für H.-G. Gadamer zum 60 Geburtstag*. Hrsg. von Dieter Henrich, Tübingen, J. C. B. Mohr, 1960.

《近代思維中的希臘人的當代：高達美誕辰60周年紀念文集》，圖

賓根，1960年。

14. Robert R. Sullivan: *Political Hermeneutics: The Early Thinking of Hans-Georg Gadamer*. The Pennsylvania State University Press, London, 1980.

R. R. 蘇里萬：《政治的解釋學：高達美的早期思想》，倫敦，1980年。

15. Richard J. Bernstein: *Beyond Objectivism and Relativism: Science, Hermeneutics and Praxis*. University of Pennsylvania Press, Philadelphia, 1983.

R. J. 伯恩斯坦：《超越客觀主義與相對主義：科學、解釋學與實踐》，費城，1983年。

16. David Couzens Hoy: *The Critical Circle*. University of California Press, London, 1978.

D. C. 荷伊《批判的循環》，倫敦，1978年。

17. Jean Grondin: *Hermeneutische Wahrheit?* Forum Academicum. in der Verlagsgruppe: Athenaum. Hain. Scriptor, Hanstein, 1982.

J. 格龍丁：《解釋學的真理?》，漢斯坦恩，1982年。

18. Richard E. Palmer: *Hermeneutics: Interpretation Theory in Schleiermacher, Dithey, Heidegger and Gadamer*. Evanston, Illinos, Northwestern University Press, Sixth Printing, 1982.

R. E. 帕爾默：《解釋學：施耐爾馬赫、狄爾泰、海德格和高達美的解釋理論》，埃文斯頓，1982年第6版。

19. *Dialogue and Deconstruction:the Gadamer-Derrida Encounter*. New York, 1989.

《對話與解構：高達美與德希達的交鋒》，紐約，1989年。

20. Joel C. Weinsheimer: *Hermeneutics: A Reading of Truth and Method*. Yale University Press, New Haven and London, 1985.

J. C. 維恩謝爾默：《解釋學：閱讀「真理與方法」》，新哈維和倫敦，1985年。

21. *Historisches Worterbuch der Philosophie*. Herausgegeben von Joachim Ritter, Schwabe & Co Verlag, Basel / Stuttgart, Band 3(G-H), 1974; Band 5,1980.

《哲學歷史手冊》，馬塞爾和斯圖加特，卷 3，1974年；卷 5，1980年。

22. Josef Bleicher: *Contemporary Hermeneutics*. Routledge & Kegan Paul Ltd., London, 1980.

J. 布萊希爾：《當代解釋學》，倫敦，1980年。

23. Paul Ricoeur: *Hermeneutics and Human Sciences*. Trans. and ed. by John B. Thompson. Cambridge University Press, New York, 1982.

P. 里柯：《解釋學與人文科學》，紐約，1982年。

24. Wilhelm Dithey: *Gesammelte Schriften*,Vol. V. Götingen Vandenhoeck & Ruprecht, 1957.

《狄爾泰全集》卷 5，哥庭根，1957年。

25. Georgia Warnke: *Gadamer: Hermeneutics, Tradition and reason*. Cambridge, Polity Press. 1987.

G. 瓦爾克：《高達美：解釋學、傳統與理性》，劍橋，1987年。

26. *Main Trends in Philosophy*. New York, Holmes & Meier Publishers, 1979.

《哲學的主要傾向》，紐約，1979年。

27.Donald Polkinghorne: *Methodology for the Human Sciences*. State University of New York Press, 1983.

D. 波爾金荷恩：《人文科學方法論》，紐約州立大學出版社，1983年。

28. James Dicenso: *Hermeneutics and the Disclosure of Truth: A Study in the Work of Heidegger, Gadamer, and Ricoeur*. University Press of Virginia, 1990.

J. 狄申索：《解釋學與對真理的揭示：海德格、高達美和里柯著作研究》，弗吉利亞大學出版社，1990年。

29. *Handbuch philosophischer Grundbegriff*, Vol. 3, Kosel, Verlag, Munchen, 1974.

《哲學基本概念手冊》，卷3，慕尼黑，1974年。

30. *Martin Heidegger: Basic Writings*. Ed. by David Farrall Krell, New York, Harper and Row Publishers, 1977.

《馬丁·海德格基本著作選》，紐約，1977年。

31.Micheal Murray: *Heidegger and Modern Philosophy*. New Haven and London, 1978.

M. 默里：《海德格與現代哲學》，新哈維和倫敦，1978年。

32. Wolfgang Stegemüller: *Main Currents in Contemporary German, British, and American Philosophy*. Wolfgang Stegmüller. Trans. from German by Albert E. Blumberg. D. Reidel Publishing Company, Dordrecht, Holland, 1969.

W. 斯太格繆勒：《當代德、英、美哲學主流》，荷蘭，1969年。

33.*Philosophy Today*. Spring 1985.

《今日哲學》，1985年春季號。

34. E. D. Hirsch: *The Aims of Interpretation*. University of Chicago Press, Chicago and London,1976.

E. D. 赫施：《解釋的目標》，芝加哥和倫敦，1976年。

35.Jurgen Habermas: *Zur Logik der Sozial Wissenschaften*. Suhrkamp Verlag, Frankfurt am Main, 5 Auflage, 1982.

J. 哈伯馬斯：《論社會科學的邏輯》，美茵法蘭克福，1982年第5版。

36. Paul Ricoeur: *History and Truth*. Trans. by C. A. Kelbley, Northwestern University Press, Evanston, Illinos, 1965.

P. 里柯：《歷史與真理》，埃文斯頓，1965年英譯本。

37.Karl Otto Apel: *Toward a Transformation of Philosophy*. London, 1980.

K. O. 阿佩爾：《朝向哲學的轉換》，倫敦，1980年英譯本。

38. Gianni Vattimo: *The End of Modernity: Nihilism and Hermene-utics in Post-Modern Culture*. Gianni Vattimo, translated and with an Introduction by Jon R. Snyder. Polity Press, Oxford, 1988.

G. 維蒂莫：《現代性的終結：後現代文化中的虛無主義和解釋學》，牛津，1988年英譯本。

39. Garrent Madison: *Te Hermeneutics of Postmodernity: Figure and Themes*. Indiana University Press, 1988.

G. B. 曼迪遜：《後現代性的解釋學：人物和主題》，印第安那大學出版社，1988年。

40.Josef Bleicher: *The Hermeneutic Imagination: Outline of a Postive*. London, Routledge & Kegan Paul, 1982.

J. 布萊希爾：《想像的解釋學：對科學主義和社會學的一個實證的

批判綱要》，倫敦，1982年。

41. Susan J. Hekman: *Hermeneutics and the Socialogy of Knowledge.* Polity Press, 1986.

　　S. J. 黑克曼：《解釋學與知識的社會學》，政治出版社，1986年。

42. Fran K. Flinn: *Hermeneutics and Horizons: The Shape of the Future.* New York, The Rose of Sharan Press, 1982.

　　F. K. 弗林：《解釋學和視界：未來的構成》，紐約，1982年。

43. 羅蒂《哲學與自然之鏡》，北京三聯，1987年。

44. 海德格《存在與時間》，北京三聯，1987年。

45. 海德格《詩·語言·思》，文化藝術出版社，1991年。

46. 培根《新工具》卷1，北京商務，1984年。

47. 《十六～十八世紀西歐各國哲學》，北京商務，1975年。

48. 《西方哲學原著選讀》上、下卷，北京商務，1982年。

49. 費耶阿本德《反對方法》，上海譯文，1992年。

50. 亞里斯多德《形而上學》，北京商務，1991年。

51. 亞里斯多德《範疇篇》，北京商務，1986年。

52. 亞里斯多德《政治學》，北京商務，1981年。

53. 維根斯坦《名理論》，北京大學出版社，1988年。

54. 斯賓諾莎《倫理學》，北京商務，1958年。

55. 黑格爾《精神現象學》上、下卷，北京商務，1983年。

56. 黑格爾《法哲學原理》，北京商務，1982年。

57. 黑格爾《哲學史講演錄》卷4，北京商務，1983年。

58. 黑格爾《小邏輯》，北京商務，1980年。

59. 康德《判斷力批判》上、下卷，北京商務，1987年。

60. 詹姆斯《實用主義》，北京商務，1979年。

61. 涂記亮《英美語言哲學概念》，人民出版社，1988年。

62. 葉秀山《前蘇格拉底哲學研究》，北京三聯，1982年。

63. 葉秀山《思・史・詩》，人民出版社，1988年。

64. 李凱爾特《文化科學和自然科學》，北京商務，1986年。

65. 赫施《解釋的有效性》，北京三聯，1991年。

66. 王岳川《後現代主義文化與美學》，北京大學出版社，1992年。

67. 張世英《論黑格爾的邏輯學》，人民出版社，1982年版。

68. 張世英《康德的「純粹理性批判」》，北京大學出版社，1987年。

69. 苗力田《古希臘哲學》，中國人民大學出版社，1992年。

70. 亞里斯多德《修辭學》，北京三聯，1991年。

71. 洪謙主編《西方現代資產階級哲學論著選輯》， 北京商務，1982年。

72. 邱仁宗編著《科學方法和科學動力學》，知識出版社，1984年。

73. 朱光潛《西方美學史》上、下卷，人民文學出版社，1982年版。

74. 帕爾默《語言學概論》，北京商務，1984年。

75. 殷鼎《理解的命運》，北京三聯，1988年。

76. 《馬克思恩格斯全集》中譯本，中央編譯局，卷3。

77. 維根斯坦《文化與價值》，清華大學出版社，1987年。

78. 席勒《審美教育書簡》，北京大學出版社，1985年。

79. 索緒爾《普通語言學教程》，北京商務，1980年。

80. 施雁飛《科學解釋學》，湖南出版社，1991年。

索 引

六　劃

七　劃

十　一　劃

世界哲學家叢書（一）

書　　　　　名	作　　者	出　版　狀　況
孔　　　　　子	韋　政　通	已　　出　　版
孟　　　　　子	黃　俊　傑	已　　出　　版
老　　　　　子	劉　笑　敢	已　　出　　版
莊　　　　　子	吳　光　明	已　　出　　版
墨　　　　　子	王　讚　源	已　　出　　版
淮　　南　　子	李　　增	已　　出　　版
董　　仲　　舒	韋　政　通	已　　出　　版
揚　　　　　雄	陳　福　濱	已　　出　　版
王　　　　　充	林　麗　雪	已　　出　　版
王　　　　　弼	林　麗　真	已　　出　　版
阮　　　　　籍	辛　　旗	已　　出　　版
劉　　　　　勰	劉　綱　紀	已　　出　　版
周　　敦　　頤	陳　郁　夫	已　　出　　版
張　　　　　載	黃　秀　璣	已　　出　　版
李　　　　　覯	謝　善　元	已　　出　　版
楊　　　　　簡	鄭曉江 李承貴	已　　出　　版
王　　安　　石	王　明　蓀	已　　出　　版
程顥、程頤	李　日　章	已　　出　　版
胡　　　　　宏	王　立　新	已　　出　　版
朱　　　　　熹	陳　榮　捷	已　　出　　版
陸　　象　　山	曾　春　海	已　　出　　版
王　　廷　　相	葛　榮　晉	已　　出　　版
王　　陽　　明	秦　家　懿	已　　出　　版
方　　以　　智	劉　君　燦	已　　出　　版
朱　　舜　　水	李　甦　平	已　　出　　版

世界哲學家叢書 (二)

書　　　　名	作　　者	出　版　狀　況
戴　　　　震	張　立　文	已　　出　　版
竺　道　生	陳　沛　然	已　　出　　版
慧　　　遠	區　結　成	已　　出　　版
僧　　　肇	李　潤　生	已　　出　　版
吉　　　藏	楊　惠　南	已　　出　　版
法　　　藏	方　立　天	已　　出　　版
惠　　　能	楊　惠　南	已　　出　　版
宗　　　密	冉　雲　華	已　　出　　版
湛　　　然	賴　永　海	已　　出　　版
知　　　禮	釋　慧　岳	已　　出　　版
嚴　　　復	王　中　江	已　　出　　版
章　太　炎	姜　義　華	已　　出　　版
熊　十　力	景　海　峰	已　　出　　版
梁　漱　溟	王　宗　昱	已　　出　　版
殷　海　光	章　　　清	已　　出　　版
金　岳　霖	胡　　　軍	已　　出　　版
馮　友　蘭	殷　　　鼎	已　　出　　版
湯　用　彤	孫　尚　揚	已　　出　　版
賀　　　麟	張　學　智	已　　出　　版
商　羯　羅	江　亦　麗	已　　出　　版
維韋卡南達	馬　小　鶴	排　　印　　中
泰　戈　爾	宮　　　靜	已　　出　　版
奧羅賓多·高士	朱　明　忠	已　　出　　版
甘　　　地	馬　小　鶴	已　　出　　版
拉達克里希南	宮　　　靜	已　　出　　版

世界哲學家叢書（三）

書　　　　　名	作　　者	出　版　狀　況
李　栗　谷	宋　錫　球	已　出　版
道　　　元	傅　偉　勳	已　出　版
山　鹿　素　行	劉　梅　琴	已　出　版
山　崎　闇　齋	岡　田　武　彥	已　出　版
三　宅　尚　齋	海老田輝巳	已　出　版
貝　原　益　軒	岡　田　武　彥	已　出　版
楠　本　端　山	岡　田　武　彥	已　出　版
吉　田　松　陰	山　口　宗　之	已　出　版
亞　里　斯　多　德	曾　仰　如	已　出　版
伊　壁　鳩　魯	楊　　適	已　出　版
柏　　羅　丁	趙　敦　華	排　印　中
伊本・赫勒敦	馬　小　鶴	已　出　版
尼古拉・庫薩	李　秋　零	已　出　版
笛　　卡　兒	孫　振　青	已　出　版
斯　賓　諾　莎	洪　漢　鼎	已　出　版
萊　布　尼　茨	陳　修　齋	已　出　版
托馬斯・霍布斯	余　麗　嫦	已　出　版
洛　　　克	謝　啓　武	已　出　版
巴　　克　萊	蔡　信　安	已　出　版
休　　　謨	李　瑞　全	已　出　版
托馬斯・銳德	倪　培　民	已　出　版
伏　　爾　泰	李　鳳　鳴	已　出　版
孟　德　斯　鳩	侯　鴻　勳	已　出　版
費　　希　特	洪　漢　鼎	已　出　版
謝　　　林	鄧　安　慶	已　出　版

世界哲學家叢書（四）

書　　　　　名	作　　　者	出　版　狀　況
叔　　本　　華	鄧　安　慶	排　　印　　中
祁　　克　　果	陳　俊　輝	已　　出　　版
彭　　加　　勒	李　醒　民	已　　出　　版
馬　　　　赫	李　醒　民	已　　出　　版
迪　　　　昂	李　醒　民	已　　出　　版
恩　　格　　斯	李　步　樓	已　　出　　版
約　翰　彌　爾	張　明　貴	已　　出　　版
狄　　爾　　泰	張　旺　山	已　　出　　版
弗　洛　伊　德	陳　小　文	已　　出　　版
史　賓　格　勒	商　戈　令	已　　出　　版
雅　　斯　　培	黃　　　藿	已　　出　　版
胡　　塞　　爾	蔡　美　麗	已　　出　　版
馬克斯·謝勒	江　日　新	已　　出　　版
海　　德　　格	項　退　結	已　　出　　版
高　　達　　美	嚴　　　平	已　　出　　版
哈　伯　馬　斯	李　英　明	已　　出　　版
榮　　　　格	劉　耀　中	已　　出　　版
皮　　亞　　傑	杜　麗　燕	已　　出　　版
索　洛　維　約　夫	徐　鳳　林	已　　出　　版
馬　　賽　　爾	陸　達　誠	已　　出　　版
布　拉　德　雷	張　家　龍	排　　印　　中
懷　　特　　海	陳　奎　德	已　　出　　版
愛　因　斯　坦	李　醒　民	排　　印　　中
玻　　　　爾	戈　　　革	已　　出　　版
弗　　雷　　格	王　　　路	已　　出　　版

世界哲學家叢書（三）

書　　　　　名	作　　者	出　版　狀　況
李　　栗　　谷	宋　錫　球	已　　出　　版
道　　　　　元	傅　偉　勳	已　　出　　版
山　鹿　素　行	劉　梅　琴	已　　出　　版
山　崎　闇　齋	岡　田　武　彦	已　　出　　版
三　宅　尚　齋	海老田輝巳	已　　出　　版
貝　原　益　軒	岡　田　武　彦	已　　出　　版
楠　本　端　山	岡　田　武　彦	已　　出　　版
吉　田　松　陰	山　口　宗　之	已　　出　　版
亞　里　斯　多　德	曾　仰　如	已　　出　　版
伊　壁　鳩　魯	楊　　　適	已　　出　　版
柏　　羅　　丁	趙　敦　華	排　　印　　中
伊本・赫勒敦	馬　小　鶴	已　　出　　版
尼古拉・庫薩	李　秋　零	已　　出　　版
笛　　卡　　兒	孫　振　青	已　　出　　版
斯　賓　諾　莎	洪　漢　鼎	已　　出　　版
萊　布　尼　茨	陳　修　齋	已　　出　　版
托馬斯・霍布斯	余　麗　嬋	已　　出　　版
洛　　　　　克	謝　啓　武	已　　出　　版
巴　　克　　萊	蔡　信　安	已　　出　　版
休　　　　　謨	李　瑞　全	已　　出　　版
托馬斯・鋭德	倪　培　民	已　　出　　版
伏　　爾　　泰	李　鳳　鳴	已　　出　　版
孟　德　斯　鳩	侯　鴻　勳	已　　出　　版
費　　希　　特	洪　漢　鼎	已　　出　　版
謝　　　　　林	鄧　安　慶	已　　出　　版

世界哲學家叢書（四）

書　　　　　名	作　　者	出　版　狀　況
叔　　本　　華	鄧　安　慶	排　　印　　中
祁　　克　　果	陳　俊　輝	已　　出　　版
彭　　加　　勒	李　醒　民	已　　出　　版
馬　　　　赫	李　醒　民	已　　出　　版
迪　　　　昂	李　醒　民	已　　出　　版
恩　　格　　斯	李　步　樓	已　　出　　版
約　翰　彌　爾	張　明　貴	已　　出　　版
狄　　爾　　泰	張　旺　山	已　　出　　版
弗　洛　伊　德	陳　小　文	已　　出　　版
史　賓　格　勒	商　戈　令	已　　出　　版
雅　　斯　　培	黃　　　藿	已　　出　　版
胡　　塞　　爾	蔡　美　麗	已　　出　　版
馬克斯・謝勒	江　日　新	已　　出　　版
海　　德　　格	項　退　結	已　　出　　版
高　　達　　美	嚴　　　平	已　　出　　版
哈　伯　馬　斯	李　英　明	已　　出　　版
榮　　　　格	劉　耀　中	已　　出　　版
皮　　亞　　傑	杜　麗　燕	已　　出　　版
索　洛　維　約　夫	徐　鳳　林	已　　出　　版
馬　　賽　　爾	陸　達　誠	已　　出　　版
布　拉　德　雷	張　家　龍	排　　印　　中
懷　　特　　海	陳　奎　德	已　　出　　版
愛　因　斯　坦	李　醒　民	排　　印　　中
玻　　　　爾	戈　　　革	已　　出　　版
弗　　雷　　格	王　　　路	已　　出　　版

世界哲學家叢書（五）

書　　　　　名	作　　　者	出　版　狀　況
石　　里　　克	韓　林　合	已　　出　　版
維　根　斯　坦	范　光　棣	已　　出　　版
艾　　耶　　爾	張　家　龍	已　　出　　版
奧　　斯　　丁	劉　福　增	已　　出　　版
馮　·　賴　特	陳　　波	排　　印　　中
魯　　一　　士	黃　秀　璣	已　　出　　版
蒯　　　　　因	陳　　波	已　　出　　版
庫　　　　　恩	吳　以　義	已　　出　　版
洛　　爾　　斯	石　元　康	已　　出　　版
喬　姆　斯　基	韓　林　合	已　　出　　版
馬　克　弗　森	許　國　賢	已　　出　　版
尼　　布　　爾	卓　新　平	已　　出　　版